东方和西方，不会再各自一方。

——歌德

本书为教育部人文社会科学研究一般资助青年基金项目“欧美《说文》学研究”（项目批准号：12YJC740135）

语言服务书系·传世文献研究

欧美《说文》学研究

张大英　著

暨南大学出版社
JINAN UNIVERSITY PRESS

中国·广州

图书在版编目（CIP）数据

欧美《说文》学研究 / 张大英著 . —广州：暨南大学出版社，2015. 7
ISBN 978 - 7 - 5668 - 1301 - 5

Ⅰ. ①欧…　Ⅱ. ①张…　Ⅲ. ①《说文》—研究　Ⅳ. ①H161

中国版本图书馆 CIP 数据核字（2014）第 287915 号

欧美《说文》学研究
著　　者　张大英

出 版 人　徐义雄
策　　划　刘　晶
责任编辑　徐晓俊　龙　欣　范小娜
责任校对　周海燕
出版发行　暨南大学出版社（广州暨南大学　邮编：510630）
网　　址　http：//www. jnupress. com　http：//press. jnu. edu. cn
电　　话　总编室（8620）85221601
　　　　　营销部（8620）85225284　85228291　85228292（邮购）
排　　版　广州良弓广告有限公司
印　　刷　佛山市浩文彩色印刷有限公司
开　　本　787mm × 960mm　1/16
印　　张　15. 25
字　　数　295 千
版　　次　2015 年 7 月第 1 版
印　　次　2015 年 7 月第 1 次
定　　价　38. 80 元

序

王彦坤

友生张大英博士的专著《欧美〈说文〉学研究》即将出版，这是很值得庆贺的事。大英的这本书，是在她博士学位论文的基础上修改完成的。作为导师，我深知大英为撰写此书花费了大量的精力，克服了巨大的困难，是极不容易的。大英读博之前学的是英语专业，而跟我学的却是佶屈艰涩、令人生畏的训诂学，其难度是可想而知的。好在大英对训诂学抱着极大的兴趣，特别是对许慎《说文解字》的喜爱，已经到了入迷的程度。记得大英入学后第一次到家里来看望我，中间便拿出一份《〈说文〉言部字研究》的论文提纲，并告诉我她此前曾看过一些关于《说文》学的论著，希望学位论文就作这一方面的研究。当时看着这个来自山东沂蒙山区的脸庞红扑扑、神情真挚憨厚的姑娘，心中不禁一阵惊喜。大英的学位论文最后定题为“欧美《说文》学研究”，这主要是从大英的知识结构考虑，以期扬长避短，而且这也是一个应该做而前人未及做的很有价值的题目。现在看来，这一选题是选对了，而且大英也不负所望，把论文写得相当漂亮，受到学位答辩委员们的一致好评，这当然要归功于她的辛勤与努力。

可以说，《欧美〈说文〉学研究》的出版，填补了国外《说文》学研究的一块空白。即便从清初法国传教士马若瑟的《说文》索隐研究算起，欧美学者的《说文》研究也已经有300余年的时间，可谓源远流长，而至今方兴未艾。其历史、因由、动态、得失、走向等，都很有研究的必要。然而，正如大英在“绪论”中所言，“研究外语的很少关注《说文》研究，而研究《说文》的往往外语水平不够高，或者觉得国外《说文》研究不值得一提”，以至于大英此书出版以前，竟没有人就国外《说文》学研究之历史和现状，作过稍为全面的考察。

《欧美〈说文〉学研究》第一次全面系统地对欧美学者的《说文》学研究的历史与现状、特点与得失，作了认真的考察与探讨。全书评介的欧美学者，自最早接触《说文》的明末来华传教士直至当代研究《说文》的专家，分别来自15个国家，89人，其中设立专门章节作重点介绍者就有十多位。作者在书中引用了大量来自外文的资料，内容丰富多彩而又真实可信。值得指出的是，作者并不限于对欧美学者研究《说文》的情况作描述性的介绍，而往往兼及原因之分析、特点之总结、得失之评判。作者之评判相当平实，然而却颇为客观，时能有所发明而给人以启示。如，评介英国学者骆克的《〈说文通训定声〉评介》时说："骆克没有对《定声》作高深研究，只是很浅显地进行了译介……其学术研究性不浓，主要目的就是向西方读者介绍《定声》这本著作，但是也显示出了一些特点。首先，在清朝众多的《说文》著作中，骆克选择《定声》进行介绍，我们认为这种对《定声》的特别关注不是偶然的，背后有很深的渊源，表明了欧美学者对语音研究的敏感。西方语言的表音性，让欧美学者特别注重语音方面的研究。其次，骆克在对《定声》的译介中特别给出了索引表，显示了欧美学者注重实用性的特点。"又如，作者说："顾立雅对许慎六书系统的严肃批评，有学者认为是历史上最早的人。我们认为重点不在于顾立雅是不是第一个提出系统批评，而是他作为外国学者没有历史的包袱，不受体制的限制，批评起来比国内学者更为彻底。""戴遂良的《汉字》中的观点在今天看虽然显得有点过时，但它在一定程度上反映了19世纪末西方学者们对《说文》的某些认识。从这个意义上说，它仍然可以算是欧美《说文》学史上里程碑式的著作。""正如中国对西学的研究，很难摆脱中国中心主义"一样，欧美的《说文》学要做到不"西方中心主义"也很难。由于无法克服自身的立场局限，有可能产生误读，但这未必是一件坏事，有时他们的误读对我们也是一种启发，因此我们要以辩证的心态来对待欧美《说文》学。"这些观点都相当辩证，很有见地，从而也使研究上升到一个新的高度。

《欧美〈说文〉学研究》还存在些许遗憾，那就是若干重要的法文、德文参考资料，作者并未获见原文或完整译文，而只能依赖第三方的简介，这无疑影响到研究的尽善尽美。然而瑕不掩瑜，由于该研究课题涉及的语种既多，文献尤繁，无论难度还是工作量都相当大，能做到这样已属不易，作为第一部系统评介国外学者《说文》研究的专著，筚路蓝缕，不能苛求。大英于卷末特辟"进一步研究之空间"一节，这是她对如何进一步研究国外《说文》学的深入思考，似乎也可以看作她今后努力的方向。希望在不久的将来，能看到大英此方面的新论著，我相信那时大英一定会做得更好。

2015年2月18日
时值甲午除夕之日
于暨南园无名室

目 录

第一章　绪　论

第一节　国内《说文》学研究情况综述

被时人称为“五经无双许叔重”的东汉经学家、文字学家许慎（58—147）花费半生心血于121年著成《说文解字》（以下简称《说文》）。这是我国第一部字书，它最早提出部首的概念，所谓“分别部居，不相杂厕”“建类一首，据形系联”，全书按540部首统摄众字，分类排列，共收字头9 353个。

《说文》在中国典籍中占有重要地位，清代著名学者王鸣盛（1722—1797）在《说文解字正义序》中提到：“《说文》为天下第一种书，读遍天下书，不读《说文》，犹不读也。但能通《说文》，余书皆未读，不可谓非通儒也。”自成书以来，它一直受到国内学术界的关注，历代不乏整理研究者，人数之众、角度之多、成果之丰，令人瞩目，甚至形成了一种专门的学问，即“《说文》学”，又称“许学”。① 申小龙认为：“中国古代的语言学以汉字的研究为核心，《说文解字》之学始终处于小学的主导地位。”②

孙雍长先生在《训诂原理》引言中指出：“汉语中的‘学’，可以指‘学科’，也可以指‘学术’，所谓‘学术’，主要是就‘比较专门的、有其一定内在系统性的学问’而言；而所谓‘学科’，则必须强调学说的系统性，强调其理论体系即方法的完整性和条理性。”③ 正如英语中表示某某学科一般用后缀“-ology”来表示，而尚未成熟的跨学科综合研究一般用“studies”来表示一样，我们认为“《说文》学”译成英语应该是“*Shuowen* Studies”，其范畴宽泛，凡是和《说文》有关的各种学问都可包容其中，“学”这里是指学术的“学”。下面我们先对国内的《说文》学发展以时间为顺序作一个大略的陈述。

一、从问世到唐李阳冰的刊定

《说文》问世不久即为学者所重视，如郑玄注《周礼》、应劭著《风俗通

---

① 如清张炳翔编的《许学丛书》、许颂鼎与许溎祥合编的《许学丛刻》、黎径诰著的《许学考》等。

② 申小龙．汉语与中国文化（修订本）［M］．上海：复旦大学出版社，2008. 418.

③ 见该书引言，第2页。

义》、张揖著《广雅》、晋灼注《汉书》等都从《说文》中援引称述或寻取例证。此外，“汉魏之际有邯郸淳，吴则有严峻，晋则有吕忱，南朝有庾俨默、顾野王，北朝有江式、李铉、赵文深、颜之推，唐则有李阳冰、张参、唐玄度，五代则有林罕、徐锴，宋则有徐铉、铉句中正、葛湍、王惟恭等，都曾肆力于《说文》之学，见于史传”[①]。

遗憾的是，早期的《说文》研究著作大多已经失传，比如梁人庾俨默所注的《演说文》，仅有目录记载，原书已经亡佚。[②] 到了唐代，《说文》被尊为经典，甚至成为考试及第的必读书目，因其十分重要而被当时的文人竞相传抄。然而由于传写讹误，《说文》日益失真，这种情况一直持续到唐代宗大历年间。篆书家李阳冰率先刊定《说文》并将许书的15卷改为30卷，但他对许慎原书的篆法和解说都大加改动，臆说颇多。他的刊定本曾经盛行一时，直至二徐之书行世以后，才渐渐不传于后，其遗说现在还可在二徐书中考见梗概。

二、五代宋初二徐的全面整理

继李阳冰之后，对《说文》进行全面整理的是生活在五代宋初的徐铉、徐锴两兄弟，他们使《说文》基本恢复了许书的原貌，并且开创了研究《说文》的新局面。徐锴所著的《说文系传》世称小徐本，是第一本征引经传对《说文》进行注释并加进自己解说的著作，多创发新义，成一家之言。凡徐锴所发明及征引经传者皆加“臣锴曰”或者“臣锴案”以区别。徐铉承诏校订《说文》，世称大徐本，是现存流传最广的《说文》注本，大徐本于《说文》正文每卷后有新附字，书中的“臣铉等案”“臣铉等曰”体现了他的某些认识与想法。

三、清代学者的深入研究

二徐以后，《说文》学继续发展，到清代出现了研究《说文》的高峰，相关著作大体可分为四类：其一，全面研究。如段玉裁的《说文解字注》、桂馥的《说文解字义证》、王筠的《说文句读》、朱骏声的《说文通训定声》等。其二，校勘文本。如姚文田和严可均的《说文校议》、钱坫的《说文解字斠诠》等。其三，匡正许说。如孔广居的《说文疑疑》、俞樾的《儿笘录》等。其四，订补关于《说文》研究的著作。如严章福的《说文校议议》、王绍兰的《说文段注订补》等。其中，段玉裁、桂馥、王筠、朱骏声被誉为清代《说文》四大家。段玉裁《说文解字注》，探讨《说文》体例、探求音义关系，从形、音、义三方面

---

① 张舜徽．说文解字导读［M］．北京：中国国际广播出版社，2008.18.

② 据《隋书·经籍志》记载：梁有《演说文》一卷，庾俨默注，亡。

考订诸字，旁征博引，自创新意，修正前说，所加按语有很多真知灼见。桂馥《说文解字义证》篇幅最长，材料丰富，列举大量例子广为疏证，同时也有自己的一些观点。王筠《说文句读》不仅统一体例，删繁举要，订讹补漏，把字和要表达的客观事物联系起来考察，而且引用了其他字书如《广韵》、《字林》、《玉篇》等进行对照。其《说文释例》则系统全面地揭示了《说文》的旨意和体例。朱骏声《说文通训定声》解说文字，阐明词义之引申变化，兼及字之假借用法，尤其具有开创性的是打破了许慎540部首的框架，以文字声符为纲重新排列，对探究词源有重要价值。四人之中，尤以段玉裁、朱骏声最为突出。另外还有清代学者黎经诰著的《许学考》，共26卷，是关于"许学"（《说文》学）书目题解之书。此书辑录"许学"类著作书目246种，按内容分类编排。各类中先录清代学者谢启昆《小学考》中所列的《说文》类书目，而后推广于后起之作；每书之下抄录其序跋或作简介。清人的《说文》研究十分深入，使《说文》本体研究取得了很大成就，达到一个高峰。

四、近现代学人的转型研究

1840年鸦片战争以后到新中国成立之前的近现代时期有不少古文字新材料之发现，《说文》学由传统型向现代型转轨，这一时期的《说文》学与乾嘉时代相比，面貌焕然一新。近现代学人吸收西方语言学方法理论，结合古文字新材料，采用新的更科学的方法，大大拓宽了《说文》研究的视野，形成了《说文》学的又一个高峰。根据张标的《20世纪〈说文〉学流别考论》（2003），这一时期有超越前代的传统派、独辟蹊径的今证派、异军突起的纂集派、卓荦出人的会通派和发展前进的六书疏证派等。

这一时期主要的代表人物是章太炎和黄侃。章太炎上承乾嘉学派，下开现代《说文》研究的新阶段，他把《说文》中的独体字命名为"初文"，研究文字的孳乳变易情况，将《说文》中音近义同的字"类其音训"，分别为编，制定音变、义变条例，写出独特的语源学著作《文始》，对《说文》的造字取义、本义推源多有可取之处。黄侃的《说文》研究体现在《说文笺识》、《手批说文解字》等著作中。他将《说文》对字义的说解归纳为互训、义界、推因等方式，把《说文》看作研究小学的门径，以为"形声训诂之学莫备于《说文》，不明《说文》，不足以通古文"①，他还主张以《说文》为纽带，研究甲骨文和金文，把《说文》研究推进一个崭新的境界。章、黄之学在《说文》学史上占有重要

---

① 程千帆，唐文．量守庐学记：黄侃的生平和学术［M］．北京：生活·读书·新知三联书店，2006. 99.

地位。

另外一位著名学者是杨树达。他学贯中西，精通古今，在20世纪30年代前后专力研究《说文》，并提出“循声类以探语源，因语源而得条贯”的研究方法。[①] 他采用新发现的甲骨文、金文资料，综合应用语法、修辞、社会习俗等知识，不完全拘泥于《说文》旧说，思路开阔，创见颇多，主要表现在语源学和形义学方面。

这一时期的学者还利用出土的古文字资料（主要是甲骨文、金文）订补许书，代表人物有王懿荣、孙诒让、罗振玉、王国维、郭沫若等。另外，纂集派代表丁福保的《说文解字诂林》及其《补遗》，是一部汇编《说文》研究论著的集大成之作。还有六书疏证派代表人物马叙伦，他著有《说文解字六书疏证》[②]。该书依据六书对《说文》全书逐字进行分析，各归其类，而且能够稽之甲金文，博采众说。

五、今人的多方面研究

新中国成立以后，《说文》学也出现了新特点。首先研究成果数量增加。中国科学院语言研究所编的《中国语言学论文索引（甲编）》（1900—1949）所列的与《说文》研究相关的论文只有166篇[③]，而我们在中国知识资源总库搜索1979—2009年题目与《说文》有关的文章就已经有2 200多篇了。其次，在众多研究中，出现了不同流派。根据张标《20世纪〈说文〉学流别考论》（2003），这一时期有述中有作的新传统派、由事及理的新综述派、努力攀登的新注疏派、独树大纛的新文化派、后出转精的新古文字学派、推陈出新的新词汇派、不断创新的新六书派、后来居上的新段注派，以及其他研究学派。

今人对《说文》的研究内容和角度是多方面的。根据董莲池的《十五年来〈说文解字〉研究述评》（1994）、班吉庆的《建国50年来的〈说文解字〉研究》（2000）和卞仁海 的《十年来〈说文解字〉研究述评》（2003）等所归纳的，有综合研究、小篆研究、省声研究、古文研究、谐声系统研究、普及研究、词义研究、六书研究、部首研究、历史文化研究、注疏研究、体例研究、比较研究、方言研究、方法论研究、许慎和《说文》研究，还有版本、校勘、字体、字族以及若干个别字词的考证、对《说文》研究的研究等。蒋善国著有《说文解字讲稿》（1988），全面介绍了《说文》的内容和过去研究的成绩，以及今后

---

① 见杨树达《积微居小学金石论丛》（增订本）“自序”，第14页。该书1937年于商务印书馆初版，笔者所参考的是1955年科学出版社增订版。

② 该书虽然是在新中国成立后出版，但写作始于1911年，1928年完成，因此放在近现代阶段介绍。

③ 根据该书48～53页“说文解字”部分之统计。

研究的方法和要求。其中他把研究《说文》的学者分为校勘派、正字派、会意派、六书派、注疏派、声系派、通假派、释例派、语源派、专题派、古文字派十一个派别，并作了评价和批判。除此以外，还有检字研究，如李行杰主编的《说文今读五家通检》(1997)，里面对《说文》所收字之汉语拼音以及段、桂、王、朱四家注的卷次、页码通过表格形式一并列出，以便查检。

今人的《说文》研究成果举不胜举，在此我们仅能择要简述。章、黄以后对《说文》研究有重要贡献的学者当推陆宗达和王宁。陆宗达著有大量论文如《〈说文解字〉的价值和功用》(1978) 等。其专著《说文解字通论》(1981) 系统论述了《说文》的编制体例、训释方式、六书理论、字形演变以及该书的局限性等问题，对如何运用《说文》训诂的问题作了深入的探讨，同时对《说文》中反映的社会状况、生产、科学、医学、制度等内容进行了全面的揭示。王宁著有《〈说文解字〉与汉字学》(1994) 等，她还指导学生率先实现了《说文》研究与信息技术的结合。陆宗达的同门及门下弟子如刘赜、马宗霍、黄焯、殷孟伦、徐复、许嘉璐、李国英、石定果、宋永培、王贵元等也从不同角度对《说文》进行了研究。

另外张舜徽著有《说文解字约注》(1983)，他重视造字理据的分析，注意从声音上贯通字义，从多个角度进行注解，简约易读，精见迭出。他还著有《说文解字导读》(2008)，是通论性的入门书。普及性的著述还有由王宁、董希谦主编，河南人民出版社出版的“许慎与《说文》小丛书”共九本：王宁的《〈说文解字〉与汉字学》(1994)、董希谦的《〈说文解字〉一夕谈》(1994)、李国英和章琼的《〈说文〉学名词简释》(1994)、宋永培的《〈说文解字〉与文献词义学》(1994)、谢栋元编著的《〈说文解字〉与中国古代文化》(1994)、暴拯群的《〈说文解字〉与篆刻艺术》(1992)、齐冲天的《〈说文解字〉与篆文字体》(1994)、杨润陆的《怎样读〈说文解字〉》(1994)、王蕴智的《中国的字圣——许慎》(1994)，深入浅出地介绍了《说文》一书的方方面面。

今人的多方面研究中，文化学方面的研究成果比较突出，比如谢栋元编著的《〈说文解字〉与中国古代文化》(1994) 以及王宁等于 2000 年出版的同名著作，还有臧克和的《〈说文解字〉的文化说解》(1995)，黄德宽、常森的《汉字阐释与文化传统》(1995)，宋永培的《〈说文〉汉字体系与中国上古史》(1996)、《〈说文〉与上古汉语词义研究》(2001) 等，都比较注重《说文》的文化学意义阐释，通过《说文》透视古代中国的社会文化，不断发掘其中奥秘。

还需要补充的是外语界学者许国璋先生 1990 年的论文《一位古代中国辞书学家许慎眼中的语言与社会》(Language and Society as Seen by Xushen, an Ancient Chinese Lexicographer)。该文在 *International Journal of the Sociology of Language*

（Volume 1990，Issue 81，Pages 51－62）上用英文发表，后来又在《外语教学与研究》1994 年第 1 期以英文发表。另外由雍和明和彭敬撰写的《中国辞典学史（前 1046—1911）》（*Chinese Lexicography：A History from 1046 BC to AD 1911*）于 2008 年在牛津大学出版社出版，里面包含对《说文》的译介。不过这类研究目前国内学者做得还比较少。

最后值得一提的是董莲池主编的《说文解字研究文献集成》，以 1911 年为界，之前编为《古代卷》，之后编为《现当代卷》。其《古代卷》收录范围上自唐，下迄清末，分为"今存《说文解字》重要版本""《说文解字》通论""《说文解字》文本研究""《解字》部首研究""《说文解字叙》和六书研究""《说文》学史研究"六大部分，收集文献两百余种，总计 14 卷。其《现当代卷》收录范围上自 1911 年，下迄 2005 年，分为"通论""文本研究""部首研究""序、六书研究""语言历史文化研究""说文学史研究"六大部分，总计编成 12 卷，许多著名学者的成果，以及现当代中青年学者重要成果悉数在内。

六、成绩与问题

通过上述考察可以看出，国内《说文》学从《说文》问世到唐李阳冰的刊定、五代宋初二徐的全面整理、清代学者的深入研究、近现代学人的转型研究到今人的多方面研究，是一个继承和不断发展的过程，历史源远流长，成果甚多，形成了一门博大精深的学问。

然而通过上述考察也发现一个问题，那就是我们对国外《说文》学的关注还不太多。比如，班吉庆在《建国 50 年来的〈说文解字〉研究》一文中就说："限于资料，本文不包括港台学者及国外学者的研究。"[①] 集大成的《说文解字研究文献集成》几乎没有收录国外与此相关的研究文献。其实《说文》自成书以来，不仅在国内形成了《说文》学，而且在国外也有不少学者对其感兴趣，取得了很多研究成果。国外学者对《说文》进行的译介和研究等学术性活动，按照前面我们所提到的孙雍长先生对"学"的理解，也应该被《说文》学所包含。

既然《说文》学是"以我国古代语言学大师、东汉学者许慎撰写的《说文解字》一书以及许氏以降、中外历代《说文》研究论著作为研究对象的一门科学"[②]，那么我们就不应该撇开外国同行的同类研究，因为我们的研究客体相同。虽然由于研究主体不同，文化传统和历史背景也不同，国外对《说文》的研究

① 班吉庆．建国50 年来的《说文解字》研究［J］．扬州大学学报（人文社会科学版），2000（5）：41.

② 张标，陈春风．《说文》学的回顾与前瞻［J］．徐州师范大学学报（哲学社会科学版），2003（2）：1.

确实有和我们不一样的地方，然而这不是什么坏事。正如美国学者卜弼德（P. A. Boodberg，1903—1972）所说："虽然我们是外国人，不可能像中国学者在那种传统的熏陶下知识渊博，但是我们仍然可以有所贡献。这是因为，我们的研究方法和思路对各种研究材料来说都是新的，也有别于那些研究同一材料的中国学者。"① "他山之石，可以攻玉"，外国学者的《说文》研究自有他们的特点甚至是某些方面的长处，我们应该"调整自己的研究心态和思路，不断破除与此不相适应的观念、思维、方法，为《说文》学弘扬光大、走向世界的既定目标作出自己应有的贡献"②。因此非常有必要对国外《说文》学的现状进行总结分析，使之与国内《说文》学形成跨文化的对话，从而推动我们的《说文》学乃至整个语言学研究的进一步发展。

第二节 国内学界对国外《说文》学之关注与研究

到目前为止，国内学界对国外《说文》学的关注和研究还比较薄弱，不过也已经开始有所关注。下面我们根据所收集到的资料，主要依时间顺序就国内对国外《说文》学的关注与研究情况作一个简单的介绍。

一、国内学界对国外《说文》学的关注

《人民日报》1989 年 5 月 29 日报道："现在，国外不少汉学家都把研究《说文解字》作为学习中国文化的管籥，许学已经成为一门世界性的学问。"同年 6 月 5 日，《人民日报海外版》也报道说："目前'许学'已成为一门世界性学问，国外一些汉学家把研究《说文解字》作为学习中国文化的钥匙。"③

董希谦《〈说文解字〉的学术价值》（1990）一文提到："在国外，美国、苏联、日本、朝鲜、新加坡、菲律宾等国都有专攻《说文解字》的学者，特别是日本还立有'《说文》会'的组织，不断交流研究成果。"④ 董希谦还在《〈说文解字〉一夕谈》（1994）一书"当代《说文解字》研究概况"一节中提到："《说文解字》研究不仅在国内出现热潮，而且在海外也引起广泛的注意。"⑤ 接

---

① 转引自李学勤"《艾兰文集》总序"。见《艾兰文集》之一《龟之谜：商代神话、祭祀、艺术和宇宙观研究》2010 年（增订版）。

② 张标，陈春风.《说文》学的回顾与前瞻［J］. 徐州师范大学学报（哲学社会科学版），2003（2）：6.

③ 转引自董希谦.《说文解字》的学术价值［J］. 河南大学学报（哲学社会科学版），1990（5）：97.

④ 董希谦.《说文解字》的学术价值［J］. 河南大学学报（哲学社会科学版），1990（5）：97.

⑤ 董希谦.《说文解字》一夕谈［M］. 郑州：河南人民出版社，1994. 76.

着他又简略谈到了当代日本、韩国、新加坡等国的《说文》研究概况。[①]

侯宏伟《许慎与“说文学”国际学术研讨会召开》(1992)一文报道：“许慎与‘说文学’国际学术研讨会于1991年9月21日至24日在许慎故里河南漯河举行。日本、南朝鲜、马来亚和‘台湾省’的一些说文研究者参加了研讨会。”[②]

姚小平《西方人眼中的中国语言学史》(1996)一文提到，英国语言学家罗宾斯《语言学简史》(1967)一书以及20世纪70年代中期苏联出版的《语言学史概论》对《说文》有介绍[③]。

林伦伦、王振泽《“有家难归”的大学者——饶宗颐》(2001)一文提到印度学者白春晖慕名与饶先生结交，饶先生教他《说文》之事。[④] 黄宇鸿《近二十年来“说文学”研究的回顾与思考》(2001)一文指出：“当今，美国、日本、韩国、新加坡、菲律宾及(中国)港台等国家和地区，都有专攻《说文》的学者。”[⑤]

李明滨《世界第一部中国文学史的发现》(2002)一文用一句话提到俄罗斯汉学家王西里(V. P. Vasiliev，1818—1900)的《中国文学史纲要》(1880)一书中有对《说文》的介绍和评价。

顿嵩元《谈字圣许慎》(2005)一文提到：“许学在国外，欧亚美澳四大洲，研究者亦不乏其人。如俄国康德基著《说文部首》；新加坡孙清水著《六书浅探》，钟自森著《形声字造字通借法》；马来西亚黄碧云著《字群论》、《〈说文解字〉的科学性》；韩国权丙勋著《六书寻源》，金模著《说文通论》，许壁著《许慎与〈说文〉考》，且还有研究《说文》的组织；日本赖惟勤著《说文入门》，白川静著《说文新义》达十五册，高桥由利子(女)著《说文解字读》，仓石武四郎专讲《说文解字注》。日本还建立有‘说文会’‘中国学’等研究讲学的组织；各大学中文系都设有《说文解字注》研究课。”[⑥] 马毛朋《当代西方的中国语言学史研究》(2005)一文谈到瑞典学者马悦然在其著作中介绍了《说文解字》。[⑦]另外据报道，2005年首届许慎文化国际研讨会除了国内专家学者以外，还

---

① 董希谦.《说文解字》一夕谈[M]. 郑州：河南人民出版社，1994. 78~80.

② 侯宏伟. 许慎与“说文学”国际学术研讨会召开[J]. 古汉语研究，1992(2)：39.

③ 姚小平. 西方人眼中的中国语言学史[J]. 国外语言学，1996(3)：41，43~44.

④ 林伦伦，王振泽.“有家难归”的大学者——饶宗颐[J]. 岭南文史，2001(2)：46.

⑤ 黄宇鸿. 近二十年来“说文学”研究的回顾与思考[J]. 钦州师范高等专科学校学报，2001(2)：35.

⑥ 见《郾城文史资料·第15辑》的“文化盛世”部分第7篇，第42页。

⑦ 马毛朋. 当代西方的中国语言学史研究[J]. 南京林业大学学报(人文社会科学版)，2005(3)：49.

有来自美国、加拿大、乌克兰、利比里亚、马来西亚等国家的知名专家学者参加①。

段怀清在《〈中国评论〉时期的湛约翰及其中国文学翻译和研究》(2006)一文简单提到英国传教士湛约翰对《说文》的译介和研究。

吴义雄《〈中国丛报〉与中国语言文字研究》(2008)一文提到裨治文有对《说文》的探索和介绍②。另外,李峰等人的《〈中国丛报〉中文提要(之七)》(1988)一文③、吴义雄的《〈中国丛报〉与中国历史研究》(2008)一文④、张西平主编的《〈中国丛报〉篇名目录及分类索引》(2008)一书⑤,都提到裨治文对《说文解字徐氏系传四十卷》的译介,但都只是提到,并没有展开进一步的讨论。

另外,自20世纪80年代以来,国内陆续成立了一些海外汉学研究机构,比如北京大学中国古代文献中心海外汉学研究室、清华大学国际汉学研究所、华东师范大学海外中国学研究中心、北京外国语大学海外汉学中心、四川外语学院中外文化研究所、苏州大学海外汉学(中国文学)研究中心、西安外国语大学比较文化研究所等。这些机构还办有刊物,如《海外中国学评论》《国外中国学论丛》《国际汉学》《汉学研究》等。在这些机构和刊物的引领下,已有一些学者开始关注海外《说文》学,但总体来说还比较少,专门研究的人员更是少之又少。而且研究国外汉学的学者如偶有涉及国外《说文》学,通常也只是粗略提及,很少进行专门研究。

二、国内学界对国外《说文》学的研究

国内学界对国外《说文》学的专门研究确实不多。

较早研究国外《说文》学的文章有卜平的《〈说文解字〉在日本》(1985),不过此文只研究到江户时代,对明治以后日本的《说文》研究成果则未及介绍。

刘正《海外汉学研究:汉学在20世纪东西方各国研究和发展的历史》(2002)一书有一节"《说文》学研究",简略介绍了20世纪东西方汉学界的《说文》学成果,提到了威格尔、高田中周、冈井慎吾、小林博等人,着重介绍了白川静和他的《说文新义》。

华东师范大学臧克和教授指导韩国学生金玲敬所作博士学位论文《说文解字

---

① 参见首届许慎文化国际研讨会隆重开幕[N].漯河日报,2005-11-22.

② 吴义雄.《中国丛报》与中国语言文字研究[J].社会科学研究,2008(4):139.

③ 李峰,阎静萍,黄比新,蔡理才.《中国丛报》中文提要(之七)[J].岭南文史,1988(1):122.

④ 吴义雄.《中国丛报》与中国历史研究[J].中山大学学报(社会科学版),2008(1):90.

⑤ 张西平.《中国丛报》篇名目录及分类索引[M].桂林:广西师范大学出版社,2008.144.

翼徵》(2004),介绍了朝鲜李朝时代末期朴瑄寿(1821—1899)对《说文》所作的研究。

还有中国台湾魏慈德《成家彻郎〈说文解字的研究〉译介》(2006)一文译介了日本学者成家彻郎于《修美》19卷69号到23卷87号连载19期(2000.1—2004.7)的《说文解字的研究》。

黄卓明《韩国朝鲜时代的〈说文〉研究》(2009)一文全面调查和整理了韩国朝鲜时代的《说文》研究文献,考察和讨论了其主要内容、研究意义和学术价值①;《李圭景〈说文辨证说〉探微》(2010)一文中探讨了韩国朝鲜时代学者李圭景的文章《说文辨证说》,指出了其价值与不足②。

总之,从上述情况来看,国内学界对国外《说文》学虽有所关注,但真正的研究还比较少,总体情况还没有人进行系统考察,有的关注只是泛泛提及而缺乏具体实际的研究,更很少有人从语言文字的角度专门进行研究。这种现象的出现和国内学界的“两张皮”问题有关:研究外语的很少关注《说文》研究;而研究《说文》的往往外语水平不够高,或者觉得国外《说文》研究不值得一提。由于缺乏必要的交流沟通和译介,造成了信息不通畅、国内学界对国外《说文》学成果缺乏了解的局面,因此非常有必要对国外《说文》学进行考察。

从现有关注和研究的总体情况来看,国内学界对东方日韩的《说文》学的关注要比对西方欧美的《说文》学的关注多一些,这也许是因为日韩历史上与中国联系密切,同属汉字文化圈,其成果容易得到国内学者的关注。而欧美《说文》学,因为欧美与中国的联系又疏远了一些,以致长期被忽视,因此更有必要加强对欧美《说文》学的研究。

第三节　本书研究范围及研究方法之说明

国外《说文》学也是国外汉学的一部分。国外汉学的格局有二分、三分、四分之说:二分为东方与西方,三分为日韩、欧美与俄罗斯,四分为美国、俄罗斯、日本与西欧。我们进行国外《说文》学研究也可以借鉴这些格局。为了研究和叙述的方便,我们采用三分说,即把《说文》学分为日韩《说文》学、欧美《说文》学和俄罗斯《说文》学三大块,本书选定国内学界关注较少的欧美《说文》学进行研究。

---

① 该文作者曾于2009年8月参加在韩国釜山庆星大学举行的“数字化时代汉字的传播与应用研究”国际研讨会,并作大会发言。参见 http://www.sinoss.net/uploadfile/2011/1202/20111202123951825.pdf。

② 该文作者曾参加2010年10月在中国河南漯河举行的第二届许慎文化国际研讨会,并在会上宣读了论文。参见 http://www.sinoss.net/uploadfile/2011/1202/20111202010442709.pdf。

一、本书研究之范围

（一）时间范围

本书拟定对欧美《说文》学以时间为主线进行梳理和考察，力求把发展脉络清晰地展现给读者。将之细分为四个阶段进行讨论：明末至鸦片战争爆发（1600—1840），欧美来华传教士为了宣传基督教开始对《说文》进行关注，并将之译介到西方；鸦片战争爆发后至新中国成立（1841—1949）之前，欧美来华传教士以及外交人员为了更好地学习汉字而对《说文》进行进一步研究和译介，欧美本土学者对《说文》也更加关注并仔细研究；新中国成立后至改革开放（1950—1978），研究《说文》的主体不再是传教士，而是来自各个领域的专业汉学家，他们从不同角度对《说文》进行研究或利用，不过由于当时与中国相对隔绝，他们和中国《说文》学界交流甚少；改革开放后（1979 至今），欧美汉学家对现代中国更为关注，传统汉学退居其次，但由于《说文》的重要性，研究成果还是不少，而且与中国《说文》学界以及东方日韩的《说文》学界的交流日益增多，开始互相关注，形成了世界性的《说文》学。

（二）空间范围

本书研究范围涉及的欧美地区的国家众多，不可能面面俱到，因此主要选取汉学研究比较发达的法国、英国、荷兰、德国、奥地利、瑞士、瑞典、挪威、美国、加拿大等国。由于欧美《说文》学研究比较有特点、规模比较大的国家是法国和美国，正好它们也分别代表了欧洲和美洲。本书将以这两个国家为主，兼顾其他国家进行讨论。

（三）研究对象及语料范围

由于本书研究的重要目的是探求西方学术背景下欧美《说文》学之特点，因此主要选择比较有代表性的西方学者，不包括在欧美但具有中国学术背景的华裔学者，也不包括在欧美但具有东方学术背景的日韩裔学者。欧美与《说文》关系密切的西方学者有两种情况：一是主要以《说文》为研究对象者，二是由于别的研究需要频繁引用《说文》者。本书讨论将以第一种情况为主，第二种情况只作一般之概述。

限于种种条件，本书的研究以英文和中文材料为主，其他语言材料为辅。

二、本书研究之方法

本书主要运用下列研究方法：

（一）系统分析法

本书把全世界所有国家和地区的《说文》学看作一个整体系统，欧美《说文》学是这个系统的一部分。研究的过程中时时从整体的角度去思考欧美《说文》学，以防只见树木不见森林的片面性。

欧美《说文》学是海外汉学的一部分，因此研究欧美《说文》学就要关注整个汉学及其发展的历史，从中逐步梳理出欧美《说文》学从无到有逐步发展的脉络。

欧美《说文》学反映了《说文》作为中国典籍之一被西方人接受的过程，从了解、学习到译介研究，和其他典籍西传有部分联系，因此需要对中国典籍西传有一个整体全面的认识。

（二）历时分析法

本书将对自1600年以来的欧美《说文》学进行历时分阶段分析，为了叙述的方便和尊重史实，将依据中国历史分期再细分为四个阶段：明末至鸦片战争爆发（1600—1840），鸦片战争爆发后至新中国成立（1841—1949），新中国成立后至改革开放（1950—1978），改革开放后（1979年至今）。每个时期先概述欧美《说文》学的总体情况和所涉及的相关学者，然后再选取主要学者进行个案分析，最后进行总结。由于欧美国家研究《说文》的学者之间的沟通和交流比较多，同一位学者可能曾经在不同国家工作，同一个国家又可能汇集了来自不同国家的学者，因此我们不分国别讨论，而是将欧美看作一个整体，采用历时分析法来论述。

（三）比较分析法

国内《说文》学有自己的特点，国外不同国家和地区的《说文》学也各有特点，汉字文化圈的东方（日韩为主）和基督教文化圈的西方（欧美为主）也因地域和文化的不同而呈现出不同的特点。本书将题目选定为欧美《说文》学研究并不意味着我们不关注国内《说文》学，不关心以日韩为代表的东方《说文》学。在整个研究过程中，我们都将以比较的眼光来观察和分析欧美《说文》学，结合国内《说文》学并参考日韩《说文》学，带着比较的意识，通过个体之间、局部与整体之间的对比分析，发现欧美《说文》学的特点，关注其不同的思想和方法，为《说文》研究提供他山之石。

（四）个案分析法

欧美《说文》学，情况复杂，所涉欧美国家的学者众多，限于篇幅，不可能一一列举，只能择其要者着重考察，选取比较有特色的、对《说文》进行过较深入研究的相关学者进行个案分析，对其他学者则仅择要进行粗略概述。另外，本书所介绍的学者，如其《说文》研究跨不同阶段（这种情况比较少），为了介绍的完整性，姑且将之置于其主要成就所在的那个阶段中作一次性介绍。这样既方便读者全面认识同一学者的研究成就，也不影响我们最后从整体上对四百多年的欧美《说文》学的发展进行分析所得出的结论。

总之，本书力求在所选研究范围内通过上述方法对欧美《说文》学的总体情况进行系统梳理，评述阐释其特点、成绩和不足，希望从中为《说文》学未来的发展提供某些有益的启示。

第二章　明末至鸦片战争爆发之欧美《说文》学

第一节　明末至鸦片战争爆发欧美《说文》学概述

晚明到鸦片战争之前，政府实行闭关锁国政策，真正能够进入中国并深入了解中国的西方人很少。16世纪耶稣会传教士从欧洲来到中国时，最早到达的西班牙传教士沙勿略（Francois Xavier，1506—1552），一直未被允许登岸入境；意大利传教士利玛窦（Matteo Ricci，1552—1610）总算在1583年进入中国，但一开始却被迫只能待在肇庆附近。1600年，利玛窦结识了中国学者徐光启，徐光启倾慕利玛窦的见识、博学以及西方的自然科学知识，而利玛窦则仰慕徐光启的儒雅和才华，希望向他学习儒家经典，中西方两大文明有了第一次实质性的接触。1601年利玛窦终于进入北京。利玛窦进京标志着中西交流史上一个新的时代开始了。这以后中国文化和古代典籍开始真正进入西方人的视野，《说文》才有可能得到他们的关注。

一、欧美学者对《说文》的最早关注

欧美学者对《说文》的最早关注是在什么时候呢？这个问题不好回答。不过，存在以下一些可能。

利玛窦（Matteo Ricci，1552—1610），意大利传教士，被称为“第一位阅读中国文学并对中国典籍进行钻研的西方学者”①，其1595年在华编译的第一部中文著作《交友论》中有这样一句话：“上帝给人双目、双耳、双手、双足，欲两友相助，方为事有成矣。”对于其中的“友”字，利玛窦有一个注释：“古篆作㕛，即两手也，可有而不可无。朋字古篆作羽，即两习也，鸟备之方能飞。古贤者视朋友，岂不如是耶？”② 对比《说文》“友，同志为友，从二又。相交友也。云久切。𦫶，古文友。𦫾，亦古文友”，似乎可以推测，利玛窦在写作中参考了

---

① 李婷．利玛窦：“西学东渐”第一人［N］．文汇报，2010－04－01.

② 转引自严晓翚的硕士学位论文《利玛窦〈交友论〉与明末士林》附录《交友论》，第67页。

《说文》。美国学者毕墨惜（Timothy Billings）就是这样认为的。[①] 不过这还只是推测，而没有确凿的证据。由法国[②]传教士金尼阁（Nicolas Trigault，1577—1629）整理并于1615年出版的《利玛窦中国札记》（也叫《基督教远征中国史》），其中简要地向西方介绍了中国的语言文字，但并没有明确提到《说文》。

葡萄牙人曾德昭（Alvaro de Semedo，1585—1658）是耶稣会士，1613年到达中国南京，1636年返回欧洲，在旅途上完成了《大中国志》。他1642年出版的《大中国志》用了整整一章的篇幅介绍中国的语言文字，是第一位较详细地介绍中国语言文字的西方人。曾德昭的书中并未提到《说文》，但大体介绍了汉字造字的几种方法，如他举"日"字为象形例，说当初写成一个圆圈，中间有一横道，意为太阳；举了玉部、木部、金部、心部一些意符和声符并用的字为形声例；还举了"明"字、"闷"字为会意例。曾德昭对汉字的描述也表达了"部首"的概念，如每个表示伤心的字，都必须附加"心"字；任何表示树木的字，都要和"木"字结合；任何表示金属的字都要和"金"字结合等。这些说法与《说文》大部分吻合。对此，中国学者计翔翔在《十七世纪中期汉学著作研究：以曾德昭〈大中国志〉和安文思〈中国新志〉为中心》中写道："看来曾德昭研究过《说文解字》，至少中国儒生跟他讲解过《说文解字》一类的知识。"[③] 虽然只是猜测，但可信度还是比较高的。

基歇尔（Athanasius Kircher，1602—1680）被称为德国早期的汉学家，是欧洲17世纪著名的学者、耶稣会士。他从未到过中国，其著述中的很多材料来自当时的来华传教士卜弥格（Michel Boym，1612—1659）。基歇尔于1667年在阿姆斯特丹出版的拉丁文版《中国图说》是他最有影响的著作之一。其中的第六部分介绍了中国文字，首次向西方人展示了中国各类文字图形。1670年《中国图说》出版了法文版，法文版中增加了拉丁文版所没有的两个内容：一个是法汉对照字典，一个是汉文教理书《天主约要》。对其中所载的法汉字典，法国汉学家沙不列（Robert Chabrie）转述法国汉学家傅尔蒙（Etienne Fourmont，1683—1745）的观点，认为"这部法汉字典的内容是根据中国的《说文解字》撰写的"[④]。不过，法国汉学家伯希和（Paul Pelliot）则在《通报》1934年刊《卜弥

---

① 毕墨惜在一篇文章中推测利玛窦《交友论》中对"友"字的解释"参考了《说文》或者明代的相关字典"。见 Timothy Billings. "Making Friends with the Kangxi Zidian (《康熙字典》) an Introduction"一文。

② 金尼阁在出版他翻译并增写的《利玛窦中国札记》（也叫《基督教远征中国史》）时，在封面上明确自署为"比利时人"。不过他的故乡杜埃在其去世半个多世纪后被法国征服并划入法国版图，因而金尼阁通常被看作法国人。

③ 计翔翔. 十七世纪中期汉学著作研究：以曾德昭《大中国志》和安文思《中国新志》为中心［M］. 上海：上海古籍出版社，2002. 137.

④ 张西平. 欧洲早期汉学史——中西文化交流与西方汉学的兴起［M］. 北京：中华书局，2009. 607.

格补证》一文中对沙不列所转述的傅尔蒙的说法给予了纠正[①]，他认为，这部字典“或者采有《说文》（说解）在内，然而《说文》同这部《汉法字典》毫无关系”[②]。

美国学者米勒（Roy Andrew Miller，1924— ）认为西方学者最早对《说文》的关注是在1765年[③]，与汉字是否源自埃及文字的学术争论有关。当时学者们急于寻求这方面的信息，东印度公司的广东商馆（Canton Factory）在皇家学会（Royal Society）的要求下，送了几本书到伦敦，其中就有《说文》[④]。然而根据我们收集到的资料，这并不是西方最早对《说文》的关注。

二、早期来华传教士索隐派对《说文》的关注

欧美学者真正对《说文》予以关注的当以来华传教士中的“索隐派”（Figurists）为最早。

所谓“索隐派”是指以钻研中国古代典籍并探索其与《旧约》之联系为己任的一些耶稣会士，其创始人是来自法国的白晋（Joachim Bouvet，1656—1730）。[⑤] 代表人物除白晋外，还有傅圣泽（Jean-Francois Foucquet，1665—1741）、马若瑟（Joseph de Prémare，1666—1736）、郭中传（Jean-Alexis de Gollet，1664—1747）、韩国英（Pierre Machal Cibot，1727—1780）等。他们大都是法国传教士，认为“中国典籍不能作为历史文献逐字翻译，而应当以比喻和寓言的方式翻译，这样才能揭示出其中有关基督教救世主弥赛亚的象征意义”[⑥]。他们对中国上古史及中国语言文字特别感兴趣，《说文》也自然地进入他们关注的视野。他们有一套特别富有想象力的汉字分析方法，不仅根据《易经》，“而且根据公元初期汉字字源大词典《说文解字》的资料和方法”[⑦]。这种思想受到罗马教廷的谴责，在欧洲也没有市场，不过他们分析汉语文字的方法却留下了难以泯灭的痕迹。

---

① Pelliot, Paul. “Michel Boym” [J]. *T'oung Pao*, Second Series, 1934, 31 (1/2): p. 136.

② 张西平. 欧洲早期汉学史——中西文化交流与西方汉学的兴起 [M]. 北京: 中华书局, 2009. 607.

③ Miller, Roy Andrew. “Problems in the Study of *Shuo-wen Chieh-tzu*” [D]. Ph. D., Columbia University, 1953. p. 82. Note 1.

④ Stifflerr, Susan Reed. “The Language Students of the East India Company's Canton Factory” [J]. *Journal of the North China Royal Asiatic Society*, 1938 (69): p. 47.

⑤ 少数人将其音译为布维，黄伯禄《正教奉褒》又作白进。

⑥ [美] 孟德卫. 中国礼仪之争研究概述 [A]. 吴莉苇译. 任继俞. 国际汉学·第5辑 [C]. 郑州: 大象出版社, 2000. 212.

⑦ [法] 艾乐桐. 欧洲忘却了汉语却“发现”了汉字 [A]. 张冠尧译. 贝龙巴尔, 李学勤. 法国汉学·第一辑 [C]. 北京: 清华大学出版社, 1996. 193.

马若瑟是索隐派中在《说文》研究方面最具代表性的人物。他约在1721年完成的《六书实义》是用中文写的著作，阅读此作品，“需要有对《说文解字》这本字典相当详尽的知识”①。该书以《说文》为主题，直接体现了对《说文》的索隐关注。他的其他著作如《汉语札记》（*Notitia Linguae Sinicae*）②、《中国古籍中之基督教主要教条之遗迹》等，还有一些信件，也介绍到《说文》或者涉及利用《说文》来阐释他的索隐思想，由于十分典型，我们特在下文专门拿出一节着重讨论。

白晋，字明远，以研究《易经》闻名，但对《说文》也有所关注。他认为中国古代经典所表述的思想不仅与基督教义完全吻合，而且是基督教最古老的文字记载，从中不但可以悟出教义，更可以找到后来记载在《圣经》中的故事和人物。这比利玛窦等人只想证明中国的传统思想与基督教义两者可兼容互补更进一步。为论证他的看法，他提出了一种独特的“理论”，即“中国的古籍包含两层意义，即表层的意义和深层的意义。表层意义是中国人所理解的字面意义；深层意义则为中国人所不解，只有深刻理解基督教义，信奉基督教，并对《圣经》耳熟能详的教徒才能发现和理解”③。在这一“理论”的指导下，为了透过表层意义去发现和揭示深层意义，白晋对中国古籍的研究非常广泛和深入。他说：“中华自遭秦火，典籍失传，论根本诸文之原意，混暗不明，然经书犹概尚存。今据天主圣经之旨，读中华经书，凡古今论天主真宰之文号，择其极精粹者，一一集列之，成一复识根本真宰明鉴焉。”④他“以‘道’为连接物，将含有‘道’这一概念的中国各家各派文献统为一体”⑤，其中就包含《说文》。《耶稣会士白晋的生平与著作》一书的作者根据法国国家图书馆收藏之拉丁文手稿1173，f. 27，曾谈到他在《说文》中找到一个证明中国典籍和天主教教义一致的证据⑥，那就是对“姓”字的解释——“古之神圣母，感天而生子，故称天子”。白晋把《说文》中的这段文字和商周时期的君主联系起来，因为传说中他们的母亲都是受神灵的恩赐，以处子之身生下了他们，所以他们也被称为“天子”。

---

①［丹］龙伯格．清代来华传教士马若瑟研究：中国语文学和索隐派［M］．李真，骆洁译．郑州：大象出版社，2009. 70.

②《汉语札记》又译为《中国语言志略》《中文概说》或《中国语札记》等。于1728年在广州编成，直到1831年才在英国传教士马礼逊安排下由金斯博鲁（Kingsborou）出资于马六甲刊印面世。1847年由美国传教士裨雅各（James Granger Bridgman）译成英文版。

③ 许明龙．中西文化交流先驱——从利玛窦到朗世宁［C］．北京：东方出版社，1993. 182～183.

④ Chan，Albert，S. J. *Chinese Books and Documents*（*Japonica-Sinica I-IV*）*in the Jesuit Archives in Rome*：*A Descriptive Catalogue*［M］. M. E. Sharpe，2002. p. 523.

⑤ 张国刚，吴莉苇．礼仪之争对中国经籍西传的影响［J］．中国社会科学，2003（4）：201.

⑥［德］柯兰霓．耶稣会士白晋的生平与著作［M］．李岩译．郑州：大象出版社，2009. 180.

另外，根据陈伦绪（Albert Chan, S. J., 1915— ）在《罗马耶稣会档案处汉和图书文献目录提要》（*Chinese Books and Documents in the Jesuit Archives in Rome: A Descriptive Catalogue*）一书中对白晋手稿的描述，也可以证实他确实曾经参考过《说文》。[①]

傅圣泽写过一篇论文——《据古经传考天象不均齐》[②]，是以欧洲人与中国人进行天文学对话的形式写成的，表现了傅圣泽如何接触一位中国人并努力劝服他相信索隐派思想的过程。除此，它无疑还展示出傅圣泽熟悉各类中文材料，其中也包含《说文》。[③]

韩国英，被称为“最后一位索隐派”，所撰《论中国语言和文字》（Essai sur la Langue et le Characters Chinois）“详述汉字的发明、起源、六书，及其对道德、艺术、历史、宗教、风俗习惯之适用”[④]。在这篇文章中，他把汉字分为七类：①有教化意义的字；②讽刺挖苦性汉字；③与科学文化有关的汉字；④与传统有关的汉字；⑤与历史有关的汉字；⑥道家和佛家用字；⑦古代风俗中得来的字。韩国英非常关注教义性的汉字，下面是《韩国英——最后的索隐派》一文相关的一段描述：

> 在他那套30卷的带注《说文解字》中，他读到上古时代人们的寒暄之语“无恙”，意思是“羊还没到”。他给出了很多带羊的汉字，“羊”赋予这些字以威严。当一个字带有“我”，那么他所传递的是“义”（正义）。如果旁边加上“人”则为“仪”，意为法律或规矩。若加上表示话语的符号“言”，“详”的意义是讨论。若加“大”，则为“美”，是非常好的意思。他从《说文解字》中了解到：“它也是西洋一国人民的名字，这个名字充满了慈爱。慈爱是长寿之本，所以该国国王长生不老。”韩国英说在翻阅他那套《说文解字》时，他反复阅读了这一段。[⑤]

从这段叙述中可以看出，韩国英不但拥有一部《说文》，并且对感兴趣的地方曾经仔细研读。他对汉语寒暄语“无恙”的基督化理解，以及对和“羊”有关汉字的关注，充分说明了他的索隐倾向。需要指出的是，上面说到韩国英反复

---

① 见该书第522、524页。

② 梵蒂冈教宗图书馆有存。

③ ［美］魏若望．耶稣会士傅圣泽神甫列传［M］．吴莉苇译．郑州：大象出版社，2006. 175.

④ 许光华．法国汉学史［M］．北京：学苑出版社，2009. 57.

⑤ ［丹］龙伯格．韩国英——最后的索隐派［A］．高建惠译．任继愈．国际汉学·第13辑［C］．郑州：大象出版社，2005. 62.

阅读的一段《说文》当是“羊部”“羌”字的说解，原文为：“西戎牧羊人也。从人从羊，羊亦声。南方蛮闽从虫，北方狄从犬，东方貉从豸，西方羌从羊：此六种也。西南僰人、僬侥，从人；盖在坤地，颇有顺理之性。唯东夷从大。大，人也。夷俗仁，仁者寿，有君子不死之国。孔子曰：‘道不行，欲之九夷，乘桴浮于海。’有以也。”这里显然韩国英并没有完全读懂《说文》原文，理解有误。

三、其他学者对《说文》的关注

傅尔蒙（Etienne Fourmont，1683—1745），法国第一代非教会人士汉学家之一。他从未到过中国，但与当时来华传教士保持通信联系，并且与当时在法国的中国人黄嘉略[①]合作编写过汉法词典，终于成为有名的汉学家。傅尔蒙与《说文》有些缘分。对《说文》很有研究的传教士马若瑟曾经将1728年在广州编成的一部手稿《汉语札记》（*Notitia Linguae Sinicae*）交给傅尔蒙审阅，结果被其打入冷宫，直到一个多世纪以后才重见天日。[②] 而傅尔蒙1737年发表的代表作《汉语论稿》（*Meditationes Sinicae*）据说有剽窃马若瑟手稿的嫌疑。在这部书中，傅尔蒙“以《说文》《字汇》等为例介绍了汉字的特点和学习的方法”[③]。傅尔蒙还曾经请黄嘉略为国王图书馆编写馆藏中文图书目录，该目录“不是一份简单的书籍清单，而是一篇介绍这些图书的文章。在每种书籍下面，他都用法文简明扼要地介绍此书的作者、出版年代和内容以及与此书有关的各种知识。为介绍一种书籍而写下的说明往往多达数百字，内容相当丰富，对于不懂中文的法国读者显然帮助极大”[④]。这份书目中共有75种中文书籍，其中就包括《说文》。书目编成以后，交给了傅尔蒙，傅尔蒙“将这些成果都归在自己名下”[⑤]。由于其心术不正，傅尔蒙为许多正直的学者所非议。

雷慕沙（Jean-Pierre Abel-Rémusat，1788—1832）[⑥]，西方第一位专业汉学家。1814年法兰西汉学院在欧洲各大学中首创“汉学讲座”，年轻的雷慕沙任这个讲座的第一位教授。他每周为法兰西汉学院的学生们讲课的大纲包括汉字的起源、发展以及六书。[⑦] 雷慕沙1822年出版的《汉文启蒙》（*Elements de la Grammaire*

---

① 其法语名字为 Arcade Huang（1679—1716），本名黄日升。

② 该手稿于1728年在广州编成，直到1831年才由金斯博鲁（Kingsborou）出资于马六甲刊印面世。

③ 张西平．欧洲早期汉学史——中西文化交流与西方汉学的兴起［M］．北京：中华书局，2009.675.

④ 许明龙．黄嘉略与早期汉学［M］．北京：中华书局，2004.222~223.

⑤ 参见许明龙《欧洲十八世纪中国热》一书，第32页。

⑥ 也译雷缪沙。

⑦ 张西平．欧洲早期汉学史——中西文化交流与西方汉学的兴起［M］．北京：中华书局，2009.678.

Chinoise）是一部教材，也是一部语法书。该书以“字”为基础进行讲解，在绪论中介绍了六书、汉字发展史、异体字、古今字、部首、音节、声调、拼音符号等。书中谈到汉语的字典，将《说文》作为“采用字部法进行编排”的“一本常用小字典”予以介绍①。

马礼逊（Robert Morrison，1782—1834），英国派赴中国的第一位传教士，1807年来华，也是西方派到中国的第一位基督新教传教士。他编纂的《华英字典》是世界上第一部英汉—汉英的对照字典②，第一卷《字典》（1815）序言中即有对《说文》的简介，说明作者、成书年代及编纂目的。③ 此外，还列举了《六书》④、《说文》、《玉篇》、《类篇》、《字汇》、《正字通》这一类按字部编排的字书，他认为《康熙字典》按214部编排，部内的字按笔画排序，“这种排列的主要目的是很容易查到需要的字，这是对古代体系的一个改进，尽管被认为不比《六书》《说文》和《玉篇》更达观”⑤。他还对《六书》《说文》《玉篇》的字部作了说明。这里可以看出，新教传教士马礼逊对《说文》的关注主要在于汉字研究方面，和前面的索隐派传教士已经有所不同，这一特点在下个阶段更加明显。

综上所述，明末到鸦片战争爆发之前（1600—1840），欧美学者开始关注《说文》并有所研究译介，有关《说文》的著述并不是太多。最初主要为来华传教士索隐派，其目的是从《说文》中发现基督教教义，其中以《说文》为主题的代表性研究学者为马若瑟。其他学者偶有涉及，集中在汉语汉字研究领域，但总体上对《说文》还处于初步了解阶段，谈不上什么研究。欧美本土学者如法国的傅尔蒙和雷慕沙对《说文》的了解主要来自传教士的二手资料。另外一位后期来华的新教传教士马礼逊也只是在著作中谈及《说文》，并没有展开讨论，不过他已带有科学研究的精神，不再是纯粹的索隐关注了。总的来说，这一时期对《说文》的关注是以传教士为主的，下面我们将着重介绍的《说文》索隐研究学者马若瑟，便是一位虔诚的传教士。

---

① 引号中之内容转引自黄时鉴．康熙字典与中西文化交流［J］．九州学林，2006（2）：51～72.

② 《华英字典》从1815年至1823年陆续出版，共六大本，4 595页。

③ 见马礼逊编纂的《华英字典》（*A Dictionary of the Chinese Language*）第1卷，简介，第3页。

④ 马礼逊在这里把《六书》《说文》《玉篇》、《类篇》并举，后文还有一些描述，如《六书》字部479，分为九类等，按照其描述，当为戴侗的《六书故》。但他把《六书》列在《说文》之前让人有点不解。

⑤ 见马礼逊编纂的《华英字典》（*A Dictionary of the Chinese Language*）第1卷，简介，第8页。

第二节　法国马若瑟之《说文》索隐研究

马若瑟，法国来华耶稣会士，中文名龙周，字若瑟，笔名温古子。他1698年来华，在华近四十年，潜心研究中国语言和文学，著有《汉语札记》、《赵氏孤儿》（翻译）、《六书实义》（中文著作）、《书经以前时代与中国神话研究》、《书经选》（翻译）、《中国古籍中之基督教主要教条之遗迹》、《诗经》（八章，翻译）、《耶稣会士适用之拉丁语汉语对照字汇》等。尽管马若瑟与其他一些传教士相比声名并不显赫，但他“以其对中国语文和典籍的深入研究而在西方汉学史上具有独特的地位”①。

马若瑟是当时在华传教士索隐派的重要成员之一。正如我们在上文中所提到的那样，索隐派努力从中国典籍中发现有利于基督教教理的传说以及在这些古籍中是否有与基督教同一的论旨。当马若瑟与白晋、傅圣泽等索隐派传教士一起探讨古籍时，“主要通过汉字本身的分析释读以及对汉字构造理论的研究，来诠释这些文字符号背后的原始意义和中国古代文本中的神秘含义”②。因此他对中国最早的字典——《说文》十分关注，并积极利用它来阐发自己的索隐思想。下面我们将从几个方面考察马若瑟的《说文》索隐研究③。

一、马若瑟对《说文》的用心学习

马若瑟所在的耶稣会为了在中国更好地传教，首先必须学习中国的语言和文学，因此耶稣会传教士一到中国就把宣传基督教和研习汉文作为工作的两个重点。为了让中国的士大夫阶层改变信仰，传教士不仅要学会说和理解汉语官话，还要熟悉中国的文化典籍，因此马若瑟努力学习四书五经之类的经典，同时也自然而然地关注到作为通经重要工具的《说文》。马若瑟曾向康熙皇帝自述：“凡思知《六经》者，当造端乎六书，六书明而《六经》彬彬，此愚所以将许慎《说文解字》、徐锴兄弟《集注》、宦光赵氏《长笺》等书夙夜反复熟读，以求文字之本义。”④

---

① 转引自丹麦龙伯格《清代来华传教士马若瑟研究：中国语文学和索隐派》一书张西平所作中译本序，第2页。

② 李真．欧洲汉学的奠基之作——马若瑟《汉语札记》［A］．阎纯德．汉学研究·第八集［C］．北京：中华书局，2004.464.

③ 遗憾的是，笔者没有找到马若瑟著作的原文，只能通过别人的相关论述进行分析。

④ 转引自方豪．方豪六十自定稿［M］．台北：学生书局，1969.198.

（一）马若瑟学习《说文》的老师

在马若瑟学习《说文》的过程中，有一个人对他的影响非常重要，那就是刘凝（1625—1715）。刘凝，字二至，“性嗜学，购书至数万卷，研讨入奥。尤精古六书之学”①。他于1625年左右出生于南丰，该地位于马若瑟当时居住的建昌城南约50千米处。

马若瑟非常尊敬刘凝，因为正是这个人的著作帮助他理解了《说文》的奥秘。刘凝著有《说文解字咏》和《说文解字夬》，还有一部研究《说文》的简短作品《文字韵原》收在《四库全书》中，但《四库全书总目提要》对其评价并不是太高。但在马若瑟《中国古籍中之基督教主要教条之遗迹》一书中，刘二至的名字“被提及了10次”②，马若瑟的中文著作《六书实义》（1721）也多次提到了刘凝，对他的评价非常之高，认为他是一位研究《说文》的优秀专家。马若瑟评价说：“这个中国人拥有极高的权威性，但更为重要的是你会觉得他是对的，而那些所有试图改良《说文》的学者并没有理解汉字六书的规则或本质。”③

刘凝曾经受洗加入了天主教，他对汉字的某些解释已经融入了基督教教义，比如“十”字，《说文》：“十，数之具也。一为东西，丨为南北，则四方中央备矣。”刘凝认为：“难道这个字没有表明圣教吗？‘十’字的四个角难道不正说明吾主为世上众人而献身吗？”④ 刘凝还把六书与《易经》联系起来，指出“指事如奇偶，象形如八卦，形声、会意如六十四卦，转注、假借如卦上加卦”⑤，这样天道在其中，地道在其中，人道在其中，天地的变化与创生、古帝先王的统治、哲人的传道，所有的这些根本都在这里。因此词句和汉字都是神秘的符号，六书文字之学不是小事。这样我们就不难理解为什么马若瑟如此推崇刘凝了。

（二）马若瑟学习《说文》的辅助资料

马若瑟拥有不少和《说文》有关的书籍与资料，根据我们所掌握的材料，

---

① （清）卢崧，朱若烜等纂修．江西省南丰县志（二）［M］．台北：成文出版社，1989. 734.

② ［丹］龙伯格．清代来华传教士马若瑟研究：中国语文学和索隐派［M］．李真，骆洁译．郑州：大象出版社，2009. 192.

③ ［丹］龙伯格．清代来华传教士马若瑟研究：中国语文学和索隐派［M］．李真，骆洁译．郑州：大象出版社，2009. 191.

④ ［丹］龙伯格．清代来华传教士马若瑟研究：中国语文学和索隐派［M］．李真，骆洁译．郑州：大象出版社，2009. 192.

⑤ Lundbaek. *Joseph de Premare*［M］．Aarhus：Aarhus University Press，1991. p. 158. 转引自张国刚、吴莉苇等的《明清传教士与欧洲汉学》一书，第278页。

大致如下：

1．刘凝关于《说文》的著作

1728年9月7日，马若瑟在给傅尔蒙的信中写道："一位逝于96岁的中国人遗留给我他的部分书稿。同他的先父一样，他曾任学官一职。而且他花了超过60年的时间来专门研究汉字。他关于《说文解字》的注解有一千卷之多。一位高官以敬献给皇帝为理由从他的手中得到了这份手稿。我只有其中的六七卷，不过另外我得到了他的关于汉字六书的手稿。"① 这位中国老人就是我们前面提到的刘凝。

1731年8月19日，马若瑟在信中再一次谈道："我很幸运得到了一位96岁高龄的中国文人的作品的一部分，他几乎倾尽毕生精力来研究《说文解字》这部字典。"② 在同一封信中，他又说："我还有一份被称为《六书夬》（12卷）的手稿。这个书名的意思是'对汉字六书的考察'。在这部著作中，作者考察了自《说文解字》的作者许慎以来所有的关于六书的说法。"③ 《六书夬》是刘凝的著作④。

2．其他学者研究《说文》的著作

1731年8月19日，马若瑟在他的信中谈道："我有《说文长笺》一书，该书是注解《说文解字》最著名的作品之一，我在其中补充了大量我从这位博学的学者那里得来的注解。如果没有这些注释，我难免会像《长笺》一书的作者一样无知，他其实对六书知之甚少。虽然他有很多细微的见解，但是事实上他从整体上破坏了这部作品（《说文》）。"⑤ 这里所说的"博学的学者"是指前文中提到的刘凝，我们可以看出，马若瑟对《说文长笺》评价不高。

马若瑟还有徐锴兄弟的《说文》传注著作，这从马若瑟向康熙皇帝的自述"此愚所以将许慎《说文解字》、徐锴兄弟《集注》、宦光赵氏《长笺》等书夙夜反复熟读，以求文字之本义"⑥ 中可以得知。

---

① ［丹］龙伯格．清代来华传教士马若瑟研究：中国语文学和索隐派［M］．李真，骆洁译．郑州：大象出版社，2009. 191.

② ［丹］龙伯格．清代来华传教士马若瑟研究：中国语文学和索隐派［M］．李真，骆洁译．郑州：大象出版社，2009. 192.

③ ［丹］龙伯格．清代来华传教士马若瑟研究：中国语文学和索隐派［M］．李真，骆洁译．郑州：大象出版社，2009. 192.

④ （清）卢崧，朱若烜等纂修．江西省南丰县志（二）［M］．台北：成文出版社，1989. 734.

⑤ ［丹］龙伯格．清代来华传教士马若瑟研究：中国语文学和索隐派［M］．李真，骆洁译．郑州：大象出版社，2009. 192.

⑥ 引号中之马若瑟语转引自方豪《方豪六十自定稿》一书，上册，第198页。

3.《说文》以外的字典

除了《说文》以外，马若瑟还拥有其他一些字典。在1728年10月16日关于“中国书籍的目录”的信札里他为在法国本土的傅尔蒙整理了一个书目，“结果这份目录成了差不多是马若瑟个人藏书的一份书目”①。他把这些书籍分成12类，其中第11类里包括的是字典。他写道：

> 中国人有各种各样的字典，标价也各不相同。如果一个人希望知道一个字的各种意思，那可以看最近的《康熙字典》。在这本字典中的绝大部分字早已出现在字典《正字通》里面。在《康熙字典》中，《正字通》里所有关于汉字研究的学问都被删去了，但这没有什么关系，因为《正字通》的作者对于那些研究中出现的问题并不是一个好的裁决者。字典《品字笺》比较不错。要了解双音词，我们需要《佩文韵府》，它非常仔细地按照《康熙字典》中的顺序来进行编纂。要了解汉字的不同字体，有《篆字汇》，可是如果一个人不熟悉字典《说文解字》的话，那么《篆字汇》对他不会有太大作用。②

由此我们可以看出，马若瑟不但收集了不少字典，而且对它们也有所研究。这些字典对学习《说文》是有帮助的。

二、马若瑟对《说文》的独到认识与积极介绍

（一）对《说文》的独到认识

马若瑟对《说文》有自己独到的认识，他在1728年10月16日关于“中国书籍的目录”的信札里写道：

> 《说文解字》的作者许慎是词源学的鼻祖——比《说文解字》更早的书都已不存在。书中汉字刻印时的排列顺序已经不是许慎原来的顺序，而且这部书有太多的版本和各种集注，因此文本的准确性就很难确定。书中有晦涩难解的地方，并且很多处都已遭人篡改。徐铉和徐锴两

---

① ［丹］龙伯格．清代来华传教士马若瑟研究：中国语文学和索隐派［M］．李真，骆洁译．郑州：大象出版社，2009. 37.

② ［丹］龙伯格．清代来华传教士马若瑟研究：中国语文学和索隐派［M］．李真，骆洁译．郑州：大象出版社，2009. 192.

兄弟最早为《说文解字》作注[①]，因此，他们的注往往为人所引用。明代的赵凡夫是为《说文解字》作注的作者中最重要的一位。他的集注被称作《长笺》，有100卷之多。他用了很长的篇幅来论述"六书"，可是由于他将其阐释得太过透彻，反而未能领会其中的奥妙。如果我们相信他，也许会让我们迷失方向。我有他的这本书，不过已由一位研究《说文解字》长达60年的中国人亲笔修订过。[②] 这是我的私人财富，在中国没有别人有![③]

马若瑟对《说文》的评价很高，他认为"这部字典是中国文献中最重要的著作之一"[④]，重要性仅次于五经，是继"'经'之后最为重要的中文著作"[⑤]。《说文》的体系给了马若瑟极深的印象，最让他震撼的是汉字六书，六书每一种都用有四个音节的两句韵诗来进行说明，马若瑟"可能被这样庄重、精练、权威的叙述方式打动了"[⑥]，因此"相对于其他任何一部中文著作，这部使用小篆体的词源学字典获得了马若瑟的关注"[⑦]。当在法国的傅尔蒙对马若瑟的汉字研究不以为然时，马若瑟申辩说他在研究中"严密地遵循了《说文解字》的汉字六书系统，该系统的权威性被每个中国人所接受"[⑧]。

在1731年8月19日的信中，马若瑟说："许慎是汉代人，他搜集了所有保留下来的关于汉字起因的分析。这使得这部字典中包含了许多在其他著作中不具有的优良传统。"[⑨] 而在《六书实义》中，马若瑟更是把许慎的学问夸上了天，他认为如果没有许慎的《说文》，"我们将不会知道关于原始的东西的一切伟大想法，也不会发明文字。在许慎的著作中，他讲清楚了六书的分类系统，因此解

---

① 中译本原书作许铉、许锴有误，今订正。

② 所说的中国人指刘凝。

③ 转引自［丹］龙伯格．清代来华传教士马若瑟研究：中国语文学和索隐派［M］．李真，骆洁译．郑州：大象出版社，2009.41.

④［丹］龙伯格．清代来华传教士马若瑟研究：中国语文学和索隐派［M］．李真，骆洁译．郑州：大象出版社，2009.187.

⑤［丹］龙伯格．清代来华传教士马若瑟研究：中国语文学和索隐派［M］．李真，骆洁译．郑州：大象出版社，2009.35.

⑥［丹］龙伯格．清代来华传教士马若瑟研究：中国语文学和索隐派［M］．李真，骆洁译．郑州：大象出版社，2009.188.

⑦［丹］龙伯格．清代来华传教士马若瑟研究：中国语文学和索隐派［M］．李真，骆洁译．郑州：大象出版社，2009.87.

⑧［丹］龙伯格．清代来华传教士马若瑟研究：中国语文学和索隐派［M］．李真，骆洁译．郑州：大象出版社，2009.71.

⑨［丹］龙伯格．清代来华传教士马若瑟研究：中国语文学和索隐派［M］．李真，骆洁译．郑州：大象出版社，2009.192.

释清楚了古老文字的本义和意义”[①]，而最重要的是，许慎“所说的一切完全来自于古老的传统，而非自己的臆度”[②]。

马若瑟在1731年8月29日给傅尔蒙的信中又写道：

> 中国人一直认为汉字有六种造字法或者原则，根据这些原则，所有汉字的书写都可以得到解释。我们发现《说文》中有大量的汉字都是用这种原则来进行分析的，使我们了解到了这些汉字美妙的含义……[③]

（二）对《说文》的积极介绍

在马若瑟的信件和著作里，他多次向西方学者介绍《说文》。

马若瑟在《汉语札记》序言第一章里介绍的49本古代文学书第五类中，就有许慎撰写的《说文》。[④] 在第一章第三节“关于中文字典”中，马若瑟再一次把《说文》作为重要的中文字典之一进行介绍。[⑤] 他认为《说文》这本古老的字典是整个中国文学中最重要的作品之一，并评论道：“对那些希望了解汉字真正词源的人来说，这本字典需要反复查阅以便求证。”[⑥] 相反，由于“在《说文解字》里找不到《正字通》里收录的词源学材料，或者是《正字通》里删去了《说文解字》里的一些材料”[⑦]，马若瑟对《正字通》的价值则有所贬抑。

在《六书实义》中，马若瑟讲解了《说文》这部字典名称的含义：“《说文解字》的意思就是‘关于独体字（文）和合体字（字）的讨论（说）和解释（解）’”[⑧]，还建议读者读其书时要参看《说文解字叙》中关于六书阐释的文字。

---

① ［丹］龙伯格．清代来华传教士马若瑟研究：中国语文学和索隐派［M］．李真，骆洁译．郑州：大象出版社，2009. 199.

② ［丹］龙伯格．清代来华传教士马若瑟研究：中国语文学和索隐派［M］．李真，骆洁译．郑州：大象出版社，2009. 35～36.

③ 转引自［丹］龙伯格．清代来华传教士马若瑟研究：中国语文学和索隐派［M］．李真，骆洁译．郑州：大象出版社，2009. 189.

④ ［丹］龙伯格．清代来华传教士马若瑟研究：中国语文学和索隐派［M］．李真，骆洁译．郑州：大象出版社，2009. 87.

⑤ ［丹］龙伯格．清代来华传教士马若瑟研究：中国语文学和索隐派［M］．李真，骆洁译．郑州：大象出版社，2009. 92.

⑥ ［丹］龙伯格．清代来华传教士马若瑟研究：中国语文学和索隐派［M］．李真，骆洁译．郑州：大象出版社，2009. 92.

⑦ ［丹］龙伯格．清代来华传教士马若瑟研究：中国语文学和索隐派［M］．李真，骆洁译．郑州：大象出版社，2009. 93.

⑧ ［丹］龙伯格．清代来华传教士马若瑟研究：中国语文学和索隐派［M］．李真，骆洁译．郑州：大象出版社，2009. 198.

他还在书中简述了中国文字学发展的历史，“从汉代编撰《说文解字》的许慎，一直到当代的一个叫作刘二至的人”[①]，并且“作了许多关于《说文解字》的注释”[②]。

三、马若瑟利用《说文》阐发他的索隐思想

马若瑟关注《说文》，除为通经以外，最根本的目的还是要利用它来阐发其索隐思想。他认为在《说文》一书中存在基督教主要教条之遗迹，其《中国古籍中之基督教主要教条之遗迹》一书中列举的古籍就有《说文》。[③] 他在认真研究《说文》之后发现：“汉字本身就足以说明——谁创造了它们，谁就告知了我们所有的奥秘……”[④] 在很大程度上，马若瑟将其索隐派的观点建立在“理解这部字典体系的基础上”[⑤]。马若瑟相信汉字这种体系和汉字本身都是由上帝赋予我们祖先的，它们充满着令人鼓舞的预言，而六书体系则是一把打开隐藏在这些预言中的奥秘的钥匙。这种观点成为他独特的索隐观点的基础。

（一）马若瑟对《说文》六书的索隐阐释

马若瑟对《说文》六书的索隐阐释主要体现在其中文著作《六书实义》中。从保存在法国国家图书馆的两份手稿抄本来看，《六书实义》“包括 8 页长的序言和 15 页长的跋，分别作于 1720 年和 1721 年。正文本身有 30 页，每一页上都有 270 个汉字。两份抄本都是线装的，看起来很像中国书籍”[⑥]。作者的名字是“温古子”，这是马若瑟的笔名。

《六书实义》的内容是一位长者（马若瑟）和一位年轻学者之间的类似于对话的教理问答，里面充满了马若瑟的索隐思想。马若瑟通过两人的问答从索隐派的立场对《说文》的六书理论作了新的解释。

---

① ［丹］龙伯格．清代来华传教士马若瑟研究：中国语文学和索隐派［M］．李真，骆洁译．郑州：大象出版社，2009. 198.

② ［丹］龙伯格．清代来华传教士马若瑟研究：中国语文学和索隐派［M］．李真，骆洁译．郑州：大象出版社，2009. 203.

③ 除三“经”以外，马若瑟还列举了道家以及阐释道家精神的很多书籍，例如《山海经》、刘伯温的《春秋明经》、罗泌的《路史》，还有《说文》等。见［丹］龙伯格．清代来华传教士马若瑟研究：中国语文学和索隐派［M］．李真，骆洁译．郑州：大象出版社，2009. 176.

④ 转引自［丹］龙伯格．清代来华传教士马若瑟研究：中国语文学和索隐派［M］．李真，骆洁译．郑州：大象出版社，2009. 189.

⑤ ［丹］龙伯格．清代来华传教士马若瑟研究：中国语文学和索隐派［M］．李真，骆洁译．郑州：大象出版社，2009. 188.

⑥ ［丹］龙伯格．清代来华传教士马若瑟研究：中国语文学和索隐派［M］．李真，骆洁译．郑州：大象出版社，2009. 193.

该书一开始，年轻人问“书契之原”，马若瑟引《周易·系辞下》的说法“上古结绳而治，后世圣人易之以书契”，又根据《周易·说卦》中的“乾为天，兑为口舌”提出：“书契其代天之言乎?”他又引用宋代《路史》作者罗泌的话“河图洛书，皆天神设言义告王，先王受之于天，传之以世，百官以治，万民以察，谓之书契”，来证明文字里隐含了“天之言”。对于文字之产生，《说文解字叙》说：“古者庖牺氏之王天下也，仰则观象于天，俯则观法于地，观鸟兽之文与地之宜，近取诸身，远取诸物；于是始作易八卦，以垂宪象。及神农氏，结绳为治，而统其事 。庶业其繁，饰伪萌生。黄帝之史仓颉，见鸟兽蹄迒之迹，知分理之可相别异也，初造书契。……仓颉之初作书，盖依类象形，故谓之文；其后形声相益，即谓之字。字者，言孳乳而寖多也。著于竹帛谓之书。”可见许慎本来并没有认为文字为“代天之言”的意思。张西平先生指出：“许慎已经对文字的产生作了历史的说明，而马若瑟在文字产生上的解释恰恰相反，是利用远古文化的神秘特点，从和许慎不同的方向加以解释，将文字产生的原因重新拉回到神秘的远古时代。”① 马若瑟对文字产生作出与许慎不同的解释其实是在为自己对汉字的索隐阐释作铺垫。此外，马若瑟曾在1731年8月29日给傅尔蒙的信中写道：

> 问题在于发明汉字的人是否知道“圣三一”这个概念的存在。我认为他是知道的，为了说明这一点，我在此谨想让人们接受《说文解字》中所描述的六书概念。②

“圣三一”是指三位一体，即圣父、圣子及圣灵本为一体，这是基督教重要的教义。马若瑟认为发明汉字的人知道“圣三一”这个概念，并隐蔽地体现在汉字中，所以他力图从《说文》所描述的六书概念中找到证明。他在《六书实义》中说：“百家出，六书昧。六书昧而六经乱。六经乱而先王之道熄。故语常云，六书明而后六经通，六经通而后大道行。”③ 这正是马若瑟在《六书实义》中要对《说文》六书重新进行索隐阐释的原因。他对《说文》六书的索隐阐释如下：

---

① 张西平．欧洲早期汉学史——中西文化交流与西方汉学的兴起［M］．北京：中华书局，2009. 572.

② ［丹］龙伯格．清代来华传教士马若瑟研究：中国语文学和索隐派［M］．李真，骆洁译．郑州：大象出版社，2009. 213.

③ 《马先生六书实义》，文献编号：Borg. Chinese 357. 转引自张西平《清代来华传教散士马若瑟研究》一文，第45页。

1. 关于指事

马若瑟认为指事字非常重要，它用符号来表示抽象的事物，是形而上学的、具有宗教性质的表示方法。他认为："当人们了解了这种字的知识以后，就可以很容易地理解会意字和假借字了，那么多半也就能够正确理解象形字和形声字了。"①

马若瑟认为："这种类型的汉字并不太多，也就是'丶''一''二''三''丁''二'和'丨'，全部奥妙都藏在这七个简单的汉字中了。"②"丶"象征着最高之主的实体，"一""二"和"三"则象征着最高之主的三个位格。

"三位一体"是基督教的核心思想，马若瑟说："一二三者既为指事，而不可以异体分之，乃以异位别之，不亦宜乎。一者非二、非三，而为二三之本；二者非一，而为一之所生；三者非一非二，而为一与二之所发。有一斯有二，有一与二斯有三，无先后之时，无尊卑之等……无始无终，而为万物之终始。论其纯神之体，则自为不贰，论其同等之位，则有一有二有三。……知实有三位，而三位共位一体，则执三执一，而其真宰之道。"③然而《说文》曰："一，惟初太始，道立于一，造分天地，化成万物。"此乃源自道家"道生一，一生二，二生三，三生万物"的思想，并没有这种基督教"三位一体"的概念。

马若瑟又认为"丁""二"是"上"和"下"的古字，"丨"意为从上一直贯穿到下。天在上，人在下，天人之间通过"丨"相互融合，结合起来成为"丰"的形象，表示从上通到下。《说文》中并无"丰"字，这是马若瑟为阐释其索隐思想而创造出来的，用以描述天人之间通过主耶稣进行沟通融合的景象。他还引用《易经》中的"否"卦和"泰"卦来说明它的含义："否"时由于魔鬼的缘故，天地断绝。"泰"时天地交通，"大人"（主耶稣）贯通了上下，他在天为主，在地为仆，他就是乾卦爻词中的"利见大人"中的"大人"，他是神又是人，使万国享和平。④

---

① ［丹］龙伯格．清代来华传教士马若瑟研究：中国语文学和索隐派［M］．李真，骆洁译．郑州：大象出版社，2009. 201.

② ［丹］龙伯格．清代来华传教士马若瑟研究：中国语文学和索隐派［M］．李真，骆洁译．郑州：大象出版社，2009. 202.

③《马先生六书实义》，文献编号：Borg. Chinese 357. 转引自张西平《欧洲早期汉学史——中西文化交流与西方汉学的兴起》一书，第573页。

④ ［丹］龙伯格．清代来华传教士马若瑟研究：中国语文学和索隐派［M］．李真，骆洁译．郑州：大象出版社，2009. 207.

2. 关于象形

关于象形字，马若瑟所举来自《说文》的例子[①]，都染上了圣经学的色彩。例如“亾”字，他认为：

“亾”的本义是“飞”或者是“逃走”。它由一个“人”字和一个表示“邪恶”或者“罪恶”的字组成，形状看起来好像是一个人为了掩盖自己的行踪而走小路或者沿偏僻的路径逃去的样子……两个原来就有的字组成了这个字……大概表示了这样的意思：在黎明时分，一个犯罪的人逃走了……[②]

“亾”字即“亡”字。《说文》曰：“亾，逃也。从入从乚。”又曰：“乚，匿也，象迟曲隐蔽形。”可以看出，《说文》只是说逃跑，而马若瑟则强调是有罪的人在逃跑，因为“罪人”也是基督教中重要的概念。

3. 关于形声

马若瑟认为形声字是六书中“最不重要且最没有趣味的一种”[③]，有很多弊端，比如形旁大体告诉我们这个汉字所表示东西的样子但不具体，有的形声字的形旁是后来才加上的。马若瑟甚至认为它的存在不是很有必要，“在指事字、象形字和会意字中并没有表示读音的部分，但是它们的意思和词源依然很清楚。也就是说，即使形声字不存在，我们的先祖之王的德行依然能够被理解并得到传承”[④]。由此可见马若瑟评价六书的标准在于能否清晰形象地表达“先王之德”，形声字对阐释基督教教义帮助不大，马若瑟就认为不重要了。

4. 关于会意

关于会意字，马若瑟主要举了和“羊”有关的一些字来说明。例如，他说：

我们知道羊有角，但是羊却从来不用它的角做什么。如果你捉住了羊，它不会叫喊；如果你杀了它，它一声也不会吭。因此我们可以用羊来作为圣人的形象或者符号。“羊”字是很多会意字的部首，例如

① ［丹］龙伯格．清代来华传教士马若瑟研究：中国语文学和索隐派［M］．李真，骆洁译．郑州：大象出版社，2009. 207.

② ［丹］龙伯格．清代来华传教士马若瑟研究：中国语文学和索隐派［M］．李真，骆洁译．郑州：大象出版社，2009. 207

③ ［丹］龙伯格．清代来华传教士马若瑟研究：中国语文学和索隐派［M］．李真，骆洁译．郑州：大象出版社，2009. 208.

④ ［丹］龙伯格．清代来华传教士马若瑟研究：中国语文学和索隐派［M］．李真，骆洁译．郑州：大象出版社，2009. 207.

"善""好"的意思，它也可以被写作辯，就是两个"羊"字的中间有一个表示说话的"言"字。如果从右到左来读这个字的话，每两个部分结合在一起来读，意思就是"羊说话"和"说关于羊的话"。它们都是"好"的意思，事实上除此之外也没什么别的好东西了。如果我们不理解这些字的意思，我们又怎么能理解这些话呢？如果我们知道了指事字的形成原则，仔细研究以后你就会发现这些字的意思……①

马若瑟作出这样的解释与基督教教义中"羊"的形象有关，在《圣经》中羔羊（lamb）是祭品与耶稣基督的象征，绵羊（sheep）是信徒的象征。

马若瑟还举了一些经常被人"误解"的例子。比如"仙"（僊）字，他分析道："通常情况下意为'长生不老者'或者是'修道'者，但是《说文解字》中的词源解释证明它的意思是'升高'。所以长生不存在于人世间，而存在于天上。"② "仙"（僊）字的《说文》解释是"长生僊去。从人从䙴，䙴亦声"。"仙"（僊）字确实有"升高"的意思，但马若瑟进一步发挥，称长生存在于天上，则是要宣扬人信奉上帝死后方能升入天堂获得永生的教义。

5. 关于转注和假借

马若瑟认为转注和假借是"用"，不是太重要。他说："事实上后来的学者们把大部分时间都花在了研究不重要的两类汉字——转注字和假借字上，而忘记了去思考另外几种重要的汉字——象形字、指事字、会意字和形声字。"③ 他把假借字分为三小类：较低的一类、中间的一类和较高的一类。④ 最后他要求年轻人把最初的七个指事字从整体上看作一个假借字——最高的一种类型假借，借用一个形状来说明一件事情。他说：

"、""一""二""三"四个字表示一个实体，三种位格和神。"亍""亖"和"丨"三个字表示继承了上天，建立了完善，成为圣人。

---

① ［丹］龙伯格．清代来华传教士马若瑟研究：中国语文学和索隐派［M］．李真，骆洁译．郑州：大象出版社，2009.208.

② ［丹］龙伯格．清代来华传教士马若瑟研究：中国语文学和索隐派［M］．李真，骆洁译．郑州：大象出版社，2009.208.

③ ［丹］龙伯格．清代来华传教士马若瑟研究：中国语文学和索隐派［M］．李真，骆洁译．郑州：大象出版社，2009.209.

④ 较低的假借如虚词、专有名词、地理名词和国家名词等。中间一类假借又分六个小类：假借相反类、假借相似类、假借比喻类、因果类、借形象的事物来表示抽象的概念、借具体事物的形象来表示不可见无形事物的本质。最高一类假借就是借用一个形状来说明一件事情。［丹］龙伯格．清代来华传教士马若瑟研究：中国语文学和索隐派［M］．李真，骆洁译．郑州：大象出版社，2009.210.

七个简单的汉字就是指事字——仅此而已。文字学最高奥秘、经的学问、理的学问——都包含在指事字当中。①

马若瑟还说："一旦你理解了指事字，假借字就变得很容易。一旦你理解了假借字，六经就不难了。一旦你理解了六经，圣人之道也就不难了。"②

从以上叙述可以看出，马若瑟为了系统地使《说文》六书能够附会基督教教义，是花费了不少心思的。

（二）马若瑟利用《说文》字义说解阐发索隐思想

除了对《说文》六书作索隐阐释以外，对《说文》中某些字的分析，马若瑟"很严肃地认同了这些词源学方面的论述"③。他认为：

文（简单文字）和字（复杂文字）的道理包含两个部分：本义和意义（或称之为分析）。"说"和"解"向我们展示这个文字的本义；六书的分类系统则告诉了我们关于这些文字的分析或解释。本义可以使我们通晓这个文字的概念；分析让我们正确理解这个文字。如果我们不能掌握这种分析，我们又怎么能够知道文字的真正含义呢？可以肯定的是，当我们离我们祖先的理解越来越远的时候，文字的本义和意义也会变得越来越模糊。如果真的这样下去的话，那么文字的学问就会衰落下去。④

因此，马若瑟"仔细地用这本古老的书籍来解决问题"⑤，即在自己的著作里利用《说文》对某些字的解释来阐发自己的索隐观点。

马若瑟在另一著作《象形字典的手稿》⑥ 中，认为"一"字是构成其他所有

---

① ［丹］龙伯格．清代来华传教士马若瑟研究：中国语文学和索隐派［M］．李真，骆洁译．郑州：大象出版社，2009. 211.

② ［丹］龙伯格．清代来华传教士马若瑟研究：中国语文学和索隐派［M］．李真，骆洁译．郑州：大象出版社，2009. 211.

③ ［丹］龙伯格．清代来华传教士马若瑟研究：中国语文学和索隐派［M］．李真，骆洁译．郑州：大象出版社，2009. 188.

④ ［丹］龙伯格．清代来华传教士马若瑟研究：中国语文学和索隐派［M］．李真，骆洁译．郑州：大象出版社，2009. 198.

⑤ ［丹］龙伯格．清代来华传教士马若瑟研究：中国语文学和索隐派［M］．李真，骆洁译．郑州：大象出版社，2009. 35.

⑥ 这部手稿的前三分之二是白晋写的，只有最后三分之一为马若瑟所写。［丹］龙伯格．清代来华传教士马若瑟研究：中国语文学和索隐派［M］．李真，骆洁译．郑州：大象出版社，2009. 167.

汉字的基础，也是数字中的第一位，这个汉字是“神”的美好象征，是伟大的和谐的象征。他引用《说文》中对“一”字的解释——“惟初太始道立于一，造分天地，化成万物”，认为这是个至高无上的统一，并把它称为“圣三位一体”，认为没有什么比“一”字更能够如此美妙地表达关于神的“圣三位一体”的观念。① 该手稿中，还有一个“史”字的例子。“史”的意思是历史学家，《说文》：“史，记事者也，从又持中。”马若瑟因此把史学家比作传播《旧约》的先知和传播《新约》的福音布道者，因为他们“可能是唯一一些能够正道而行，毫不执有个人偏见和喜好的人。无论如何，他们是唯一掌握了解确切真理的人”②。

（三）马若瑟以索隐思想重新诠释《说文》字义

马若瑟虽然接受《说文》大多数的论说，但因为有索隐思想在先，所以“有时候也会反对书中的一些说法”③。他用索隐学推测来解释某些字，会出现一些与《说文》分析不一致的地方。比如，“详（詳）”字，《说文》曰：“审议也，从言羊声。”马若瑟则告诉读者：“详”的意思是《旧约》中的先知在羔羊说话之前（spoke of lamb）到来。又比如“善（譱）”字，《说文》曰：“吉也。”马若瑟则认为“善”意味着羔羊说话，即耶稣基督对我们说话。④ 马若瑟还很自信地说：“每个中国人，无论他对这本字典怀有多么大的热情，他都会承认我是对的。”⑤ 他还说：“我们已经向中国人说明我们神圣的奥秘，然而他们尚不能相信。如果我们将汉字的秘密告诉他们，他们一定会景仰的，并会得出这样的结论：只有在耶稣基督降临之前所说的关于他的一切以及基督降临之后他所说的一切才能被称为‘至善’。中国人能明白这些道理，特别是因为他们可以用自己的眼睛看到这个美妙的象形字唯一可被接受的解释。”⑥

马若瑟曾在《汉语札记》第二编第三章“关于汉语的不同问题风格及撰写

---

① ［丹］龙伯格．清代来华传教士马若瑟研究：中国语文学和索隐派［M］．李真，骆洁译．郑州：大象出版社，2009. 171.

② ［丹］龙伯格．清代来华传教士马若瑟研究：中国语文学和索隐派［M］．李真，骆洁译．郑州：大象出版社，2009. 172.

③ ［丹］龙伯格．清代来华传教士马若瑟研究：中国语文学和索隐派［M］．李真，骆洁译．郑州：大象出版社，2009. 35.

④ ［丹］龙伯格．清代来华传教士马若瑟研究：中国语文学和索隐派［M］．李真，骆洁译．郑州：大象出版社，2009. 35.

⑤ ［丹］龙伯格．清代来华传教士马若瑟研究：中国语文学和索隐派［M］．李真，骆洁译．郑州：大象出版社，2009. 35.

⑥ ［丹］龙伯格．清代来华传教士马若瑟研究：中国语文学和索隐派［M］．李真，骆洁译．郑州：大象出版社，2009. 35.

文章最好的方法”的第三节中，把《诗经》里“皇矣上帝”的“皇”字译为“尊严的，威风的”，他说这个字是由“自”和“王”两个字组成，意思是“自己成王”①。在这里，马若瑟的解释与他所推崇的《说文》一书对“皇”字的释义有所不同。《说文》之说解是：“皇，大也。从自。自，始也。始王者，三皇，大君也。”这种释义上之不同，也只能从马若瑟的索隐思想上找根源了。

四、对马若瑟《说文》索隐研究的评价

在介绍马若瑟的《六书实义》这本著作时，丹麦学者龙伯格这样评价：“我们很想知道究竟有多少人得到了马若瑟的这本高深的作品。这些人一定很喜欢马若瑟著作的风格。并且对此书倍感亲切，因为马若瑟的著作中不乏对他们熟悉的经典的引用。不过他们一定也对马若瑟从他们古老的著作《说文解字》中得到的观点感到困惑。”② 这里所说的这些人是指得到马若瑟手稿抄本的当时中国博学的文人。龙伯格在这里指出两点：一是马若瑟对《说文》的研究很深入，二是他的索隐思想不一定能为中国人所接受。

我国学者张西平在《清代来华传教士马若瑟研究：中国语文学和索隐派》中译本序第 11 页中对马若瑟的《说文》索隐研究有个比较中肯的评价。他说：

> 文化之间的理解和解释历来是一种创造，我们在这里一方面可以说，马若瑟在曲解《说文解字》，因为他加入了许慎完全没有的思想。同时我们也可以说马若瑟在创造，在创造一种新文化，在会通中西这两种在文化趋向上完全相反的文化，实际上直到今天，马若瑟的这条思路仍是中国教会的理论家们在解释基督教神学思想时常常采用的手法。

《清代来华传教士马若瑟研究：中国语文学和索隐派》中文译者之一李真在其论文《论马若瑟汉语语法论著中的中国文化因素》中评价马若瑟是“索隐传教士中对中国古典语言和文化了解最为深入透彻的一个，研究《说文解字》和《易经》颇有自己的独到之处”③。我们基本认同这一评价，尤其是他能以地道的中文写出《六书实义》这本书，足以说明他对《说文》的研究之深。

总之，从时间上说，马若瑟是西方对《说文》关注和研究的先驱，马若瑟

---

① ［丹］龙伯格．清代来华传教士马若瑟研究：中国语文学和索隐派［M］．李真，骆洁译．郑州：大象出版社，2009. 117.

② ［丹］龙伯格．清代来华传教士马若瑟研究：中国语文学和索隐派［M］．李真，骆洁译．郑州：大象出版社，2009. 195.

③ 阎纯德．汉学研究·第十一集［C］．北京：学苑出版社，2008. 193.

于1736年去世，他在一系列著作中显示出对《说文》的极大兴趣，要比美国学者米勒所谓“西方对《说文》最早的关注在1765年”的说法至少早几十年。从深度上说，马若瑟的《说文》研究比较系统深入，他认真努力地学习钻研《说文》，并积极地利用它来系统证明其索隐思想。尽管他往往以基督教神学的观点来解释汉字，这和许慎本人所强调的方向不同，且这种《说文》索隐研究在今天看来并不科学。然而，马若瑟作为西方学者中较早关注和研究《说文》的一员，在欧美《说文》学史上具有重要地位，是我们今天梳理欧美《说文》学发展历程所绕不开的一位重要人物。

第三章　鸦片战争爆发后至新中国成立之欧美《说文》学

第一节　鸦片战争爆发后至新中国成立欧美《说文》学概述

1840 年鸦片战争爆发以后，中国政府闭关锁国的状态被打破，西方更多的传教士、外交官、旅行家和商人涌入中国，他们首先遇到的困难就是语言文字障碍，因此就比前一段时期更有可能注意到有助于识字的《说文》。实际上这一时期欧美学者对《说文》已经不再陌生，学者们不但对其学习了解，还积极利用和译介，比如 1832—1851 年的《中国丛报》（*Chinese Repository*）[①]、1858—1948 年的《皇家亚洲文会北中国支会会报》（*Journal of the North China Royal Asiatic Society*）和 1872—1901 年的《中国评论》（*China Review or Notes and Queries on the Far East*），上面都载有欧美学者写的涉及《说文》的文章。下面我们根据所收集到的资料，介绍一下这一时期欧美学者对《说文》的关注和研究情况。

一、以《说文》为主题的著述

我们这里所说以《说文》为主题，是指著作题目中含有《说文》，或者题目中虽无《说文》但主要内容和《说文》有关。这一时期欧美以《说文》为主题的著述较前有所增加，我们以以下四位学者为例，作一个基本介绍。

裨治文（Elijah Coleman Bridgman，1801—1861）作为美国第一批赴华传教士，1830 年来到中国，他熟悉中文，精通中国历史文化，是美国人研究中国的先驱者。他于 1832 年创办了《中国丛报》，既是主编，又是主要撰稿人，先后在该刊上发表文章 350 余篇，其中包括一些涉及《说文》的文章。比如，1848 年 9 月第 17 卷 9 期篇一，文章根据《钦定四库全书总目》译介其中小学书目，包括著作 218 种[②]，而以《说文》为主题的有《说文解字》《说文系传》《说文系传考异》《说文解字篆韵谱》《说文字原》《六书正讹 》《说文解字五音韵谱》等，

---

① 旧译《澳门月报》，即 *Chinese Repository*。《中国丛报》于 1832 年 5 月创刊，1851 年 8 月停刊，前后 20 年，共出 20 卷（每月 1 期，每年 1 卷），是当时西方学者研究汉学的重要资料来源。

② 吴义雄．《中国丛报》与中国历史研究［J］．中山大学学报（社会科学版），2008（1）：90.

列出中文书名和作者以及出版年代，将其翻译成英语，并介绍其卷数，但没有内容提要。再如，发表于1849年9月第18卷9期篇二的文章在探讨中国字书编纂者、诗人、历史学家以及普通民众眼里“风”字的不同意义和用法时，引证《说文》，显示出其对《说文》的一些认识。他称许慎为“博学的作者”（Learned Author）①，称《说文》为“无价的词源词典”（invaluable etymologicon）②。

裨治文发表于《中国丛报》1850年4月第19卷4期篇一的文章是对《说文解字徐氏系传》四十卷（*The Etymologicon* [*of Hü Shin*] *with a Supplementary Commentary by Sū*, in forty sections）的译介，这是美国学者较早以《说文》为主题的文章，具有重要意义。该文署名菲洛（Philo）。③ 裨治文撰写该文的目的是让读者对《说文系传》有个总体了解。全文一共分六部分：总体概述；人物注释；翻译陈銮推荐性的叙；翻译祁寯藻的《重刊影宋本说文系传叙》；翻译徐锴的系述；翻译许叔重的原叙。其中第一、第二部分最值得关注，显示出裨治文的观点和看法，后面的第三、第四、第五、第六部分是对《说文系传》原文的英译。因裨治文译介《说文系传》颇具特色，今择要介绍如下：

首先，切分原文，以便理解。裨治文为了使西方读者便于理解，对《说文系传》整部书分八部分（volumes）作了总体介绍④：第一部分是陈銮和祁寯藻的两篇《叙》。主体部分是第二至六部分，包括1—29卷，第七部分30—40卷以及两三个短的序文。第八部分是承培元等以附录的形式对前面四十卷述评的《说文解字系传校勘记》。另外，在翻译许慎的原《叙》时，为了翻译和理解的方便，他将《叙》分成23段进行翻译，而许慎原文并没有分段。

其次，择要介绍，突出重点。《说文系传》的内容很多，一一进行介绍，在一篇文章的篇幅内很难进行，为了让西方读者有一个比较直观的了解，裨治文有选择性地把陈銮的《叙》、祁寯藻的《重刊影宋本说文系传叙》、徐锴的《系述》

---

① Bridgman, E. C. “Philological Diversions, Illustrating the Word Fung of Wind” [J]. *The Chinese Respository*, 1848 (19): p. 472.

② Bridgman, E. C. “Philological Diversions, Illustrating the Word Fung of Wind” [J]. *The Chinese Respository*, 1848 (19): p. 472.

③ 《中国丛报》文章的作者，他们在发表文章时基本上未署真名，但我们可以查第21卷所附文章篇目索引，那里将作者的真名标出来了。

④ 裨治文把四十卷的卷翻译成sections，这里的volumes可以包括几个sections，所以翻译为“部分”，不过这里的“eight volumes”是着眼于全书所有的内容分成八部分，和我们通常所说的“八篇”分法不同，需要注意。通常我们认为《说文系传》分八篇只是就四十卷的内容而言：卷一至三十为《通释》，随文解释许氏原书的训解；卷三十一至三十二为《部叙》，推寻许书540部排列次序的意义；卷三十三至三十五为《通论》，主要阐发文字结构的意义；卷三十六为《祛妄》，驳斥前人说字的谬见；卷三十七为《类聚》，取同类名物的字说明其取象；卷三十八为《错综》，从人事推阐古人造字的意旨；卷三十九为《疑义》，论《说文》所阙的字和字体跟小篆不合的字；卷四十为《系述》，说明各篇著述旨趣。

一卷、许慎的原《叙》翻译成了英语，这些内容基本可以让不了解《说文系传》的读者知道该书的来龙去脉。

最后，为读者着想，通俗易懂。裨治文认为《说文》为我们提供了关于现存的中国语言和文献发展的完整历史的最好的材料。裨治文的读者是西方人，不了解这些历史，因此为了让读者更好地理解他后面所要翻译的内容，裨治文有选择地介绍了16位人物，他们是庖牺或者叫伏羲、神农氏、黄帝、仓颉、宣王、史籀、秦始皇、李斯、赵高、胡母敬、许慎、许冲、徐铉、徐锴、祁寯藻、陈銮。裨治文对这些人物的介绍，完全站在西方读者的立场考虑，文字通俗简单易懂，如他把秦始皇比作"奥古斯都大帝"（Augustus the First）——罗马的第一个皇帝，这是为了让西方读者更好地理解秦始皇这个人物。又如，他介绍人物时全部采用西元纪年法，而没有采用中国的纪年法，这样符合西方人的理解习惯。又比如，介绍许慎时，说许慎出生肯定早于基督降临，这容易让西方读者印象深刻。

裨治文对《说文》有关著作的简介、对《说文系传》的译介、对许慎《说文解字叙》的翻译，在欧美《说文》学历史上都是比较早的，尤其是对《说文解字叙》的翻译作于1850年，要比西方学者经常参考的沈康（Kenneth L. Thern）1966年的英译本早一百多年，是我们所搜集到的资料中完整英译《说文解字叙》的第一位学者。

湛约翰（John Chalmers，1825—1899），英国来华传教士，写有不少和《说文》有关的论著，对《说文》词源、汉字结构、六书、转注等有比较深入的研究，值得关注。由于比较典型，后面我们将拿出一节专门对其进行介绍。

戴遂良（Léon Wieger，1856—1933），法国来华传教士。1881年来华，在直隶东南耶稣会任教职，在河间府传教，大部分时间生活在献县。1899年，戴遂良正式出版了所撰的《说文》的法文选译本《汉字》（*Caractéres Chinois*）一书，该书模仿《说文》的体例，对一百多个最基本的汉字部首作了字形、字义和文化背景的解释。后面我们也将拿出一节专门讨论戴遂良这一基于《说文》的著述。

骆克（James Haldane Stewart Lockhart，1858—1937）①，英国驻华外交官，曾经在香港和威海卫任职，今天位于香港湾仔的骆克道就是以他的名字命名的。他1879年来华，1921年回英国，在华超过40年。骆克1883年在《中国评论》（*The China Review*）12卷第2期上发表的《〈说文通训定声〉评介》（*The "Phonetic Shwoh Wan"*）一文，是对朱骏声的《说文通训定声》的译介。此文虽以《说文》为主题，但内容比较简单，全文一共14页，分三部分：开始1页是对朱骏声的简介；中间12页是主要部分，内容是对《说文通训定声》的索引表；最

① 又名骆任廷、骆克哈特、骆壁和骆檄等。

后 1 页介绍《说文通训定声》中所用的某些术语。

骆克对朱骏声的简介引自湛约翰从《说文通训定声》前言中拣选出来的内容①，所有的介绍全部加引号。而《说文通训定声》“索引”部分 18 韵部，骆克指出其与由理雅各所译《三字经》前言第 108 页给出的段玉裁的韵部“大体上差不多”②，他列了一个表对比了段玉裁 17 韵部与朱骏声的 18 韵部之后，说明“通过这个表可看出朱骏声和段玉裁著作中的韵部顺序是如何不同的”③。文章的主体部分给出了《说文通训定声》索引表，以《康熙字典》214 部首为序，每个字对应两个数字，第一个数字表示该字属于《说文通训定声》18 韵中的哪一韵，第二个数字表示该字所在的页码。如下表所示：

INDEX TO THE PHONETIC SHWOH WAN.　65

1st Radical			丽	8	11	4th Radical			也	11	21	[illegible]	18	63
一	12	170	[illegible]	,,	,,	丿	12	154	施	10	11	亢	18	60
丁	17	40				乀	12	154				交	7	19
亭	,,	,,				𠂆	11	19	6th Radical			亥	5	74
丂	6	95	2nd Radical			乁	11	20	亅	13	71	亦	9	159
兮	11	25	丨	16	32	乂	13	41	丄	13	71	㐬 流	6	52
丆	10	20	丫	9	113	乃	2	10	了	7	26	疏 疋	9	38

《说文通训定声》术语	英语解释	汉语翻译（笔者译）
（1）别注	Metaphorical use	隐喻用法
（2）别义	Another primary or metaphorical use	另外一个意思或者隐喻性用法
（3）声训	Old definitions suggestive of a common root，e. g. 急，及也 suggesting that 急 and are 及 from one root，——very valuable but to be treated with great caution，like the etymologies of our forefathers	说明同一个词根的传统术语，例如：急，及也。说明急和及是来自一个词根，很有价值，但须小心对待，就像我们先辈的词源一样

① Lockhart，J. H. Stewart. “The ‘Phonetic Shwoh Wan’”［J］. *The China Review*，*or notes & queries on the Far East*，1883，12（2）：p. 63.

② Lockhart，J. H. Stewart. “The ‘Phonetic Shwoh Wan’”［J］. *The China Review*，*or notes & queries on the Far East*，1883，12（2）：p. 64.

③ Lockhart，J. H. Stewart. “The ‘Phonetic Shwoh Wan’”［J］. *The China Review*，*or notes & queries on the Far East*，1883，12（2）：p. 64.

（续上表）

《说文通训定声》术语	英语解释	汉语翻译（笔者译）
（4）一声之转	A change in the initial or other parts of a syllable which is supposed to be possible without destroying its identify, e. g. 苑，蕴，郁一声之转	一个音节声母或者其他部分不会导致破坏其辨别性的变化。例如苑，蕴，郁一声之转
（5）古韵	Words with which the one under consideration rhymed in the oldest writings. The oldest cases of 叠韵 are important in this connection	与所讨论的词在最古老的书写形式下押韵的词。最古老的叠韵情况在这一点上十分重要
（6）转音	A Syllable changed so as to rhyme out of its proper class：① actual change of sound or ② poetic license	一个音节发生变化导致不正常押韵：①发音确实发生了变化；②诗的破格
（7）叠韵	Characters that rhyme together combined to express one meaning. Generally one is "borrowed", sometimes both	押韵的字合在一起表达一个意思。通常有一个是"借来"的，有时全部都是借的
（8）双声	① Sounds similar or the same in the initial or otherwise so like that one might pass into the other by 一声之转. ② Alliteration	①声母相似或相同或者可以通过一声之转由一个转到另一个；②押头韵
（9）假借	"Borrowing". Under this will be found the six following usages： **讬名幖识字** Proper names, cyclical characters, and names used for others from mere similarity of sound—e. g. 活东 for 科斗. See 东 **发声之词** Opening syllables, e. g. 庸得若是乎。See 庸 **单辞形况字** A single descriptive Syllable, e. g. 潼然 run-a-dub, 俨然 as before, 有莘其尾 long are their tails **重言形况字** Description by repeating a syllable, e. g. 种种，丁丁 **双声连语** Description by alliteration, e. g.	"借入"。在此术语之下会发现用于如下六种情况： **讬名幖识字** 专有名词，循环字，仅由于发音相似而用来表示其他的名字。——如用活东表示科斗。见东 **发声之词** 开头的音节，比如庸得若是乎。见庸 **单辞形况字** 用于描述的一个单音节，例如潼然、俨然、有莘其尾 **重言形况字** 通过重复一个音节进行的描述，例如种种、丁丁 **双声连语** 通过押头韵进行的描述。例如玲珑、停僮、（鸳鸯）

（续上表）

《说文通训定声》术语	英语解释	汉语翻译（笔者译）
	玲珑，停僮，（鸳鸯） **叠韵连语**　Description by rhyming, e. g. 逍遥，周流，东笼. See 东 Note. —It would be useful to make collections of these different classes of 假借. Of course there are cases in all the six kinds, where there is no borrowing, e. g. 人人 every man, 艰难，谨慎，律例 &c. , &c	**叠韵连语**　通过押韵进行的描述，例如逍遥，周流，东笼。见东 **注一**：收集这些不同情况下的假借会很有用处。当然这六种都可能没有假借的情况，比如人人、艰难、谨慎、律例等等

文中骆克没有给出术语介绍选择标准，但我们还是可以看出其选择性，这些都是西方人较难理解的术语。骆克比较注意解释的通俗易懂性，并重视举例说明。

整篇文章，骆克没有对《说文通训定声》作高深研究，只是很浅显地进行了译介，在译介的过程中也比较善于借鉴参考其他学者的成果，其学术研究性不浓，主要目的就是向西方读者介绍《说文通训定声》这本著作，但是也显示出了一些特点。首先，在清朝众多的《说文》著作中，骆克选择《说文通训定声》进行介绍，我们认为这种对《说文通训定声》的特别关注不是偶然的，背后有很深的渊源，表明了欧美学者对语音研究的敏感。西方语言的表音性，让欧美学者特别注重语音方面的研究。其次，骆克在对《说文通训定声》的译介中特别给出了索引表，显示了欧美学者注重实用性的特点。骆克认为《说文通训定声》虽然很有价值，但是“没有索引的帮助很难找到里面的字，因此煞费苦心编了一个，希望对学习汉语的学生有帮助”①。西方读者面对厚厚的一本《说文通训定声》，往往感到无从下手，有一个索引表来指引他们如何使用该书，对他们来说非常重要。骆克这种对索引的重视，是由实际需要决定的。

总之，骆克的《〈说文通训定声〉评介》这篇文章向西方介绍了中国学者朱骏声及其《说文》研究成果，最实用的是提供了一个索引表，并且介绍了其中的一些术语，这对西方读者来说是很有必要的。它写于 1883 年（朱骏声的著作

---

① Lockhart, J. H. Stewart. “The Structure of Chinese Characters. By John Chalmers” [J]. *The China Review, or notes & queries on the Far East*, 1883, 12 (1): p. 4.

完成于1833年)，作为《说文通训定声》一书较早的关注者，骆克积极向西方介绍此书，是很有积极意义的。

二、涉及《说文》的著述

这一时期涉及《说文》的著述较前一时期也有所增加，从事研究的人数较多，下面分几个方面来介绍。

(一) 汉语汉字研究方面

卫三畏（Samuel Wells Williams，1812—1884)，美国早期来华传教士兼外交官，1833年10月26日抵达广州，1876年返美，在华共43年。他一生汉学著作甚多，曾撰《中国总论》(*The Middle Kingdom*)，在“十一章最后介绍了《说文解字》以及对马礼逊编写字典的作用”[①]。其《汉英韵府》（1874）一书[②]，在“前言”部分“对《说文》中给出的汉字分类进行了重述”[③]。另外，此书每个汉字下都有词源、词义、组词和词语释义的内容。其中“词源”部分有一些直接或间接引用了《说文》。英国学者湛约翰指出他在此书中有一些理解或翻译错误，比如“音”字，《说文》称“从言含一”，湛约翰认为直译就是“it follows 言 holding 一 in its mouth”，而卫三畏的翻译为“From 言 words placed over 含 to hold in the mouth, both contracted to their present form”！[④]这里译成汉语便成“来自‘言’(词语)字放在‘含’（衔在口里）字上，二者都简省成现在的形式”，这和《说文》原意相差太远。

葛路耐（W. P. Groeneveldt，1841—1915)，荷兰学者，对汉字很有研究。在其1875年发表的《评卫三畏博士的字典》(Dr. Williams' Dictionary）一文中认为《说文》里面谈到的六书“不过是对现存汉字的经验性分类，不能称得上是对字源的描述，尤其是转注和假借更是和语源无关，只是汉字的运用”[⑤]。他认为更正确的做法是把这个分类减少到四类：象形、指事、会意、形声。前两类

---

① 孔陈焱．卫三畏与美国早期汉学的发端［D]．浙江大学博士学位论文，2006. 84.

② *Samuel, Willians W. Syllabic Dictionary of the Chinese Language: Arranged according to the Wu-Fang Yuen Yin, with the Pronunciation as Heard in Peking, Canton, Amoy, and Shanghai* [M]. Shanghai: American Presbyteriam Mission Press, 1874.

③ Groeneveldt, W. P. "Dr. Williams' Dictionary" [J]. *The China Review, or notes & queries on the Far East*, 1875, 3 (4): p. 235.

④ Chalmers, John. "Dr. Williams as an Authority on Etymology" [J]. *The China Review, or notes & queries on the Far East*, 1876, 4 (5): p. 320.

⑤ Groeneveldt, W. P. "Dr. Williams' Dictionary" [J]. *The China Review, or notes & queries on the Far East*, 1875, 3 (4): p. 235.

是最古老的；第三类晚一点儿，也比较古老；第四类是最晚的。四书之产生只是一个自然发展的过程，不能严格划分，至少前三类没有任何证据表明他们是截然分开的时期，相反它们在某种程度上是互相融合并行发展的。前三类都可以说是表意的，对这三类字的研究可以让我们追溯到他们造字时的一些思想，但是要记住"一个字的形式或者其构成成分并不能总是描述它所表示词的本义，因此不能用作寻找词源的可靠线索"①。也就是说葛路耐认为字源和词源不是一回事。第四类形声字，他认为纯粹表声的部分才是重要的部分，不但确定读音而且能通过表意过程描述本义，而作为部首的部分只是起区别意义的作用，因此表音的部分应翻译为"primitive"，而部首应翻译为"classifier"。他认为要着力研究"primitive"来寻找词源。作者在文末声称他对汉语词源的这种看法只是作为不成熟的想法提出，但是"这种语言研究一旦被引入正道，接下来的工作会延伸我们的知识，使我们更接近于完美，而且毫无疑问，条理将取代混乱，这门现在看来很难的语言会变得更加容易一些"②。章太炎 1913 年的《文始》被看作汉语词源学的"初创之作"③，而葛路耐作为外国学者在 1875 年就发表文章对汉语词源进行思考，还是比较难能可贵的。

艾约瑟（Joseph Edkins，1823—1905），字迪瑾，英国传教士和著名汉学家。他 1848 年来华，1905 年于上海去世，在华 57 年④，曾撰写过若干与汉字汉语有关的著作，其 1876 年出版的《汉字入门》（*Introduction to the Study of the Chinese Characters*）一书对《说文》给予了比较公正的评价，他说："《说文》一个很大的优点是它选了最好的汉字确定形式，给它们字源上的解释，把它们置入一个系统中"，还有"这些解释中的大多数都是《说文》的编纂者（许慎）做的，尽管如他后来的本土学者所表明的那样，他经常犯错，值得注意，但是对那些他不负责的解释，不应该归咎于他"。⑤ 艾约瑟在《汉字入门》一书中还多处引用了《说文》，对此另一传教士湛约翰有精彩的点评。详见有关湛约翰一节，此不赘述。

---

① Groeneveldt, W. P. "Dr. Williams' Dictionary" [J]. *The China Review, or notes & queries on the Far East*, 1875, 3 (4): p. 236.

② Groeneveldt, W. P. "Dr. Williams' Dictionary" [J]. *The China Review, or notes & queries on the Far East*, 1875, 3 (4): p. 241.

③ 王宁《章太炎说文解字授课笔记》前言："《文始》是汉语词源学的初创之作。"

④ "Joseph Edkins" from Wikipedia, the free encyclopedia(EB/OL). (2009-9-23). http://en.wikipedia.org/wiki/Joseph_Edkins.

⑤ Chalmers, John. "Chinese Etymology, with a List of Primitives and Key to *Shwoh-Wan*" [J]. *China Review*, 1877, 5 (5): p. 297.

瓦特斯（Thomas Watters，1840—1901）①，英国驻华外交官，其1876年发表的《关于汉语语言的论文》（Essays on the Chinese Language）一文简单介绍了《说文》，不过他对《说文》的评价不是很高。② 他认为："《说文》把词归在一些简单的字即部首下，共有540部，第一个是简单的'一'。它给出了一些派生词——经常是想象的和荒谬的意义与模糊的发音。总之，它本身没有什么太大价值，但是直到现在还被认为是很好的权威，现在被各种评注所丰富，使它成为一本有用的参考书。"③ 也就是说他认为《说文》本身价值不太大，之所以有用是因为各种评注使之丰富而已。

金璋（Lionel Charles Hopkins，1854—1952）④，英国驻华外交官，汉学家。他1874年来华⑤，是早期搜集殷墟甲骨的西方人之一，在甲骨文、金文和中国古钱学研究方面具有一定造诣，发表了不少著述⑥。他1881年出版了 *The Six Scripts* 一书⑦，是对戴侗《六书故》的译介，里面谈到戴侗对《说文》的引用、评价以及改进，也有金璋自己的一些看法。金璋认为"会意"不应该理解为"读者通过字的构成而得知它的意义"，而应理解为"造字者通过抓住口说的词所暗含的概念，或者说通过分析它的意义，根据其对一个词含义的理解而获得一个合体字的造字意图"⑧。美国学者司礼义（Paul L-M Serruys，1912—1999）评价说："注意金璋是从口说的词被造字者赋予字形开始，这一点很有意思，已经接近'会意字成分之选择应该表明这些成分和新词自身的词源联系'这个观点。这是研究会意字最有前途的方法，这会再一次把字和字形结构带回词本身——它的声音和它的意义。"⑨ 这也体现了西方学者喜欢关注声音和意义之间联系的特点。

伊斯特莱克（Frank Warrington Eastlake，1858—1905），美国人，在日本和中国香港长大，在德国柏林大学读书，后去巴黎学习法律，然后又回德国学习医

---

① 也有译华特士的。

② Chalmers, John. "Chinese Etymology, with a List of Primitives and Key to *Shwoh-Wan*" [J]. *China Review*, 1877, 5 (5): p. 296.

③ Watters, Thomas. "Essays on the Chinese Language (Continued from page 278)" [J]. *The China Review, or notes & queries on the Far East*, 1875, 3 (4): p. 337.

④ 又译霍普金斯。

⑤ 另一说为1871年随英国大使团来华。

⑥ 其与汉字有关的著述有《中国文字的发展》(*The Development of Chinese Writing*)、《象形字勘探》(*Pictographic Reconnaissances*, JRAS)、《上古汉字》(*Archaic Chinese Characters*, JRAS) 等。

⑦ 该书有 A. A. Marcal, 1881 年版和 Cambridge University Press, 1954 年版两个版本。

⑧ 引号中内容见 Serruys, Paul L-M. "The Study of the Chuan Chu in *Shuo wen*" [J]. *BIHP*, 1957, 29 (1): p. 133.

⑨ Serruys, Paul L-M. "The Study of the Chuan Chu in *Shuo wen*" [J]. *BIHP*, 1957, 29 (1): p. 133.

学、语言学和哲学。[①] 其《论“笙”》(1882) 一文中，引用了《说文》对“笙”的解释[②]，还把《尔雅》对“笙”的解释和《说文》的解释作了比较，得出的结论:《尔雅》的解释和《说文》稍有不同，但差别不大。

方法敛（Frank H. Chalfant, 1862—1914)，美国来华传教士。1887 年他刚结婚便赴中国传教，来到潍县乐道院担任道学教授。他酷爱中国文化。起初，他以收藏和研究中国古钱币闻名，到 20 世纪初发现甲骨文后，又以极大的热情转向甲骨文的收藏研究，被誉为西方研究和传播甲骨文字的第一人。1906 年方法敛在美国发表了一篇研究报告《早期汉字》(Early Chinese Writing)，该文的主要内容分三部分[③]，其中第二部分专门讨论《说文》。全文出现《说文》一百多处，有引用，有介绍，还给出了二十张含有 439 个《说文》部首字及其现代书写形式的图片。[④] 值得关注的是方法敛对《说文》的评价。他指出《说文》540 部中很多部首里的字之间没有联系；还有的和部首的意义无关，如尸部的字就极少和死亡有关系。他又批评《说文》的主要目标本应是寻求词源，而作者许慎却把自己的观点当作一个词的“本义”，对其衍生义经常进行猜测，而且对其发音只是偶尔给出一些提议。方法敛对许慎 540 部首的批评有两点：第一，顺序好像没有逻辑性，而且分部太多。这个系统的缺陷在后来很快显示出来，所以后来的辞书编纂者把它们缩减到 214 部。第二，这些部首没有包括构字中某些早就用过的古字。方法敛也评价了六书，认为虽然总的概念很好，但是其代表性的字却有可能属于不止一类。他认为《说文》中的定义和溯源并不总给人理性和真理，许多都只是作者的猜测。不过他也承认是有可能由于其作者掌握一些现在已经丢失的信息，因此在某些情况下他的观点可能是对的。

George Owen（？—？)，英国伦敦国王学院教授。他于 1910 年 10 月 4 日在《中国汉字演化》（*The Evolution of Chinese Writing*: *The Inaugural Lecture of the Michaelmas Term of the School of Chinese*）中提到《说文解字》（*Shuo Wen Chieh Tsz*）2 次，提到《说文》(*Shuo Wen*) 2 次，我们从他的措辞“现存最古老的字

---

① Rogala, Jozef. *A Collector's Guide to Books on Japan in English*: *A Select List of Over* 2500 *Titles with Subject Index* [M]. Tokyo: Japan Library, 2001. p. 53.

② Eastlake, Frank Warrington. “The 笙 or Chinese Reed Organ (With Woodcuts)” [J]. *The China Review*, *or notes & queries on the Far East*, 1882, 11 (1): p. 36.

③ 英文原文 I. Illustrations of Early Writing Derived from Ancient Inscriptions. II. Notes upon the “*Shuo Wen.*” III. The Royal Edict Confirming the Domain of San. 即 I. 早期古文字阐释；II. 对《说文》的一些注释；III. 散氏铜盘铭。

④ Morse, Edward S. “Review: Early Chinese Writing by Frank H. Chalfant” [J]. *Science*, New Series, 1906, 24 (624): p. 759.

典”“古老的字源字典”“汉语中最古老的字典，有名的”“根据《说文》作者”中①，可以看出《说文》在他心目中的权威性。

万卓志（George Durand Wilder，1869—1946），美国来华传教士，1894—1939年在中国传教。他与另一传教士盈亨利（James Henry Ingram，1858—1934）合作，于1922年用英文出版了《汉字分析》（*Analysis of Chinese Characters*）一书②，主要目的是帮助外国人学习汉字。全书用英文分析了1 002个汉字的构成。此书主要参考了戴遂良基于《说文》的《汉字》，大部分解释都来自戴书，但也不限于此，《说文》原书和方法敛、湛约翰及其他学者的著作也时常被引用到。此书“前言”部分谈到尽管著名的《汉英字典》的编者翟理斯先生对《说文》词源很轻视，但是“湛约翰、方法敛和戴遂良及其他学者却一直在进行这方面的研究并给我们最有趣的结果。这些结果是如此令人信服，因此我们在教汉字的时候毫不犹豫地运用了这些中国最早的词源学家所给出的原则”③。这是西方学者较早对西方《说文》研究的总结和评价，值得关注。此书作者自己也有对《说文》的看法，认为：“《说文》词源虽然幼稚且充满幻想，也要比那些外国学生发明的来帮助记忆几千汉字的各种记忆法强很多”④，因为“这是中国人想象的结果，在一定程度上反映中国人的思维方式，因此会吸引那些研究中国人思想的学生。而且它们看起来充满幻想，只是因为我们不知道产生这些想法的古代风俗传统、书中所描绘的器具形状以及各种方言的语音变体”⑤。作者认为学习《说文》词源知识有助于学习汉字，因为“这是第一本真正考古学的词源研究著作……是现在我们214部首的源头”⑥。

Raymond B. Blakney（1895—1970），美国人，翻译过老子的《道德经》，曾在福建协和大学（Fukien Christian University）教书，对学习汉语汉字很有热情，在他1926年出版的著作《汉字研究》（*A Course in the Analysis of Chinese Charac-*

---

① Owen，George. *The Evolution of Chinese Writing*：*The Inaugural Lecture of the Michaelmas Term of the School of Chinese*［M］. Oxford：H. Hart，1910. pp. 10，17，26，28，其中第10页拼为Shao Wen Chieh Tsz疑为拼写错误。

② 该书第1版的出版日期与地点为1922年北京，1934年在中国发行第2版，1974年由美国Dover Publication Inc. 再次出版发行。

③ Wilder，G. D. & Ingram，J. H. *Analysis of Chinese Characters*［M］. New York：Dover Publications，Inc.，1922. Introduction. p. iii.

④ Wilder，G. D. & Ingram，J. H. *Analysis of Chinese Characters*［M］. New York：Dover Publications，Inc.，1922. Introduction. p. iii.

⑤ Wilder，G. D. & Ingram，J. H. *Analysis of Chinese Characters*［M］. New York：Dover Publications，Inc.，1922. Introduction. p. iii.

⑥ Wilder，G. D. & Ingram，J. H. *Analysis of Chinese Characters*［M］. New York：Dover Publications，Inc.，1922. Introduction. p. vi.

ters）一书中提到该书中的信息以及字源直接来自中文资料诸如《说文》《六书通》《尔雅》《康熙字典》和《辞源》。[①] 该书还对《说文》作了简介，里面谈到《说文》的性质及其作用，并认为《说文》是汉字历史上尤其重要的一部著作[②]。

叶慈（Walter Perceval Yetts，1878—1957），英国学者，曾经就《说文》转注定义的模糊性发表自己的看法，他说："这个模糊性也许不是许慎造成的，而是有可能由于众所周知的现存《说文》某些地方文本不清楚。另一方面，许慎也有可能自己对传统术语'转注'误解，这个词语就给我们出了一个大难题。"[③]

高本汉（Bernhard Karlgren，1889—1978）是瑞典最有影响的汉学家[④]，也是中国学者最熟悉的汉学家，是西方汉学领域的泰斗。高本汉并不专门研究《说文》，但他对《说文》非常重视，著作中频频出现"《说文》"。在其1923年出版的《中国语与中国文》（*Sound and Symbol in Chinese*）一书中有一段话讨论了《说文》的影响[⑤]，可以总结成三条：一是引起学者对字源学与正字学上的兴趣；二是把毁坏字体的趋势遏制住了；三是使一般文字历史的研究得到激励。在《汉文典》（*Grammata Serica*）[⑥] 一书中"几乎每页都参考《说文》"[⑦]，其《汉文典》中对《说文》的评价如下：

> 数百年来，中国学者一般都认为许慎在《说文》中已经注明每个字的本义，古文字学家都把他的解释奉为经典。但是许慎怎么可能知道每个字的本义呢？有许多字，如"目""口""马"，他是能做到的，但还有许多字，他是绝无办法注出本义的。"菁"字，他注为"韭华也"，这个解释有点道理——因为这是一个有文献可稽的古义，而且字的形符是草，看起来很保险。但是该字还释作"芜菁""茅"，还有——甚至

---

① Blakney，Raymond B. *A Course in the Analysis of Chinese Characters*（Shanghai：The Commercial Press，Limited，1926）一书 preface 部分。

② Blakney，Raymond B. *A Course in the Analysis of Chinese Characters*（Shanghai：The Commercial Press，Limited，1926）一书，第27页。该书还有1935年重印版。

③ Serruys，Paul L-M. "The Study of the Chuan Chu in *Shuo wen*"［J］. *BIHP*，1957，29（1）：p. 134.

④ 高本汉，也译为珂罗倔伦（胡适、林语堂等）。

⑤ ［瑞典］高本汉．中国语与中国文［M］．张世禄译．上海：商务印书馆，1931. 83.

⑥《汉文典》是一本有关汉字和古汉语词义的工具书，1940年最初是以论文形式发表的，后来成单行本。1957年又出版了《汉文典（修订本）》（*Grammata Serica Recensa*），该书1997年出了潘悟云等编译的中文本。本书所参考的是潘悟云译本，由于讨论的主要是其1940年的"导言"部分对《说文》的看法，因此放在1841—1949阶段讨论。

⑦ Hulsewé，A. F. P. "The *Shuo-wen* Dictionary as a Source for Ancient Chinese Law"［A］. Egerod，S. & Glahn，E. eds. *Studia Serica Bernhard Karlgren Dedicata*：*Sinological Studies Dedicated to Bernhard Karlgren on His Seventieth Birthday*，*October 5*，*1959*［C］. Copenhagen，Denmark：Ejnar Munksgaard，1959. p. 239.

在《诗经》中！——释作“茂盛”，所有这些都跟字的形符相合，其中每一个都可能是该字所由产生的本义。我们怎么能仅据一本出版于公元100年的字典，就肯定“韭华”是本义呢？当然不行。此外，还有一些字义，是许慎依据字形自己推测的，从未得到典籍的证实。如“幺”“𠆢”等等。所以，要确定一个字的本义，许慎不是一个可靠的指导。

那么，现代语文学家是否做得好一些呢？在某种情况下，我们确实可以纠正许慎的明显的错误。但在大多数模棱两可的地方，我们并不比他做得更好。[①]

从上述这段文字中可以看出高本汉对《说文》有着比较深刻的认识和客观的评价。有学者指出“高本汉认为中国的古文字学家对待《说文解字》中的各种定义，就像外国人对待《圣经》中的语言一样。在对许慎的语言学著作进行过分析的其他西方语言学家中，再没有像高本汉一样将《说文解字》说得这么神圣的了”[②]。这里我们可以看出高本汉并没有把《说文》神圣化。高本汉非常重视用其他的典籍来印证词义，并不仅以《说文》为依据。他认为《说文》《尔雅》中的许多字并不见于以前任何一本典籍，其是一种危险的材料，猜测它们的字义是一种冒险的事，简短的字典释义常常会使人误入歧途。他举例说：“‘务’字，《说文》释作‘趣’，意思是‘跑’。如果我们不求诸典籍，一味跟从《说文》，当然会把‘务’解释作‘跑’——这绝对是错误的。《说文》的解释来自下面的引申义：‘趣’的意思是‘跑’，引申为‘追逐，争取，趋向’，‘务’的意思是‘致力于’，引申为‘专心于，趋向于’。”[③] 高本汉深刻认识到单凭字典释义之危险，因此坚持这样的原则：《汉文典》只收录见于先秦典籍的字，少数特殊场合，也收录见于汉初典籍的字。因此，在《汉文典》中，某些字如果《说文》中有此词义而没有书证，就特别标明。比如：“丏，隐藏。见《说文》，无书证。”[④]

另外，高本汉认为朱骏声的《说文通训定声》很“出色”[⑤]，其《汉文典》“正文”部分还仿照《说文通训定声》，以形声字之主谐字为纲，依次排列相关

---

① ［瑞典］高本汉．汉文典（修订版）［M］．潘悟云等编译．上海：上海辞书出版社，1997．导言：13.

② ［丹］龙伯格．清代来华传教士马若瑟研究：中国语文学和索隐派［M］．李真，骆洁译．郑州：大象出版社，2009. 188．注释①.

③ ［瑞典］高本汉．汉文典（修订版）［M］．潘悟云等编译．上海：上海辞书出版社，1997．导言：12.

④ ［瑞典］高本汉．汉文典（修订版）［M］．潘悟云等编译．上海：上海辞书出版社，1997. 111.

⑤ ［瑞典］高本汉．汉文典（修订版）［M］．潘悟云等编译．上海：上海辞书出版社，1997．导言：14.

的形声字。此外，“高本汉撰《汉字分析字典》《汉字谐声谱》都是用的这种编排法”①；高本汉的《先秦典籍通假字典》（*Loan Characters in pre-HanTexts*），房建昌认为也是对“《通训》的扩大和发展”②。

卜弼德（Peter Alexis Boodberg，1903—1972）是俄裔美国汉学家，除了精通俄文、中文、英文之外，还精通希腊文、拉丁文、德文、法文、日文甚至梵文和各式样的阿尔泰文字。他1930年起就在柏克莱（Berkeley）讲授汉学，学生众多，在美国汉学界甚至形成所谓的“卜派（Boodbergian）汉学”③。他研究汉字常用多种文字进行阐释，并说：“三千年的中国文字传统，含函深远博大，唯有用整个欧洲文明的三千年文字传统方能注解清楚。”④ 卜弼德认为《说文》是权威性的资料，“尽管现在有很多新发现，《说文》还是作为我们穿越曲折汉字迷宫的主要指导”⑤。卜弼德对许慎也给予了高度评价，认为许慎是“伟大的中国语言学创始人”，在其杰出的字典书名“说文解字”中就很精彩地把“文”与“字”的区分明确表达出来：“言说文（独体字）和分析字（合体字）。”⑥ 他在《关于中国边境历史的两点注释》（1936）⑦、《关于上古汉语进化的预期评价》（1937）⑧、《老子第一章语言学注释》（1957）⑨ 等文章中都引用到《说文》。其1940年发表的《作为纪年的中国生肖名》一文，则根据《说文》中鱣、鲤两字

① 转引自李喜荣《〈说文通训定声〉中的“说文”研究》一文，第6页，原出处：张永言.《说文通训定声》简介［A］. 语文学论集［C］. 北京：语文出版社，1992. 85.

② 房建昌. 朱骏声与《说文通训定声》［J］. 辞书研究，1984（2）：168.

③ 卜派汉学家讲究对于中国古典（尤其是唐朝以前的文史哲典籍）的绝对把握，于字汇和词句的质理作彻底的了解，不苟且，不放松，追索文字的源头，分析文字的发展，凡事以历代字书的证据为依归，辅之以西方文字训诂学的知识，不惜与现实中国社会的传承相违背。卜派汉学的优点在于承认隋唐以前已经成立的书籍的权威，把“汉学”当作是一种直指古典的探索，因此破除许多初学者投机取巧、避免古典的机会，强迫他们钻研那些连中国人都觉得疲倦的故纸。卜派汉学的缺点就是过分抹杀隋唐以后中国人自身对于中国学术的诠释，尤其是否定宋明以后逐渐定型的传承，更认为20世纪的中国学者完全不顾祖宗的心法和技术。（参见杨牧《柏克莱精神》“卜弼德先生”部分，由洪范书店有限公司于1979年出版，第98~99页）。

④ 杨牧《柏克莱精神》“卜弼德先生”部分，由洪范书店有限公司于1979年出版，第91~92页。

⑤ Boodberg, Peter A. “Some Proleptical Remarks on the Evolution of Archaic Chinese” ［J］. *Harvard Journal of Asiatic Studies*, 1937, 2（3/4）: p. 337.

⑥ 原文“Verbalizing the wen（monosomatic zodiograms）and dissecting the *Tsu*（tomosomatic teknograms）”见其“The Chinese Script: an Essay in Nomenclature (the first hectaton)”一文，第117页。

⑦ Boodberg, Peter A. “Two Notes on the History of the Chinese Frontier”［J］. *Harvard Journal of Asiatic Studies*, 1936, 1（3/4）: 289.

⑧ Boodberg, Peter A. “Some Proleptical Remarks on the Evolution of Archaic Chinese” ［J］. *Harvard Journal of Asiatic Studies*, 1937, 2（3/4）: p. 337.

⑨ Boodberg, Peter A. “Philological Notes on Chapter One of the *Lao Tzu*”［J］. *Harvard Journal of Asiatic Studies*, 1957, 20（3/4）: pp. 598 - 618.

互训[①]，而且早期中国人认为鲤鱼可以变成龙，推测孔子弟子梁鳣（又叫梁鲤[②]）出生于龙年。在该文中，卜弼德还注意到“在《说文》中保存的为数不多的孔子评论汉字结构的话中，有两条是关于狗的：一条是关于‘犬’字的象形性质，另一条是解释‘狗’字的读音与叩相同”[③]，即“犬，狗之有县蹏者也。象形。孔子曰：‘视犬之字如画狗也’”，“狗，孔子曰：‘狗，叩也。叩气吠以守’”。据此，他认为孔子很关心狗，并认为这可能与孔子出生于公元前551年，该年为狗年有关。不过，根据马宗霍《说文解字引群书考》（1959）的研究，《说文》中共引“孔子曰”12条，其中10条可能取自纬书，只有璠、羌二字所引可以确定是孔子之语，日本学者阿辻哲次也持此说。[④] 也就是说这里卜弼德忽视了一个问题，那就是许慎所引的“孔子曰”不一定是孔子说的，有可能是伪造的，因此他的结论的可信度要打折扣。

顾立雅（Herrlee G. Creel，1905—1994），是“美国学术界最早对中国语言和文化作精深研究的一位启蒙大师，也是西方研究中国古代史的权威汉学家”[⑤]。在汉字研究方面，他非常强调汉字的表意性质。顾立雅比较注重《说文》，在其编制的一套被西方各大学普遍采用的《归纳法中文文言课本》（*Literary Chinese by the Inductive Method*）中[⑥]，曾经系统地运用《说文》解释书中汉字[⑦]。在《申不害：公元前400年中国的政治哲学家》一书中，也运用到《说文解字诂林》中的文字学论据。[⑧] 顾立雅认为：“《说文》的作者许慎是一位伟大的学者。他的作品毫无疑问是我们所拥有的汉字历史上最重要的独一无二的资料。……它的材料是如此重要，以至于没有这些材料，现代研究者们无法纠正其错误。这本书必须得到我们的欣赏。”[⑨]

但是顾立雅也指出：“欣赏是一回事，盲目跟随就是另外一回事了。中西学

---

① 《说文》：鲤，鳣也。鳣，鲤也。

② Boodberg, Peter A. “Chinese Zoographic Names as Chronograms” [J]. *Harvard Journal of Asiatic Studies*, 1940, 5 (2): p. 132. 注释16.

③ Boodberg, Peter A. “Chinese Zoographic Names as Chronograms” [J]. *Harvard Journal of Asiatic Studies*: 1940, 5 (2): p. 134.

④ [日] 阿辻哲次. 纬书字说考 [J]. 吴新江译. 文教资料，2003 (4): 23. (原文载于日本京都大学人文科学研究所编《汉语史诸问题》，1988)

⑤ 钱存训. 美国汉学家顾立雅教授 [J]. 文献，1997 (3): 243.

⑥ 即 *Literary Chinese by the Inductive Method*，采用中国传统启蒙所读的《孝经》《论语》《孟子》三种经典著作。

⑦ 钱存训. 美国汉学家顾立雅教授 [J]. 文献，1997 (3): 245.

⑧ 李艳硕士学位论文《论美国汉学家顾立雅对中国古代思想文化的研究》，第24页。

⑨ Creel, Herrlee Glessner. “On the Nature of Chinese Ideography” [J]. *T'oung Pao*, Second Series, 1936, 32 (2/3): p. 127.

者都有盲目跟随的情况。”[1] 在其1936年《论表意汉字的性质》（On the Nature of Chinese Ideography）一文中，顾立雅认为许慎的六书系统错误很多，最主要的是“转注和假借太模糊，以至于中国学者几乎两千年的讨论都还不能达成统一意见”[2]。他说：“在实际应用中，这两类字包含不同类型的汉字，结果堆在一起，没有进行合适的区分。”[3]

对于转注，在顾立雅看来，在过去两千多年的时间里，许多研究过转注的汉语词源学家都没有正确地理解它，还没有外国学者是按照《说文解字叙》的作者所说的意思对它进行处理。就算戴遂良的解释是正确的，也只是部分正确。段玉裁举了很多例子来阐述自己的看法，在顾立雅看来段氏的论证很难理解，而且也是不正确的。顾立雅觉得“也可以质疑一下许慎自己在这方面是否完全清楚”[4]。顾立雅分析：转注字在许慎看来像是想要包括从一个简单的母字中进化出来、接近原意的字。许慎给出的例子是“老”和“考”，但《说文》解释“考”字：“老也。从老省，丂声。”这是由一个表意部分和一个表音部分构成的形声字，即使段玉裁在他的注中也没有提到这个字是属于转注的。

对于假借，顾立雅认为西方学者们有时把它翻译为“虚假的借用”（false borrowing）是不合理的。他说，“假”“借”两个字中的任何一个都可以表示“借用”（to borrow），合在一起使用通常也是这个意思。《说文解字叙》里的上下文并没有证据显示出“假借”中有“虚假的借用”这个附加的意义。对于《说文》“假借，本无其字，依声托事。令长是也”的说解，顾立雅批评许慎的解释“让人糊涂得无可救药”[5]。一方面，许慎告诉我们这些字是借音，借来表示口语中以前没有书写形式的同音异形字。但是他给出的例子看起来更像字的引申义，而根本不是借音。

对于会意，顾立雅认为还可以再作细分。他根据构字成分间之关系将会意字分成如下几类：构字成分合在一起强调其共同特点的会意字，比如“明”和“鲜”；构字成分之间有具体相互关系的会意字比如“好”字；构字成分具有位

---

① Creel, Herrlee Glessner. “On the Nature of Chinese Ideography” [J]. *T'oung Pao*, Second Series, 1936, 32 (2/3): p. 127.

② Creel, Herrlee Glessner. “On the Nature of Chinese Ideography” [J]. *T'oung Pao*, Second Series, 1936, 32 (2/3): p. 97.

③ Creel, Herrlee Glessner. “On the Nature of Chinese Ideography” [J]. *T'oung Pao*, Second Series, 1936, 32 (2/3): p. 97.

④ Creel, Herrlee Glessner. “On the Nature of Chinese Ideography” [J]. *T'oung Pao*, Second Series, 1936, 32 (2/3): p. 96.

⑤ Creel, Herrlee Glessner. “On the Nature of Chinese Ideography” [J]. *T'oung Pao*, Second Series, 1936, 32 (2/3): p. 127.

置关系的会意字，比如“东（東）”（日在木后）、“杲”（日在木上）、“杳”（日在木下）等；通过语义衍生构成的会意字，比如“侠”字；通过减省构成的会意字，比如“集”字（原来是三只鸟在树上，减成一只鸟在树上）等。

对于形声，顾立雅批评许慎“非常喜欢发现汉字里的表音成分，经常让他在这个方向走得过远”①。对于《说文》9 353 个汉字中有 7 697 个为形声字，占总字数的 82% 以上，顾立雅批评许慎言形声字过于随意，指出许慎所说的形声字里面有很多是会意字。他举了“降”“陟”和“诺”等例子，还引用青铜器铭文和甲骨文字形来说明。尤其是像“佑”“俚”等后加指示性形旁的字，被划为形声字，顾立雅认为这大大阻碍了人们对汉字性质的认识。

顾立雅对许慎六书系统的严肃批评，有学者认为是历史上最早的人②。我们认为重点不在于顾立雅是不是第一个提出系统批评，而是他作为外国学者没有历史的包袱，不受体制的限制，批评起来比国内学者更为彻底。

（二）文化、文学、天文学、社会学等研究方面

文化、文学、天文学、社会学等研究方面涉及《说文》的学者众多，这里仅就所搜集的资料列举几位以窥全貌。

波乃耶（James Dyer Ball，1847—1919），英国传教士，其 1892 年出版的《中国风土人民事物记》一书有介绍《说文》性质的内容③。

翟理斯（Herbert Allen Giles，1845—1935），英国外交官，汉学著作甚多。其《老子的遗产：重译》（1886）一文曾利用《说文》来证明《道德经》是一本伪书。④ 其《三字经》英译本除了对每个汉字都注音、标调以外，还根据许慎的《说文》对每一个汉字的结构、意思、偏旁、部首进行了分析。⑤ 他在《中国

---

① Creel, Herrlee Glessner. “On the Nature of Chinese Ideography” [J]. *T'oung Pao*, Second Series, 1936, 32 (2/3): p. 127.

② Chen, Zhiqun. “Ideographic versus Phonetic: A Debate over the Nature of Chinese writing in the 1930s” [J]. *Chinese Studies Review*, 2008, 3 (1): pp. 7, 25. Endnote 2. 其根据是中国学者一般认为唐兰为最早对许慎六书提出全面系统批评的学者（何九盈，1995），唐兰的《中国文字学》出版于 1948 年（注：应该是 1949 年），而顾立雅的批评文章是在 1936 年，要早十多年。实际上唐兰在其 1935 年《古文字学导论》中就已经提出对六书的系统批评，顾立雅不见得是最早的。

③ Ball, J. Dyer . *Things Chinese; or, Notes Connected with China* [M]. Hong Kong: kelly & Walsh, 1903. 309.

④ 其根据是“现代《道德经》中所包含的一些字在《说文》中找不到，而《说文》是一本应该汇集公元前后全部通用汉字的字典”。参见 Giles, H. A. “The Remaints of *Lao Tsu*, Retranslated”一文，第 235 页。

⑤ 正方翻译网主站→正方翻译论坛→欧美文化→欧美汉学家介绍 [EB/OL]. (2007 - 09 - 25) [2010 - 02 - 16]. http: //www. zftrans. com/bbs/read. php? tid = 14351.

文学史》一书“汉朝”部分中[①]，谈到了许慎《说文》“对写作规范化所起作用”[②]。不过，总体上翟理斯对《说文》的词源说解评价并不高，他说：“《说文》里的很多词源说解都是极其幼稚的。”[③]

查尔斯·古尔德（Charles Gould，1834—1893），英国地理学家，其1886年出版的《神话中的怪物》（*Mythical Monsters*）一书[④]，在讨论麒麟、凤凰和龙时参考了《说文》的说解。

施莱格（Gustave Schelgel，1840—1903）[⑤]，荷兰汉学家。1890年起他和法国的汉学家考狄（Henri Cordier）合办了一本颇有影响的汉学期刊，名叫《通报》（*T'oung Pao*），到今天依然无间断地出版，被称作西方世界当今最具权威性的三份汉学学报之一。[⑥] 本书不少涉及《说文》的文章就是从《通报》上找到的（见后文“参考文献”部分）。另外，其一些非英语文章也涉及《说文》[⑦]。

沙畹（Édouard Chavannes，1865—1918），法国著名汉学家，曾任《通报》主编，有长期在中国生活和多次实地考察以及考古探险的经验，以译著五卷本的《史记》而闻名。其1906年发表的《突厥十二生肖纪年》（Le Cycle Turc des Douze Animaux）一文，谈到《说文》对“巳”与“亥”的说解，即“巳为它（蛇），象形”与“亥为豕，与豕同”，沙畹认为这种解释从词源本质上说是正确的，不过他怀疑有可能是一位熟悉十二地支与十二生肖的学者想象出来而在公元100年确立的。[⑧]

德莎素（Léopold de Saussure，1866—1925）[⑨]，法国汉学家、天文学家、海军军官、航海家，是著名语言学家费（尔）迪南·德·索绪尔（Ferdinand de

---

① 该书基本以历代王朝为依据，把中国文学历史发展分成八个时期，于1901年由伦敦威廉·海涅曼公司出版。

② 何寅，许光华．国外汉学史［M］．上海：上海外语教育出版社，2002. 216.

③ 转引自 Wilder, G. D. & Ingram, J. H. *Analysis of Chinese Characters*［M］. New York: Dover Publications, Inc., 1992. piii. 英文原文：“Much of the etymology of the *Shuo Wen* is childish in the extreme.”

④ Gould, Charles. *Mythical Monsters*［M］. London: W. H. Allen and Co., 1886.

⑤ 又译施古德、薛力赫等。

⑥ 另两份为 *Harvard Journal of Asiatic Studies* 与 *The Journal of Asian Studies*，这两份都在美国发行，而历史则比《通报》晚。

⑦ 比如《暹罗语研究》（*Siamese Studies*），p. 75，注释34；《中国史乘中未详诸国考证》之扶桑国考证（*Problèmes géographiques. Les Peuples Étrangers Chez les Historiens Chinois*），p. 134；《中国史乘中未详诸国考证》之含明国考证和鬱夷国考证，pp. 214，222等。

⑧ Chavannes, Édouard. “Le Cycle Turc des Douze Animaux”［J］. *T'oung Pao*, Second Series, 1906, 7 (1): p. 78.

⑨ 《中国科学技术史》中将 Léopold de Saussure 译为德莎素。

Saussure，1857—1913）的弟弟。[①] 德莎素并不专门研究《说文》，但他曾经运用《说文》研究中国古代天文学，其一系列文章如《中国天文学起源（续）》(1909)、《中国天文学起源：D. 十二支（续）》(1910)、《中国天文学起源：E. 十二生肖纪年（续）》(1910)、《中国天文学起源：F. 摄提格（续）》(1911)、《中国天文学起源：G. 岁星纪年（续）》(1914) 等都运用到《说文》。[②] 这说明到20世纪初，欧洲汉学家已经把《说文》用于中国天文学研究，这是十分值得关注的现象。

伯希和（Paul Pelliot，1878—1945），师从沙畹，汉学研究精湛渊博，于我国目录版本、语言文字、考古艺术、宗教文化、东西交通以及边疆史地等方面，都有论著，尤其以敦煌研究最负盛名，曾任《通报》主编。他对《说文》研究之资料相当重视，比如1913年发表的《伯希和所集中国书目录上下卷》一文，便收录了《说文解字校录》《说文解字通释》《说文解字义证》《说文古籀补》《说文新附考》《说文通训定声》《说文通检》《说文引经考证》《王氏说文》《说文本经答问》等多种《说文》学著作。[③] 另外，伯希和还有不少法语文章在不同方面使用到《说文》[④]。

葛兰言（Marcel Granet，1884—1940），沙畹的学生，是因将社会学引进汉学研究而独树一帜的汉学家。他从社会学的角度对《说文》进行分析。在1914年公开发表的报告《中国古代宗教研究纲要》中，葛兰言提出研究中国宗教三

---

① Saussure from Wikipedia，the free encyclopedia [EB/OL]．(2010-11-02)．http：//en.wikipedia.org/wiki/Saussure.

② 参见《中国天文学起源（续）》即“Les Origines de l'Astronomie Chinoise (Suite)”一文，p. 26；《中国天文学起源：D. 十二支（续）》即“Les Origines de l'Astronomie Chinoise：D. La Série des Douze ‘Tche’十二支 (Suite)”一文，pp. 471，472，479，480；《中国天文学起源：E. 十二生肖纪年（续）》即“Les Origines de l'Astronomie Chinoise：E. le Cycle des Douze Animaux (Suite)”一文，pp. 589，632；《中国天文学起源：F. 摄提格（续）》即“Les Origines de l'Astronomie Chinoise：F. la Règle des Cho-t'i (Suite)”，p. 29；《中国天文学起源：G. 岁星纪年（续）》即“Les Origines de l'Astronomie Chinoise：G. le Cycle de Jupiter (Suite)”一文，pp. 645，653，673。以上这些原文都是法语文章。

③ Pelliot，Paul. “Répertoire desCollections Pelliot ‘A’ et ‘B’ du Fonds Chinois de la Bibliothèque Nationale” [J]. *T'oung Pao*，Second Series，1913，14 (5)：pp. 704-705，778-779.

④ 比如《中国制陶历史注释》(*Notes sur L'histoire de la Céramique Chinoise*)，pp. 18-19；《国学季刊评介》(*Kouo Hio Ki k'an*)，p. 6；《王国维著作集评介》(*L'Édition Collective des Oeuvres de Wang Kouo-wei*)，pp. 121，158-159；《冯·扎希先生》(*Monsieur E. von Zach*)，pp. 371-372；《叶慈〈猷氏集古录〉中的青铜器（Ⅰ和Ⅱ）》[*Les Bronzes de la Collection Eumorfopoulos Publiés par M. W. P. Yetts* (Ⅰ *et* Ⅱ)]，pp. 363，365-369，375-378，380；《卜弥格》(*Michael Boym*)，p. 136；《汉字中的语音学简评》(*Brèves Remarques sur le Phonétisme dans l'Écriture Chinoise*)，pp. 162-163 等。

个有目的的步骤，把“分析中国最早的词书《说文解字》”作为第一步[①]，他认为《说文》中“保留了许多民间的宗教观念和习俗，是研究中国宗教很重要的资料”[②]。

高罗佩（Robert Hans van Gulik，1910—1967），荷兰外交家，热衷于搜集中国图书字画、古玩乐器，醉心于中国文人雅士的生活情趣。他在写《长臂猿考》（*The Gibbon in China*）时曾经利用过《说文》。[③] 其1940年所撰《琴道》（*The Lore of the Chinese Lute：An Essay in Ch'in Ideology*）一书参考了《说文》《六书精蕴》《说文解字笺》《说文解字诂林》《说文释例》等一系列《说文》学著作。高罗佩利用《说文》研究琴道独具匠心，也颇有心得，他提出了两个值得重视的问题：

一是不同版本之《说文》字体存在差别，利用时应作综合考察。他认为小篆由秦始皇的丞相李斯于公元前213年拟定，尽管李斯用他所找到的古字作为基础，但这在很大程度上是一种全新的字体。而《说文》成书距离李斯的时代又隔了300多年，在此期间，字体又有一些变动。在后来的朝代里，《说文》又出了很多版本，加入了详细的注解。他指出：许慎的原文被忠实地重印，但是小篆的字体在重制时，不同的编纂者出于书法的考虑引进了不同的修改。我们必须不能忘记小篆已经变成了书法中的一个分支，由此这些字可能存在不同写法。因此几乎没有能够给汉字以完全相同小篆字体的两个版本的《说文》。[④] 因此他建议学习汉字古文最好尽可能多地参考不同版本的《说文》。他推荐了丁福保1928年出版的《说文解字诂林》，并说依靠它，这个工作强度就可以大大减轻。

二是考释汉字字义不能仅仅依靠《说文》本身，还应参考甲骨文和金文。比如“琴”字在《说文》中被看作是一个单独的部首，大家都认为其是一个象形字，象琴的形。明《六书精蕴》、清代徐灏的《说文解字笺》、王筠的《说文释例》对“琴”都有详尽的分析[⑤]，然而高罗佩认为这些完全建立在小篆上的分析是没有价值的，要想作出更好的分析，还要参考更古老的字形古文。而他正是

---

① 第二是研究《礼仪》有关的章节，最后再来分析、研究不同的时代跟雨、水的礼仪有关的文章和记载。见许光华．法国汉学史［M］．北京：学苑出版社，2009. 153.

② 许光华．法国汉学史［M］．北京：学苑出版社，2009. 153.

③ 见严晓星《高罗佩事辑》一书，第64页。原文“他从甲骨文，《尔雅》《说文》里找不到猿的确实踪迹”。虽然没有找到踪迹，但是说明他对《说文》是非常熟悉并善于利用的。《长臂猿考》一书1967年在荷兰出版。

④ Gulik，Robert Hans van. *The Lore of the Chinese Lute：An Essay in Ch'in Ideology*［M］. Tokyo：Sophia University Press，1940. pp. 11 – 12.

⑤ Gulik，Robert Hans van. *The Lore of the Chinese Lute：An Essay in Ch'in Ideology*［M］. Tokyo：Sophia University Press，1940. pp. 12 – 13.

在参照金文和甲骨文之后得出自己的结论的。

综上所述，鸦片战争爆发至新中国成立（1841—1949）期间，是欧美学者对《说文》进一步译介研究和利用的阶段，有关《说文》的著述增多。他们较上一时期人数增加了不少，仅我们搜集到的就有三十多位，其中以《说文》为主题的学者有 4 位，其他涉及《说文》的关注领域也有所扩大。欧美学者认识到《说文》的价值，积极进行译介，并注意在一些领域加以运用，比如汉语汉字研究、文化、文学、天文学、社会学等研究领域。这一时期最突出的特点就是注重《说文》的实用价值，尤其是在学习中国语言文字中的价值。从学者身份上来说是以驻华传教士和外交官对《说文》的关注为主，但同时也出现了一些来自不同领域专业学者的关注。随着对《说文》了解的增多，欧美本土学者的《说文》研究水平也大有提高。下面我们以专门章节介绍比较有代表性的湛约翰与《说文》有关的著作以及戴遂良基于《说文》的著述《汉字》，两位学者都是来华传教士。

第二节　英国湛约翰与《说文》相关的著作

湛约翰，出生于苏格兰，毕业于阿伯丁大学（Aberdeen University），是伦敦传道会（London Missionary Society）差派到中国来传播福音的传教士。湛约翰 1852 年 6 月奉派前往香港，协助理雅各管理并教授于英华书院，在理雅各离任前曾协助他翻译过儒家经典，1859 年赴广州设立会堂，寓居广州十余年，1879 年返回香港，接替理雅各主持伦敦会香港分会教务。1879—1899 年，二十年中他一直在香港做传教士。他的一生除了传教以外，还曾对中国文化史进行过广泛和深入的研究，编写字典、撰写论文、参与儒家经典和道家著作的翻译，是一位值得关注和研究的人物。不过不论是在介绍欧洲汉学还是专门介绍英国汉学的著作中，都很少有人提到他，即使提到，占用的篇幅也很少。湛约翰的传教经历和汉学贡献“似乎一直被他的同乡、传教士——汉学家米怜（William Milne，1785—1822）和理雅各（James Legge，1815—1897）的光环所遮蔽”[①]。国内研究湛约翰的文章主要有段怀清的《〈中国评论〉时期的湛约翰及其中国文学翻译和研究》一文，该文对湛约翰学术成就评价很高，认为其“汉学研究涉及语言、文学、历史、哲学、宗教、政治乃至风俗习惯等诸多领域，而且其汉学贡献，也并不仅限于一般意义上的翻译介绍或者字典编纂”[②]。有人认为：“湛约翰在汉学方

① 段怀清.《中国评论》时期的湛约翰及其中国文学翻译和研究［J］. 世界汉学，2006（1）：120.
② 段怀清.《中国评论》时期的湛约翰及其中国文学翻译和研究［J］. 世界汉学，2006（1）：120.

面最好的著作，在于词源学方面，也就是他对《说文》的翻译阐释。”① 目前学术界关于湛约翰对《说文》的翻译阐释方面的研究还很少，下面我们将专门讨论他与《说文》相关的一些著作。

湛约翰和《说文》有关的著作主要有：①1877 年发表在《中国评论》上的文章《汉语字源，附〈说文〉目录》(Chinese Etymology, with a List of Primitives and Key to *Shwoh-Wan*)；②1882 年在伦敦出版的专著《三百个基本汉字结构分析：在100 年的〈说文〉和1833 年的〈说文通训定声〉之后》(*An Account of the Structure of Chinese Characters under 300 Primary Forms*; *After the Shwoh-Wan*, *100*, *A. D.*, *and the Phonetic Shwoh-Wan*, 1833.)（以下简称《汉字结构分析》）；③1887 年发表在《中国评论》上的文章《论汉字六书》(The Six Modes of Development of the Chinese Written Language—六书)；④1887 年发表在《中国评论》上的文章《论汉字转注》(On the Term 转注 Chuan Chu as Applied to Chinese Characters)。下面我们具体评介湛约翰与《说文》相关的著作。②

一、湛约翰《说文》相关著作主要内容

(一)《汉语字源》主要内容

《汉语字源，附〈说文〉目录》一文于1877 年发表在《中国评论》第5 卷第5 期上，共15 页，其中后面7 页是所附的“《说文》目录”(List of Primitives and Key to *Shwoh-Wan*)。题目下面列了两本书，一本是许慎的《说文》，一本是艾约瑟（Joseph Edkins）的《汉字入门》③。皮尧士（Thomas W. Pearce）认为湛约翰“最好的著作在汉语词源领域，比如《汉语字源，附〈说文〉目录》一文”④。

这篇文章分为两部分。第一部分，湛约翰首先针对《中国评论》第5 卷第4 期欧德理的字典定义发表了自己的意见⑤，然后他介绍了《说文》，评价了艾约瑟的《汉字入门》，并对艾书引用《说文》之处进行评点。第二部分有个小标题：汉字字原（Chinese Primitive Characters)，讨论他后文所附的“《说文》目

---

① 段怀清.《中国评论》时期的湛约翰及其中国文学翻译和研究［J］. 世界汉学，2006 (1):121.

② 有意思的是1877 和1882 年著作中《说文》拼作“*Shwoh Wan*”，而1887 年两篇文章引用《说文》却拼作“*shuo-wên*”。

③ Edkins. Joseph. *Introduction to the Study of the Chinese Characters* [M]. London: Trübner & Co., 1876.

④ Pearce, Thomas W. “The Late Dr. Chalmers” [J]. *The China Review, or notes & queries on the Far East*, 1899, 24 (3): p. 117.

⑤ 欧德理，也有译艾德，德语 Ernst Johann Eitel 或英语 Ernest John Eitel, 1838—1908.

录”。作者给出的“《说文》目录”原是为重新安排《康熙字典》中字的顺序而作的准备，把它作为通向《说文》的钥匙是后来想到的，实践证明这非常适合，因此湛约翰很有信心地把它推荐给所有学习汉字的学生。他介绍这个“《说文》目录”有两个优点：第一完整，第二便于查检。

湛约翰凭借他对《说文》语源知识的深刻理解，很犀利地指出了艾约瑟在《汉字入门》书中引用《说文》的一些错误。比如在该文 299 页湛约翰批评了艾约瑟对“二”（er，ni）字的分析。艾约瑟分析“二”说：“很利索的两画代表数字 2，《说文》中它由三只手和两画构成，古文弍。”湛约翰批评说：“三只手在我的《说文》中没有出现，在其他地方也没有出现。部首二在《说文》中是第 479 个，可以在艾约瑟附录 J 72 页中看到，那里也没有三只手。”湛约翰认为，《说文》中的古文，在汉字学中指的是“一个古老的书写形式”，而不是指“古字”或者说“本字”。《说文》中的本字是标准形式，而“古文”在《说文》中和其他地方通常是指古老的形式而不是许慎所认为的本字。湛约翰指出，艾约瑟好像无意作出区分，或者相对于《说文》中的本字，他故意决定更倾向于古文，因为他在《汉字入门》第 3 页中说“古文的部首在形状上最接近我们所能找到的最早的字形”。湛约翰提出质疑并表明自己的观点说：“那么按照这种想法，上例中艾约瑟博士所给出的戈在右边的古文肯定要比只有很利索的两画‘二’要早了。我倾向于另外一种不同的观点，即使是弍、贰，对我来说都很新，更不用说艾约瑟博士的了。”①

（二）《汉字结构分析》主要内容

《汉字结构分析》一书 1882 年在伦敦出版，全名为《三百个基本汉字结构分析：在 100 年的〈说文〉和 1833 年的〈说文通训定声〉之后》。从题目就可以看出这本书和《说文》的密切关系。本书所根据的是 1911 年第 2 版。

湛约翰在绪论一开头就声明该书的主要目的是指出汉字和它们所指事物的最初相似性，并且解释汉字不同构成成分的作用，后文还说本书是为汉语学习者而写的。书中湛约翰一共一百五十多次提到《说文》，介绍《说文》的基本情况，并且利用《说文》来分析具体的汉字结构。该书首先给出三百个基本汉字的小篆形式和楷体形式；然后是绪论；接着是最主要的部分，即三百个基本汉字的分析，在分析每一个基本汉字的时候又以此字为中心串联起若干汉字；最后是索引，包括部首索引和英语单词的字母顺序索引。

---

① 见湛约翰该文第 299 页。笔者按：《说文》：“二，地之数也。从耦一，会意。弍，古文。”《说文》里的古文从弋，不从戈。

在《汉字结构分析》一书中，湛约翰对《说文》有大量引用，常用句式为："《说文》说……"，比如："丿，《说文》说：'右戾也。'。"① 除此以外，还有"《说文》推论出……""《说文》给出……""《说文》有……""《说文》使之……""《说文》把……放置在……""《说文》读音为……""《说文》评论道……""《说文》写道……""在《说文》中……""根据《说文》……""来自《说文》……"等。② 例子很多，限于篇幅不能一一列举。

（三）《论汉字六书》主要内容

《论汉字六书》一文发表在《中国评论》1887年第16卷第1期上。在这篇文章里，作者以六书为主线梳理了汉字发展的过程。他把六书排序为：象形、指事、会意、转注、假借、形声，并且特意强调了"转注"的重要性，认为六书是按照这个顺序逐渐发展的一个过程，而不是某个天才的发明。汉字的发展经历了六书的六个阶段。这是一个演化的过程，是由于人们的实际需要产生的。第一，象形；第二，指事，举数字及"上""下"等字说明；第三，会意，用旧材料表示新想法，举了"见"字的例子；第四，转注，一个书写符号的发散应用，隐喻用法，进行了比较详细的介绍，举了"田""衣""丩""尹""日""正"等例子；第五，假借出现，人们为了防止字数无限增多，借已有的字纯粹表音，举了借"臼"字和"乌"字表示一种鸟"乌臼"的例子；第六，形声，声旁加义，作者还谈到形声字作为一个构字成分再构成更加复杂的形声字的情况。作者还特别指出：六书中之任何一种在某阶段出现，以后都不会完全停止。没有法律规定新的象形、指事、会意字不会出现，只是每一书作为高峰按照一定的顺序出现在某个阶段而已。

（四）《论汉字转注》主要内容

《论汉字转注》一文发表在《中国评论》1887年第16卷第1期上。在文章的标题下面有一行小字：译自《说文通训定声》（1833）前言——可能是关于这个问题最新最好的来自中国本土的阐释。③

---

① 即 The *Shwoh-wan* says, "to the right," i. e., from the bottom.

② 英文为"The *Shwoh-wan* derives…""The *Shwoh-wan* gives…""The *Shwoh-wan* has…""The *Shwoh-wan* makes…""The *Shwoh-wan* places…""The *Shwoh - wan* pronounces…""The *Shwoh-wan* observes…""which the *Shwoh-wan* writes…""…in the *Shwoh-wan*""according to the *Shwoh-wan*…""from the *Shwoh-wan*…"。

③ 英文原文：Translated from the Introduction to the *Phonetic Shuo-wen* (1833) — Perhaps the latest and best native exposition of the question. 此处所说的 *Phonetic Shuo-wen*（1833），就是朱骏声所著的《说文通训定声》。

在这篇文章里，湛约翰先是翻译了朱骏声的《说文通训定声》前言里关于“转注”部分从“小学之纲有三”到“故不避专辄，而箸其说云”的内容；然后列出了关于“转注”的一些参考资料；最后湛约翰对许慎关于“转注”的定义发表了自己的评论。湛约翰认为许慎的原文可能不是“建类一首，同意相受”，而有可能是“连类一音，文意相受”，因为字形讹误，所以造成很大误解。不过，这种看法其他学者并不赞同。美国学者司礼义在其《说文中的转注研究》中曾谈到湛约翰对转注定义的批评与所提出“连类一音，文意相受”的修正，认为湛约翰“尽管在其他地方接近对‘转注’真正意义的正确理解，但是却最后又跟从朱骏声的观点，这是不正确的。他的修正，没有任何文本证明”①。

二、湛约翰《说文》相关著作特点

（一）对《说文》有深刻认识和客观评判

湛约翰对《说文》本身的价值和编纂者许慎的功绩作了高度评价。在《汉语字源》中他不同意瓦特斯（Thomas Watters）对《说文》的评价，瓦特斯认为是后人的评注让《说文》变得有价值，而湛约翰则认为“《说文》原本要比那些评注更有价值”②、更值得研究，对所有学习书面语言的学生都具有极大的重要性。他认为《说文》具有很强的权威性和真实性，尽管许慎偶尔会有一些谬误，但在当时可能被认为是事实，而许慎“第一个记录下来，就是伟大的功绩”③。他还引用了艾约瑟的话来说明不止他一人持此观点。他说：“据我所知，完成于公元2世纪初的《说文》，直到今天还是辉煌的汉字科学研究发端独一无二的纪念碑。”④ 对于《说文》中给出的字义信息，湛约翰评价是：“释义贫乏，不太令人满意，派生字和古文很有价值。在很多方面，它的权威性是不容置疑的，作为惯例，还会被后来的辞书学家所遵循。”⑤ 文章的最后，他还为有人提议将许慎的神像请进孔庙，1 800 年后许慎的功绩终于得到承认而高兴，并以此鼓励语文

---

① Serruys, Paul L-M. “The Study of the Chuan Chu in *Shuo wen*” [J]. *BIHP*, 1957, 29 (1): p. 134. 注释（5）。

② Chalmers, John. “Chinese Etymology, with a List of Primitives and Key to *Shwoh-Wan*” [J]. *China Reveiw*, 1877, 5 (5): p. 296.

③ Chalmers, John. “Chinese Etymology, with a List of Primitives and Key to *Shwoh-Wan*” [J]. *China Reveiw*, 1877, 5 (5): p. 297.

④ Chalmers, John. “Chinese Etymology, with a List of Primitives and Key to *Shwoh-Wan*” [J]. *China Reveiw*, 1877, 5 (5): p. 302.

⑤ Chalmers, John. “Chinese Etymology, with a List of Primitives and Key to *Shwoh-Wan*” [J]. *China Reveiw*, 1877, 5 (5): p. 303.

学家们。

在《汉字结构分析》一书中，湛约翰也有对《说文》的评价。他在绪论中说："中国的学者在过去的18个世纪中已经自觉或不自觉地，公开地或者私下里接受了《说文》的权威性，它是中国语文学的精确信息的源泉。许慎是编纂汉字字典的第一人。"① 他还提到自己以前作的一些研究可能由于种种原因不可避免地出现一些错误，但是"如果能够提前仔细研究一下《说文》和《说文通训定声》的话，至少在数量上会减少一些"②。

尽管湛约翰很重视《说文》，也多处运用《说文》，但是他并不迷信《说文》。比如，在《汉字结构分析》一书中，他提到了《说文》的一些让人不可理解之处，比如，"者（𣥺）"字，他说："《说文》上半部分是古文旅字，但是在那个字下只给出了㫃，和这个字形一点都不像，无法解释。"③ 再如在《论汉字六书》中，湛约翰认为《说文》分析"皮"字"从又，爲省声"的说法"看起来有点牵强附会"④。

湛约翰在《汉字结构分析》一书中还多次提出和《说文》不同的观点。如《说文》分析"聿"字"从⺻，一声"，而湛约翰则认为"一"是"在上面写字用的东西"⑤，不是表声。再如，《说文》说："司，臣司事于外者。从反后。"而"后"字，《说文》说："施令以告四方，故厂之。"湛约翰则认为若将"司""后"二字视为从"人"字派生，能得到更好的解释。⑥ 又如，"幺（𢆶）"字，《说文》的解释是"象子初生之形"，而湛约翰则认为"更有可能这是两个蚕茧"⑦。"隼"字，《说文》认为同"鵻"字，湛约翰则认为"更正确的看法应该

---

① Chalmers, John. *An Account of the Structure of Chinese Characters under* 300 *Primary Forms* [M]. Shanghai: Kelly and Walsh Limited, 1911. Intoduction. p. vi.

② Chalmres, John. *An Account of the Structure of Chinese Characters under* 300 *Primary Forms* [M]. Shanghai: Kelly and Walsh Limited, 1911. Introduction. p. vi.

③ Chalmres, John. *An Account of the Structure of Chinese Characters under* 300 *Primary Forms* [M]. Shanghai: Kelly and Walsh Limited, 1911. p. 160.

④ Chalmers, John. "The Six Modes of Development of the Chinese Written Language—六书" [J]. *China Reveiw*, 1887, 16 (1): p. 15.

⑤ Chalmes, Jhon. *An Account of the Structure of Chinese Characters under* 300 *Primary Forms* [M]. Shanghai: Kelly and Walsh Limited, 1911. p. 2.

⑥ Chalmers, John. *An Account of the Structure of Chinese Characters under* 300 *Primary Forms* [M]. Shanghai: Kelly and Walsh Limited, 1911. p. 5

⑦ Chalmers, John. *An Account of the Structure of Chinese Characters under* 300 *Primary Forms* [M]. Shanghai: Kelly and Walsh Limited, 1911. p. 63.

是和⿰馬敫字相同”①。

不过，总体来说湛约翰提出和《说文》不同意见时，语气是比较温和的，一般用建议性的“……更好”“更有可能……”“更正确的应该是”“……岂不是更好”等比较委婉的句式。②

在《汉语字源》一文中，湛约翰比较了部首（radical）和字原（primitive）两个概念③。他指出部首当然是字原，但不是所有字原都是部首。通常说来，一个字原只影响到派生字的意义时叫部首，只影响到发音时叫声旁（phonetic）。比如“木”和“水”是两个常用的部首，它们给予很多汉字木和水的意义，但不给予发音。但是在“沐”这个字里面，木就纯粹表音了；同样在⿱木水这个字中，水也表音；还有“干”是个部首，但是在“杆”和“竿”中也表音。所以很明显，在部首和声旁之间没有明显的界线，最好用一个术语“字原”把两者都包括进来。

湛约翰还把《说文》的部首安排与《康熙字典》的部首安排作了比较，他认为：许慎按部首安排汉字，共分540部首，不考虑笔画，虽然看起来繁杂不容易掌握，但《说文》的安排是根据内在的亲密关系，整个计划却是很伟大的。后人的修订大部分为了方便，科学精确让位于实际的考虑，结果在《康熙字典》中减少部首并且按笔画多少重新安排，40 000多个汉字就都安排在214部首中了。初学者也许幻想着这个削减是很大的一个进步，但实际上这是“一个很大的科学错误”④。把它们缩减到214部，“必然会导致每个部首下随意放置很多和这个部首除了偶然的相似性外，没有联系的字”⑤。《康熙字典》每一部首下的字，不一定总是能证明是那个部首衍生出来的。而在这一方面，《说文》是更好的权威。大多数情况下，《说文》作者努力要让大家注意的字原，被埋藏在众多的派生字之中。这种分类的基础应该有一千多个字，因此《说文》540部首“不但不应该减少到一半，反而应该增加到两倍”⑥。应该记住，实际上《康熙字典》的

① Chalmers, John. *An Account of the Structure of Chinese Characters under* 300 *Primary Forms* [M]. Shanghai: Kelly and Walsh Limited, 1911. p. 152.

② 英文 better, it is better, more likely, more correctly, would it not be better 等。

③ Chalmers, John. “Chinese Etymology, with a List of Primitives and Key to *Shwoh-Wan*” [J]. *China Review*, 1877, 5 (5): p. 301.

④ Chalmers, John. *An Account of the Structure of Chinese Characters under* 300 *Primary Forms* [M]. Shanghai: Kelly and Walsh Limited, 1911. Introduction. p. vi.

⑤ Chalmers, John. *An Account of the Structure of Chinese Characters under* 300 *Primary Forms* [M]. Shanghai: Kelly and Walsh Limited, 1911. Introduction. p. vi.

⑥ Chalmers, John. “Chinese Etymology, with a List of Primitives and Key to *Shwoh-Wan*” [J]. *China Review*, 1877, 5 (5): p. 303.

部首安排，“在很多方面是很随意的权宜之计，是语文学探索的阻碍”①。

（二）重视《说文》对汉字学习之实用性

湛约翰的《说文》相关著作重点不在于理论探讨而在于实践分析，这是由其研究的目的决定的，他主要关心的是如何帮助外国人更好地掌握汉语汉字。

湛约翰在《论汉字六书》文章的一开头就强调说：“我不是要讨论这个主题的研究历史和争论，也不会把自己限定在翻译中国语文学家的最新研究结果上，而是要在认真考察本土权威研究的基础上，致力于描述中国汉字的发展，并把权威提出的建议和理论用语文科学进行验证。”② 他在阐述了自己的观点以后，选取了《诗经》“瞻彼淇奥，绿竹猗猗。有匪君子，如切如磋，如琢如磨。瑟兮僩兮，赫兮咺兮。有匪君子，终不可谖兮”一节中的36个汉字进行分析，具体过程如下：分析（analysis），即把该字拆分成更小的组成部分；归类（classification），即对所拆分得到的汉字进行六书分类；合成（synthesis），即把拆分出的部分通过合理解释重新组合起来，得到要分析的那个字；分类（classification），最终把要分析的那个字进行六书归类；必要的话还加上注释（note），有时注释还不止一个。如“如”字：分析：女，口。归类：“女”和“口”都是象形字。合成：如，从随，同样。分类：“如”是会意字；“如”字和“女”字发音类似，可能只是偶然。在这个过程中，他不时引用《说文》。他呼吁学习汉字的学生要这样多实践会受益匪浅。

湛约翰的《汉语字源》用字原表的形式为学习汉字的学生提供了一份《说文》目录，目的是帮助学生快速查检《说文》中的汉字。《说文》540部，湛约翰的目录包括了419个字原字和30多个次字原字，另有15个被认为是合成字排除在外，剩下的是过时或者不完整的形式，或者是没有派生字的孤立字。湛约翰对“《说文》目录”进行了详细说明。为了更好地使用这个目录，他还建议找一本好的《说文》底本，用欧洲的样式把它们合为一卷，把它插在开头，再在每一页的左上角用铅笔标出所出现部首的数字序号。540部首能在每个版本中找到，但他提醒读者要注意每个版本会有轻微不同。然后他举例如何使用这个字原表。该表之作用正如湛约翰所说：“如果没有这个字原表，一个人可能一个小时也找不到想要找的字，最后不得不绝望地放弃，但是有了这个表，就可以在一分

---

① Chalmers, John. *An Account of the Structure of Chinese Characters under* 300 *Primary Forms* [M]. Shanghai: Kelly and Walsh Limited, 1911. Introduction. p. vi。

② Chalmes, John. “The Six Modes of Development of the Chinese Written Language—六书” [J]. *China Review*, 1887, 16 (1): p. 10.

钟之内找到想要找的字。”[①]

在《汉字结构分析》中，湛约翰对三百个基本汉字进行了分析。在分析每一个基本汉字的时候，又以此字为中心通过字形的双叠（doubled，又分横双叠、竖双叠）、三叠（tripled）、四叠（quadrupled）、翻转（reversed）、倒置（inverted）、侧置（placed sideways）等串联起若干汉字，一一进行分析，其中有不少地方引用《说文》《说文通训定声》来进行说明。这种做法可以方便读者更快地认识更多汉字。

（三）关注其他学者的《说文》研究成果

湛约翰除了重视《说文》文本本身之外，还很重视其他学者的《说文》研究成果。

在《汉语字源》一文中，他先是引用瓦特斯（Thomas Watters）对《说文》的描述，提出自己不同于瓦特斯的看法；然后又引用艾约瑟对《说文》的评价，来支持自己的观点，并且还在后文中具体分析了艾约瑟在《汉字入门》书中是如何引用《说文》的。湛约翰还提到美国学者卫三畏的汉语字典对《说文》的运用，以及荷兰学者葛路耐对卫三畏字典的评价文章[②]，还有加略利（J. M. Callery）的研究等。

最值得一提的是湛约翰对《说文通训定声》的关注。在《汉字结构分析》一书中，湛约翰对《说文通训定声》评价很高。他认为之前在这一个领域已经有很多前辈辛苦劳动，而《说文通训定声》是“一本杰作”[③]。湛约翰的《论汉字转注》一文对《说文通训定声》的评价也很高，认为它也许是关于“转注”这个问题的“最新最好的来自中国本土的阐释”[④]。湛约翰在《汉字结构分析》一书中多次引用《说文通训定声》，如“《定声》说……” “《定声》推论出……”“《定声》认为……”“《定声》发现……”“《定声》建议……”“《定声》读作……”“《定声》使之……”“《定声》根据……”“《定声》把……放

---

① Chalmers, John. “Chinese Etymology, with a List of Primitives and Key to *Shwoh-Wan*” [J]. *China Review*, 1877, 5 (5): p. 303.

② 即他的文章《评卫三畏博士的字典》(*Dr. Williams' Dictionary*)。

③ Chalmers, John. *An Account of the Structure of Chinese Characters under* 300 *Primary Forms* [M]. Shanghai: Kelly and Walsh Limited, 1911. Introduction. p. vi.

④ Chalmers, John. “On the Term 转注 Chuan Chu as Applied to Chinese Characters” [J]. *China Review*, 1887, 16 (1): p. 25.

置在……”“在《定声》中……”“《定声》确定……”等。[①] 除了肯定以外，湛约翰对《说文通训定声》也有批评，认为此书不是面向大众，“作为参考书不太容易用”[②]。

在《汉字结构分析》一书中，为了更好地分析汉字，湛约翰将《说文》与《说文通训定声》作了比较，发现它们对一些字的结构分析存在不同。比如：

（1）“𡴀（𡴀）”字：《说文》说底下的部分是“六”，表声；但《说文通训定声》却更倾向于“大”，表示快速充分的生长。[③]（笔者按：《说文》：“𡴀，从屮六声。”《说文通训定声》：“𡴀，按从大会意。”）

（2）“疑”字：根据通常的用法和《说文》，“疑”字的意思是迷惑；但《说文通训定声》却说，它的原意恰恰相反，表示确定（从𠤕，矢的古体，一种箭，和表示停止的止）；𠤕才是“疑”的原字。[④]（笔者按：《说文》：“疑，惑也。从子止匕，矢声。”《说文通训定声》：“疑，此𠤕字之训，疑𠤕二字，义实相反，音亦不同。古多以疑为𠤕，故致讹耳。疑，定也，从𠤕止。”）

（3）“黍（𡴀）”字：黍，黏小米，《说文》说雨省声；但《说文通训定声》说入水，放入水中。[⑤]（笔者按：《说文》：“黍，禾属而黏者也。以大暑而种，故谓之黍。从禾，雨省声。”《说文通训定声》：“黍，……故其立字禾入水。”）

（4）“炎”字：《说文》把“炎”作为“熊”字里的省声；但是《说文通训定声》把“炎”作为“烘”字里的省声。[⑥]（笔者按：《说文》：“熊，从能，炎省声。”《说文通训定声》：“熊，此字疑从烘省声。”）

（5）“百”字：《说文》认为“百”从“自”衍生出来，会意；但是《说文通训定声》却不同意此说，倾向于更自然的观点，说“白”是表声。[⑦]（笔者按：

---

① 英文为“The *Phonetic Shwoh-wan* says...”“The *Phonetic Shwoh-wan* derives...”“The *Phonetic Shwoh-wan* regards...”“The *Phonetic Shwoh-wan* finds...”“The *Phonetic Shwoh-wan* suggests...”“The *Phonetic Shwoh-wan* reads...”“The *Phonetic Shwoh-wan* makes ...”“According to the *Phonetic Shwoh-wan*...”“The *Phonetic Shwoh-wan* places...”“... in the *Phonetic Shwoh-wan*”“the *Phonetic Shwoh-wan* decides”。

② Chalmers, John. *An Account of the Structure of Chinese Characters under* 300 *Primary Forms* [M]. Shanghai: Kelly and Walsh Limited, 1911. Introduction. p. vi – vii.

③ Chalmers, John. *An Account of the Structure of Chinese Characters under* 300 *Primary Forms* [M]. Shanghai: Kelly and Walsh Limited, 1911. p. 68.

④ Chalmers, John. *An Account of the Structure of Chinese Characters under* 300 *Primary Forms* [M]. Shanghai: Kelly and Walsh Limited, 1911. p. 75.

⑤ Chalmers, John. *An Account of the Structure of Chinese Characters under* 300 *Primary Forms* [M]. Shanghai: Kelly and Walsh Limited, 1911. p. 100.

⑥ Chalmers, John. *An Account of the Structure of Chinese Characters under* 300 *Primary Forms* [M]. Shanghai: Kelly and Walsh Limited, 1911. p. 102.

⑦ Chalmers, John. *An Account of the Structure of Chinese Characters under* 300 *Primary Forms* [M]. Shanghai: Kelly and Walsh Limited, 1911. p. 112.

《说文》：“百，从一白。数，十百为一贯。相章也。，古文百，从自。”《说文通训定声》：“百，实当从一白声。”）

（6）“长（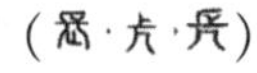）”字：《说文》说它从倒亾、兀和匕——倒亡表示长久；但是《说文通训定声》只接受匕表变化，剩下部分认为是头上的长发用一根线横着绑起来。①（笔者按：《说文》：“长，久远也。从兀从匕。兀者，高远意也。久则变化。亾声。者，倒亾也。”《说文通训定声》：“长，按倒亾则篆宜作，许说非也。字当训发，人毛之最长者也。象长发绵延之形，一以束之。从匕，久而色变也。”）

（7）“叀（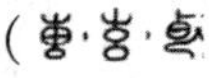）”字：《说文》说它从幺省，中；但是《说文通训定声》却发现是不是，而是套辕的牛。②（笔者按：《说文》：“叀，从幺省；中，财见也；中亦声。”《说文通训定声》：“叀……愚谓此字与牵同意，从牛，从幺，会意。幺者，縻也，疐字从此，许君曰叀如穿牛鼻，是也，古文从牛省，从幺，又古文从，即；从，即也，作者形稍变耳。”）

（8）正文第13页：《说文》表示“犯”的“干”字“从反入，从一”时，也许可以接受。但是当同一个权威表示白颜色的“白”字“从入合二”时，并解释颜色和数字都是阴数时，这就有点过了，即使是许慎的崇拜者对此也难以相信。《定声》的作者就提出了一个更好一点的建议，那就是白是从日，上面的小点表示微光。然而我觉得白是一个蚕茧的形状，里面一个标记标明它的用处。③（笔者按：《说文》：“白，西方色也。阴用事，物色白。从入合二。二，阴数。”《说文通训》：“白，按：日未出地平线时先露其光，恒白。今苏俗语昧爽曰东方发白是也。字当从白，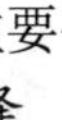指事，谓太阳之明也。”）此处湛约翰不仅比较了《说文》与《说文通训》对“白”字的不同分析，并给予评价，而且还提出了不同于两者的看法。

三、湛约翰的六书观

湛约翰的六书观主要体现在《论汉字六书》和《论汉字转注》两篇文章中。

1. 关于六书之翻译

在不同的西方汉学家那里，六书有不同的译法。在《论汉字六书》这篇文

① Chalmers, John. *An Account of the Structure of Chinese Characters under* 300 *Primary Forms* [M]. Shanghai: Kelly and Walsh Limited, 1911. p. 151.

② Chalmers, John. *An Account of the Structure of Chinese Characters under* 300 *Primary Forms* [M]. Shanghai: Kelly and Walsh Limited, 1911. p. 152.

③ Chalmers, John. *An Account of the Structure of Chinese Characters under* 300 *Primary Forms* [M]. Shanghai: Kelly and Walsh Limited, 1911. p. 13.

章里，湛约翰把“六书”翻译为“six modes of development”，即汉字的六种发展模式。因此在湛约翰的文章中，六书英译名大都显示出了这种动态发展的特点。现在我们将湛约翰在文章中前一部分叙述汉字发展过程和后一部分具体分析汉字时对六书的译名，列表显示如下：

六书	叙述汉字发展过程时之六书英译及汉语直译	具体分析汉字时六书英译及汉语直译
象形	making images of objects 描摹事物的形象	imperfect images of objects 粗略的象形
指事	indicating things 指示事物	indications of things 事物的指示
会意	associating ideas 连缀想法	association of ideas 想法的连缀
转注	varying the application 改变用途	divergent application, or metaphor 发散应用或者暗喻
假借	borrowing for purely phonetic purposes 纯粹借音	borrowed for its sound 因音被借
形声	specializing phonetic parts 标出读音	phonetic compound 语音合成

以上翻译体现了湛约翰对六书实质的认识。我们可以发现：前者之英译名全部以动词的主动形式翻译，这是为了展现六书是汉字发展的过程；后者之英译名主要采用名词性的词语，此外假借用的是表结果的被动译法，这是为了显示所分析汉字所属的六书类型与性质。

2. 关于六书之顺序

在《论汉字六书》一文中，湛约翰六书排列顺序与许慎、朱骏声不同，具体如下表：

许慎	1. 指事	2. 象形	3. 形声	4. 会意	5. 转注	6. 假借
朱骏声	1. 指事	2. 象形	3. 会意	4. 形声	5. 转注	6. 假借
湛约翰	1. 象形	2. 指事	3. 会意	4. 转注	5. 假借	6. 形声

其他学者一般把转注排在第五位或第六位，湛约翰则把转注排在第四位。他特别讨论了转注的重要性及其在六书中位序的问题，指出即使那些已经找到其正

确定义的学者也没有注意到这个问题。为此他在《论汉字六书》一文中“转注”部分用了较多篇幅，还另外专门写了一篇关于转注的文章《论汉字转注》。

《论汉字转注》一文中，湛约翰翻译朱骏声转注观点的时候，往往通过注解发表自己的看法，有时也对朱骏声的一些观点进行批评。例如，对于徐锴的注释，湛约翰说：“徐锴有一半是正确的。本文作者（朱骏声）没有看到这点。”① 又如，对于朱骏声“假借附六书之末”的做法，湛约翰注释认为这是“作者站不住脚的地方，假借和转注都在形声之前”②。

3. 关于六书之定义与归类

湛约翰认为总体上《说文》作者对六书只是给出了模糊的定义，这是“没有异议的”③。他发现由于定义模糊会造成一些问题。比如，会意字的部首不好去确定，“会意字在按部首排字的时候同属于它的不同构成成分所在的部，除非有人来仲裁说每种情况下哪个部分贡献意义最大。即使是许慎也为这种模糊性所困，有时把这类汉字分别放在两种部首之下”④。再如，六书不同种类之间没有明显区别，“把一个汉字置入六书的分类之中有时是毫发之别。比如《说文通训定声》把‘丿’字归为指事，把‘冋’字归为象形；而《说文》则把这两个字都归为象形，但是这样确实没有把二者区分开来”⑤。

湛约翰发现许慎在《说文》全书中并没有对每个所分析的字都按照六书定义进行归类。除了第一种（象形）和最后一种（形声）以外，其他的部分《说文》的作者很少提到，而且除了在叙中提到以外，“相信他在书中根本就没有提到第四种（转注）”⑥。湛约翰试图通过实践根据六书定义对汉字进行六书归类。比如“弆”字，《说文》说：“从廾釆声”，属于形声字，湛约翰则认为是会意

---

① Chalmers John. “On the Term 转注 Chuan Chu as Applied to Chinese Characters” [J]. *China Review*, 1887, 16 (1): p. 26.

② Chalmers John. “On the Term 转注 Chuan Chu as Applied to Chinese Characters” [J]. *China Review*, 1887, 16 (1): p. 29.

③ Chalmers, John. “The Six Modes of Development of the Chinese Written Language—六书” [J]. *China Review*, 1887, 16 (1): p. 10.

④ Chalmers, John. “The Six Modes of Development of the Chinese Written Language—六书” [J]. *China Review*, 1887, 16 (1): p. 13.

⑤ 见 Chalmers, John. “The Six Modes of Development of the Chinese Written Language—六书” [J]. *China Review*, 1887, 16 (1): p. 11.

⑥ Chalmers, John. “The Six Modes of Development of the Chinese Written Language—六书” [J]. *China Review*, 1887, 16 (1): p. 10.

字[①]，同时承认按照说文分析“也是形声字”[②]。“有”字，《说文》说：“从月又声”，湛约翰则认为属于有假借义的形声字，他还加了一个注释，说造字者们把“月”放在“手”下，表示拥有的“有”字好像是在开玩笑。他假设说：“要是《说文》说过月是肉，在古代和现代都和月同字形，意义显示就会自然多了。”[③]“差宁”字构成成分是“左”和“𠂹”。“左”字，《说文》说：“从𠂇、工”，属于会意字；“𠂹”字，《说文》说：“草木华叶𠂹”，而湛约翰则说：“如果这里两个部分（左和𠂹）都表声的话，我会说是‘左’字转注，同时完全尊重《说文通训定声》𠂹字假借的说法”[④]。可以看出，湛约翰于具体字之六书归类与《说文》有些不同。

4. 关于《说文》六书可能被窜改之推测

湛约翰推测《说文》“六书”部分有可能被窜改过，根据之一是除了第一页的“上”和“下”以外，《说文》并没有再标出指事字。《说文》正文之所以标出这两个字是指事字，是为了和叙文将这两个字作为指事字的例子相一致。有可能许慎并非叙中指事部分的原作者。另一根据是，在许慎所说的两个会意字例子中，只有“信”字是适合的，另外一个例子“武”并不合适，湛约翰推测窜改者可能没有注意到。湛约翰说窜改者“用这种方式来窜改《说文》是多么丢人啊”。[⑤]

四、湛约翰《说文》译介及研究的意义

通过以上讨论，我们可以看出湛约翰很重视《说文》，对《说文》有深刻认识和客观评判，重视《说文》对汉字学习之实用性，关注其他学者的《说文》研究成果，有自己的研究特色和独特的六书观。简而言之，湛约翰对《说文》的译介和研究的意义主要表现在以下两点：

（一）湛约翰《说文》译介研究有助于西方人学习汉字

湛约翰这些和《说文》有关的著作，其写作的对象主要是学习汉语的外国

---

① Chalmers, John. “The Six Modes of Development of the Chinese Written Language—六书”［J］. *China Review*, 1887, 16 (1): p. 15.

② Chalmers, John. “The Six Modes of Development of the Chinese Written Language—六书”［J］. *China Review*, 1887, 16 (1): p. 15.

③ Chalmers, John. “The Six Modes of Development of the Chinese Written Language—六书”［J］. *China Review*, 1887, 16 (1): p. 16.

④ Chalmers, John. “The Six Modes of Development of the Chinese Written Language—六书”［J］. *China Review*, 1887, 16 (1): p. 17.

⑤ Chalmers, John. “The Six Modes of Development of the Chinese Written Language—六书”［J］. *China Review*, 1887, 16 (1): p. 11.

学生，目的是帮助学生尽快地学习汉字，他认为了解《说文》对外国人学汉语很有帮助。他站在外国人学汉语的立场上分析《说文》，非常注重《说文》对汉字学习的实用性，这对西方人学习汉字很有裨益。我们知道湛约翰所处的时代，正是大批外国传教士、外交官、商人涌入中国的时代，他们迫切需要学习汉字，湛约翰的《说文》研究可以说是顺应历史发展的潮流和时代的需要。所以说湛约翰《说文》相关著作具有重要意义。

（二）湛约翰《说文》译介研究对我们的《说文》研究有启发意义

骆克认为，湛约翰是“第一位关注到《说文通训定声》，并指出其语言学价值”①的西方学者。《说文通训定声》完成于1833年，而湛约翰发表于1882年的《汉字结构分析》一书中已经多次提到《说文通训定声》，并将其与《说文》进行了一些比较，这些比较对我们研究《说文》有启发意义。湛约翰1887年发表的《论汉字转注》一文还翻译了《说文通训定声》前言中关于“转注”部分的内容，具有译介之功。清代研究《说文》的著作很多，为什么湛约翰比较关注《说文通训定声》，弄清这个问题对我们的《说文》研究很有启发意义。

湛约翰作为西方学者，其六书观对我们也有启发意义。他把六书看作是一个发展过程，这个观点值得关注。他对六书定义进行研究，并且对汉字进行六书归类的实践，在这个过程中提出不少自己的看法。我们可以从中受到一些启发。

总之，湛约翰对《说文》十分熟悉，理解也比较深刻，还能够提出自己的见解，其与《说文》相关的著作不但有助于西方人了解中国，而且对国内的《说文》研究亦有一定的启发意义，在欧美《说文》学历史上占有一席之地，值得关注。

第三节　法国戴遂良基于《说文》的著述《汉字》

戴遂良，法国人，出身于医生世家，耶稣会士，1881年来华，在直隶东南耶稣会任教职，与顾赛芬（Séraphin Couvreur，1835—1919）一起在河间府传教，大部分时间在献县。开始为医师，后致力于汉学，对中国语言和文化涉及面很广，著作甚丰。我们下面主要讨论其基于《说文》的著述《汉字》一书。

《汉字》，又译《字源讲义》《汉字字源课本》等，模仿《说文》的体例对一百多个最基本的汉字部首作了字形、字义和文化背景等方面的解释。该书1899

---

① Lockhart，J. H. Stewart. “The Structure of Chinese Characters. By John Chalmers”［J］. *The China Review or Notes & Queries on the Far East*，1883，12（1）：p. 4.

年法文本第1版由河北献县天主教会印刷厂出版，1905年出版第2版，随后又于1916、1924、1932年三度出版。该书英译本1915年出版第1版，戴遂良的读者范围也随之扩大。1927年根据法文1924年第4版出版英译本第2版，1965年又据1927年英文版再版，让这部巨著得到更广泛的普及。[①] 另外该书还有1940年由Mission de Sienhsien授权在中国印刷发行的照相平版印刷英译第2版。我们以下研究所依据的是1965年英文版，由L. Davrout译。

《汉字》英译本全名为《汉字：起源，语源，历史，分类和意义。基于汉语文献的深入研究》[②]，全书包括绪论、字源讲义（etymological lessons）、索引、附录等几部分。其中绪论又分为四部分：①历史概况：介绍了汉字发展的历史。②六书：主要介绍了《说文》对六书的定义。③构造与解析：又分为三个小部分：字原（primitives）、部首（radicals）、语音（phonetics）；八点重要注意事项；结论。④汉字分类：介绍了中国分类，谈到五种分类方法；欧洲分类，介绍了三种分类方法；如何使用字典。“字源讲义”是全书核心部分，先列出了包含224个汉字的字原表（list of the 224 primitives），所有这些字原字分为177课介绍。每个字原字又系联若干汉字，总共包括大约2 300个汉字。字之说解主要是将《说文》的释义部分译成法文，实际上是一部小词典。后面是“字源讲义”所讨论字的笔画索引，最后是附录“古字”，即中国古代金文书法的拓印。

我们将着重讨论《汉字》中和《说文》关系比较密切的“绪论”部分和“字源讲义”部分。

一、《汉字》对《说文》的总体认识

在《汉字》一书的绪论和字源讲义中，戴遂良曾12次提到《说文》（*Shuo-wen*），5次提到许慎（Hsu-shen），从中我们可以看出其对《说文》的某些看法。

（一）关于《说文》之性质

在“绪论”部分，戴遂良是这样介绍《说文》的：“到了公元100年，经过长期对真正字源的追求，一位有名的文人许慎，或者说许叔重，俗称许氏，发表

---

① ［美］魏若望．在中国从事汉学研究：戴遂良著述回顾［A］．杨煦生，孙郁，耿幼壮．世界汉学2009秋季号［C］．北京：中国人民大学出版社，2009. 148.

② 即“*Chinese Characters: Their Origin, Etymology, History, Classification and Signification. A Thorough Study from Chinese Documents*”一书。

了辞书《说文解字》。"① 这就是说，戴遂良认为《说文》是人们长期寻求真正字源所作努力的重要阶段性成果。戴遂良认为许慎的《说文》是对李斯所创制的小篆，在540部首下进行统辖、修改、解释和分类。许慎的目标是"通过在所有学者面前确定汉字的真正面来防止将来的任何变形"②。

（二）关于《说文》之价值

戴遂良谈到《说文》的重要性时指出："许慎的崇拜者说其对国家的功劳堪比伟大的大禹所建的渠道。从那时开始，它就是字的准则，是中国语文学家疑惑时参考的权威。以后的17个世纪里，所有出版的字典都夸耀它们以《说文》为本。"③ 戴遂良自己的评价则为："许慎的影响远远超出了仅仅保存小篆。正是对古老字源的研究让大家开始注意到古文和解释它们的语文研究。根据中国的方式，这些前后相继的发现在各种对原本《说文》的扩充和注释本中发表。见《说文通训定声》④。"也就是说，戴氏认为许慎的工作影响深远的原因在于他对字源的追寻引起了大家对古文字源的兴趣和形成了与之相关的语文学研究。

（三）关于《说文》之部首

戴遂良认为《说文》是第一本对汉字根据其意义构成成分进行逻辑分类的字典，他把《说文》540部首说成是"许慎的部首"（key of Hsu-shen）⑤，表明了他对许慎开创部首之功的承认。另外他还说许慎的部首是"540 rational

---

① Wieger, Léon. *Chinese Characters: Their Origin, Etymology, History, Classification and Signification. A Thorough Study from Chinese Documents* [M]. Reprint of the 1927 edition. New York: Paragon Book Reprint Corporation, 1965. p. 8. "公元100年"，原文作"公元200年"，疑为误译或误印，今订正。

② Wieger, Léon. *Chinese Characters: Their Origin, Etymology, History, Classification and Signification. A Thorough Study from Chinese Documents* [M]. Reprint of the 1927 edition. New York: Paragon Book Reprint Corporation, 1965. p. 8.

③ Wieger, Léon. *Chinese Characters: Their Origin, Etymology, History, Classification and Signification. A Thorough Study from Chinese Documents* [M]. Reprint of the 1927 edition. New York: Paragon Book Reprint Corporation, 1965. p. 8.

④ Wieger, Léon. *Chinese Characters: Their Origin, Etymology, History, Classification and Signification. A Thorough Study from Chinese documents* [M]. Reprint of the 1927 edition. New York: Paragon Book Reprint Corporation, 1965. p. 8.

⑤ Wieger, Léon. *Chinese Characters: Their Origin, Etymology, History, Classification and Signification. A Thorough Study from Chinese Documents* [M]. Reprint of the 1927 edition. New York: Paragon Book Reprint Corporation, 1965. p. 8.

keys"①，"rational" 表示合理的、理性的，这表明他认为许慎540部首是有道理的。戴遂良还谈到后人对许慎540部首的压缩导致汉字分类变成"半逻辑（half logical)、半任意（half arbitrary）了"②。许慎的540部首后来被人们缩减到214部首，意味着有三百多个部首的字被归到了不合适的位置。因此他认为基于214部首的《康熙字典》虽然用起来比较方便，也比较精确，但是最好不要用它来学习词源或者进行汉字归类，否则会犯大错。③ 他在讲解具体汉字的时候指出了《康熙字典》部首归类的一些不合理之处。

但戴遂良对许慎的部首也有批评，他说："《说文》是第一本以部首分类的字典。它包含540部首，根据字典所表述的概念，有些过于琐细，有些很差。"④这是外国学者对许慎的部首较早提出的学术批评。

（四）关于《说文》之六书

《汉字》一书有戴遂良对《说文》六书的排序和翻译，列表如下：

许慎六书定义及次序	戴遂良六书顺序、翻译与说明 六书:six categories of characters(汉字的六类范畴)	笔者评价
(1)指事：视而可识，察而可见。例子：上下是也	1. 象形 nsiang-hsing，imitative drafts（模仿画） 画成其物，随体诘诎。《说文》收364个象形字。例如：手	这里"模仿画"比喻形象恰当
(2)象形：画成其物，随体诘诎。例子：日月是也	2. 指事 chih-shih，indicative symbols（指示性符号） 视而可识，察而见意。《说文》收125个指事字。比如：丨，表示权威自上而下，这些指示符号通常指示的是动作的概念	"指示符号通常指示的是动作的概念"，与事实不符

① Wieger, Léon. *Chinese Characters: Their Origin, Etymology, History, Classification and Signification. A Thorough Study from Chinese Ocuments* [M]. Reprint of the 1927 edition. New York: Paragon Book Reprint Corporation, 1965. p. 8.

② Wieger, Léon. *Chinese Characters: Their Origin, Etymology, History, Classification and Signification. A Thorough Study from Chinese Documents* [M]. Reprint of the 1927 edition. New York: Paragon Book Reprint Corporation, 1965. p. 19.

③ Wieger, Léon. *Chinese Characters: Their Origin, Etymology, History, Classification and Signification. A Thorough Study from Chinese Documents* [M]. Reprint of the 1927 edition. New York: Paragon Book Reprint Corporation, 1965. p. 19.

④ Wieger, Léon. *Chinese Characters: Their Origin, Etymology, History, Classification and Signification. A Thorough Study from Chinese Documents* [M]. Reprint of the 1927 edition. New York: Paragon Book Reprint Corporation, 1965. p. 19.

(续上表)

许慎六书定义及次序	戴遂良六书顺序、翻译与说明 六书:six categories of characters(汉字的六类范畴)	笔者评价
(3)形声:以事为名,取譬相成。例子:江河是也	3. 会意 hui-i, logical aggregates(符合逻辑的聚合) 比类合谊,以见指㧑。《说文》收1 167个会意字。比如:占,由表示嘴巴(mouth)的口和表示占卜(divination)的卜构成,结果就是表示算命的占	描述通俗易懂
(4)会意:比类合谊,以见指㧑。例子:武信是也	4. 形声 hsing-sheng, phonetic complexes(语音复合) 以事为名,取譬相成。《说文》收7 697个形声字。例如:沾。第一部分是水,给出意义,第二部分是占,给出读音。合起来表示 to tinge, to moisten,发音为 chan	"语音复合"的说法不准确
(5)转注:建类一首,同意相受。例子:考老是也	5. 转注 chuan-chu. Acceptation of the character in a meaning more extended, derived, generalized, metaphorical, analogous, adapted, figurative, etc.(接受一个字语义上的延伸、派生、概括、隐喻、类比、适应、象征等) 例如:网,渔网的形象。通过对其原始意义的延伸,任何网,蜘蛛网,网状图案;用网抓;泛指抓,包围,积聚等。所有这些意义都是转注,即通过一系列解释的"转"得到的。几乎所有的原始字都是指具体事物。随着概念范围的扩大,字的所指意义也以同样的比例在增长。抽象术语一般都是表示具体事物字的转注	戴遂良把转注看作是一个字意义的派生引申,与朱骏声"转注者,体不改造,引意相受"的看法类似,其所举的例子"网"字也与朱氏相同:"网为田渔之器,转而为车网,为蛛网,此通以形;又转而为文网,此通以意。"

（续上表）

许慎六书定义及次序	戴遂良六书顺序、翻译与说明 六书：six categories of characters（汉字的六类范畴）	笔者评价
（6）假借：本无其字，依声托事。例子：令长是也	6. 假借 chia-chieh. A mistake, lit. false borrowing.（误用，直译：假的借入）本来不该用这个字而用了这个字。或者①错用了另一个已经存在的字；或者②由于惯例，用来指口语中有名但没有专门字的事物。例如：①在《论语》第一段，可以借“说”字来表示高兴的“悦”字。现在“说”表示讲话，高兴写作“悦”，一旦写书的人把“悦”写成“说”，这是一个错误。而此处是一个假借，出于对典籍文本迷信的尊敬，不作修改。②以前，某个时候，某个地点，哥哥被叫作 ko，这个词只存在于口语中，当时存在的字中没有表示 ko 的字，大家同意用表唱歌的“哥”字来表示哥哥，而不是造一个新字。尽管这个意义和字的构成没有关系，不管怎么样它被承认。这是一个假借，一个具有任意性的字。不少常用字就是在其本义和不同的转注义之外被赋予了人造意义。其他字，或者是已经不存在事物的名字，或者是无用的异体字，先开始消失了，后来又以崭新的意义重新出现和它们的构造形成完全的对立。这样外国学生看到一个蝎子形状的字也表示“万（萬）”就会很迷惑，他不明白这二者之间有任何联系？答案很简单。没有合适的字来表示口语中的 wan；另一方面，有很多字用来表示蝎子，其中有一个恰好读作 wan，它被驱逐出去，安装上新的功能，从那时起，万就写作有两个爪子和一个尾巴的形状	用“误用”（a mistake）翻译“假借”不准确，“误用”更适合用于字之假借，而不是六书之假借。然而从上下文来看，戴氏于两者之间的区别还是很清楚的

可以看出，戴遂良介绍六书的顺序和许慎不同，说明他不认可许慎的顺序。还有，所举字例也与许慎不同。第一类，象形。许慎“日月是也”，戴遂良举的是“手”字。第二类，指事。许慎“上下是也”，戴遂良举“丨”字。第三类，会意。许慎“武信是也”，戴遂良举“占”字。第四类，形声。许慎“江河是也”，戴遂良举“沾”字。

上四书，戴遂良都引用《说文》的定义，只是不用《说文》的例子，至于其后二书“转注”和“假借”则既没有引用许慎的定义，也不用许慎的例子。

这说明戴遂良的介绍不是照搬照抄，而是有所思考与发挥。另外戴遂良认同“四体二用”说，认为前四书是关于汉字构成的，后两书是关于汉字运用的。戴遂良对历来有争议的“转注”和“假借”用了很多笔墨来解释，尤其是“假借”。戴遂良认为：“假借正是让原本简单和容易的汉字解释变得如此复杂和困难的原因。它们模糊文本，充斥词汇，加重记忆负担，让学生气恼。这些令人伤心的结果不是来自汉字本身的缺陷，而是来自其古老性和后代继承者的粗心大意。”① 这里戴遂良所批评的，其实是用字之假借，他把六书之“假借”与用字之“假借”混淆了。

二、《汉字》对《说文》释字之应用

戴遂良“字源讲义”部分177课中对224个字原及其所系联汉字的解释大部分来自《说文》。

戴遂良先分析字原字，然后以此字原字为中心再联系若干汉字，这样有利于读者快速学习大量汉字。比如，第一课是关于字原“一”字的，先介绍“一”字：“为计数之始。惟初太始，道立于一，造分天地，化成万物。一也者，万物之本也。”② 这里可以看出戴遂良的解释虽然也杂糅了其他典籍的释义，比如来自《淮南子》的“一也者，万物之本也”，但还是以翻译《说文》的释义“惟初太始，道立于一，造分天地，化成万物”为主。戴遂良又根据《说文》“凡从一之字，多指事”，指出“它的多个不同指事含义可以分为四大类”③。第一类，“一”在合成字上面的时候，表示天、屋顶或者盖子，例如：“雨、天、末”等字；第二类，“一”写在合成字下方的时候，表示基本、基础或者支持，例如“旦、立、本”等字；第三类，表示障碍、阻碍，例如“闩”和“丂”字；第四类表示盛着的某种东西，例如“血”字。这样围绕“一”这个字原，戴遂良就介绍了与之相关的“雨、天、末、旦、立、本、闩、丂、血”九个字。对每一个汉字，戴遂良给出了现代书写形式、古代书写形式、注音、字源解释、字形字义分析、相关汉字、异体字、经典引言、相关材料等。而这些分析，大部分都是

---

① Wieger, Léon. *Chinese Characters: Their Origin, Etymology, History, Classification and Signification. A Thorough Study from Chinese Documents* [M]. Reprint of the 1927 edition. New York: Paragon Book Reprint Corporation, 1965. p. 11.

② Wieger, Léon. *Chinese Characters: Their Origin, Etymology, History, Classification and Signification. A Thorough Study from Chinese Documents* [M]. Reprint of the 1927 edition. New York: Paragon Book Reprint Corporation, 1965. p. 26.

③ Wieger, Léon. *Chinese Characters: Their Origin, Etymology, History, Classification and Signification. A Thorough Study from Chinese Documents* [M]. Reprint of the 1927 edition. New York: Paragon Book Reprint Corporation, 1965. p. 26.

在《说文》分析的基础上，加上戴遂良自己的一些看法。

戴遂良分析解释汉字，明确表示引自《说文》（*Shuowen*）的只有4处，除了上面提到的“一”字以外，还有“仁”字：“儒教最核心的美德。《说文》是这样定义的：亲也。从人，从二。会意。相亲谓之仁。”① “尾”字：“《说文》告诉我们古人为了和动物一样漂亮而带上假尾巴。从到毛在尸后，按禽兽后也。古人或饰系尾。”② “也”字：“《说文》归‘也’的字：匜、髊、炧、弛、地、酏，而归‘它’的字：池、迤、杝、驰、阤等。”③ 最后一处是说，由“也”和“它”构成的字经常混淆，戴遂良解释混淆的原因是：“‘它’字曾经、现在也还是偶尔写作[illegible]，[illegible]在不需要的时候写上了，在需要的时候又省略掉了。字典把这些写错的字都确定下来了。”④ 戴遂良这个观点是很有道理的。

更多的情况则是没有明确标出引自《说文》，随便选三个例子：第75课“束”字，戴遂良的解释是“缚也。从口，从木。会意”⑤，比较《说文》之说解“缚也。从口木”，显然戴遂良的解释基于《说文》。第100课“毛”字，戴遂良的解释为“兽毛也。象形”⑥，而《说文》之解释是“眉发之属及兽毛也。象形”，可见此处是节选了《说文》的释义。第157课“皿”字，戴遂良的解释是“它代表容器、汤碗、盘子；饭食之用器也。象形”⑦，比较一下许慎《说文》的解释“饭食之用器也。象形”，同样可以看出戴遂良的解释是来自《说文》。

---

① Wieger, Léon. *Chinese Characters: Their Origin, Etymology, History, Classification and Signification. A Thorough Study from Chinese Documents* [M]. Reprint of the 1927 edition. New York: Paragon Book Reprint Corporation, 1965. p. 28.

② Wieger, Léon. *Chinese Characters: Their Origin, Etymology, History, Classification and Signification. A Thorough Study from Chinese Documents* [M]. Reprint of the 1927 edition. New York: Paragon Book Reprint Corporation, 1965. p. 92.

③ Wieger, Léon. *Chinese Characters: Their Origin, Etymology, History, Classification and Signification. A Thorough Study from Chinese Documents* [M]. Reprint of the 1927 edition. New York: Paragon Book Reprint Corporation, 1965. p. 248.

④ Wieger, Léon. *Chinese Characters: Their Origin, Etymology, History, Classification and Signification. A Thorough Study from Chinese Documents* [M]. Reprint of the 1927 edition. New York: Paragon Book Reprint Corporation, 1965. p. 258.

⑤ Wieger, Léon. *Chinese Characters: Their Origin, Etymology, History, Classification and Signification. A Thorough Study from Chinese Documents* [M]. Reprint of the 1927 edition. New York: Paragon Book Reprint Corporation, 1965. p. 190.

⑥ Wieger, Léon. *Chinese Characters: Their Origin, Etymology, History, Classification and Signification. A Thorough Study from Chinese Documents* [M]. Reprint of the 1927 edition. New York: Paragon Book Reprint Corporation, 1965. p. 244.

⑦ Wieger, Léon. *Chinese Characters: Their Origin, Etymology, History, Classification and Signification. A Thorough Study from Chinese Documents* [M]. Reprint of the 1927 edition. New York: Paragon Book Reprint Corporation, 1965. p. 322.

戴遂良通过这种方式把《说文》释字应用于帮助外国学生学习汉字上，他在《说文》释字的基础上，全面把握，系统分析，还加上了一些自己的看法，并时常提醒学生应该注意之处，使之清晰易懂，深受西方读者欢迎。

三、《汉字》一书之影响与评价

从本意上来说，戴遂良当时基于《说文》撰写《汉字》，是工作的需要，是为了让传教士更好、更快地学习汉字。该书出版后，需求量很大，很快再版，而且再版多次；不但有法文本，还有英译本，英译本也再版多次。可以说是影响深远，甚至惠及今人。笔者曾经咨询过一位荷兰学者，问他是如何知道《说文》这本书的，他回答说是通过戴遂良的《汉字》一书。本书所根据的英文电子版就是承蒙这位学者提供的。他还说西方不少人是通过戴遂良的《汉字》知道《说文》的，这说明这本书在让西方人了解《说文》方面是很有影响力的。

戴遂良的《汉字》甚至影响了一些法国文学家。比如法国文学史上第一位真正和中国有过直接接触并受到中国思想文化影响的重要作家克洛代尔（Paul Claudel，1868—1955）就对戴遂良的《汉字》这本书“极感兴趣，他从中初步了解到汉字如何从开始的图画过渡到了今天的符号”[①]。当时法国诗人谢阁兰（Victor Segalen，1878—1919）学习中国古代文化，“戴遂良编纂的《汉字字源课本》……也是他最常使用的工具书和参考资料”[②]。

戴遂良《汉字》一书很有价值，主要表现在其“对构成全书基础的各类汉语资源的提炼。有些人不满足于仅仅记住几个汉字，而是想进一步了解其词源基础，那么阅读这本书会让他们学到很多东西”[③]。另外，戴遂良在书中对他所选的汉字进行了很详尽的研究，在此基础上还有不少他的看法。除了《说文》以外，戴遂良还多次提到《康熙字典》，并认为二者之间的联系与区别也是很值得关注的。

在该书英译者序中，译者说戴遂良的最终目的是分析古代汉字，从中萃取出字原，然后以一种既符合逻辑又简明精要的顺序，根据字原把汉字归类。为此他不能不下功夫研究《说文》。这与前文我们所谈到的传教士马若瑟对《说文》的研究目的完全不同。虽然戴遂良作为传教士研究《说文》最根本的目的也是满足传教的需要，但他不是直接用《说文》来宣扬宗教思想的。他写作的基于

---

① 秦海鹰．形与意——谈中国语言文字对克洛代尔的诗学启示［J］．当代外国文学，1993（3）：160.

② 秦海鹰．《碑》译者序［EB/OL］．（2009－08－18）［2010－10－18］．http：//www. douban. com/group/topic/7682912/.

③ ［美］魏若望．在中国从事汉学研究：戴遂良著述回顾［A］．杨煦生，孙郁，耿幼壮．世界汉学2009秋季号［C］．北京：中国人民大学出版社，2009. 149.

《说文》的《汉字》一书，是为了帮助传教士尽可能快地学好汉字汉语。他认为掌握数千汉字对于阅读经典和那些老百姓所熟知的民间传说是非常重要的。因此他分析古汉字的结构，从中抽取出基本构成成分，然后根据这些构成成分把汉字从逻辑上和语义上进行概括分类，从而可以多、快、好、省地学习汉字。许慎的分类方法和对字源的追求正好符合他的需要，自然他就十分重视《说文》。同样是传教士对《说文》的关注，戴遂良和马若瑟所处的国际形势和社会背景显然也有所不同。马若瑟在中国时是明末清初，当时中国国力比较强盛，传教士初入中国认为汉字充满神秘感，含有巨大的能量；但戴遂良来中国时是清末，彼时中国国力已经衰微，传教士对中国的了解越来越多，看汉字也不再那么神秘，代之而起的就是对汉字的探索征服，研究怎么样以最快的速度掌握汉字。

当然《汉字》一书也存在一些缺点，比如它没有提到 20 世纪古文字的新发现以及在某些地方存在错误和不精确的地方。虽然甲骨文卜辞的发现大大促进了汉字的研究，但当时甲骨文的研究尚处于起步阶段，所以在本书中并未体现，也是可以原谅的。不管怎么说，这部建立在《说文》基础上的著作对《说文》字源的关注，把《说文》介绍给西方，传播之功还是不可磨灭的。另外，戴遂良的《汉字》中的一些观点在今天看来虽然显得有点过时，但它在一定程度上反映了 19 世纪末西方学者们对《说文》的某些认识。从这个意义上说，它仍然可以算是欧美《说文》学史上里程碑式的著作。

第四章　新中国成立后至改革开放之欧美《说文》学

第一节　新中国成立后至改革开放欧美《说文》学概述

新中国成立以后，在华的传教士被驱逐出境，欧美《说文》学也进入了一个新的时期，关注《说文》的主体不再是传教士，代之而起的是来自各个领域的汉学家。不过由于1950—1978年中国处于相对孤立的状态，与欧美国家之间的交流比较少，这一时期欧美《说文》学与当时中国的《说文》学相互之间关注不多。下面我们来讨论一下这一时期欧美《说文》学概况。

一、以《说文》为主题的研究

与前一阶段相比，这一时期以《说文》为主题的研究进一步增加，且来自不同领域。

米勒（Roy Andrew Miller，1924—　），美国学者，语言学家，分别在日本、美国、欧洲的大学工作过，对汉语、藏语、日语很有研究。其以《说文》为主题的研究是他1953年完成的博士学位论文《〈说文解字〉研究中的问题》（Problems in the Study of *Shuo-wen Chieh-tzu*）。根据我们所查的资料，这是美国《说文》学中第一篇以《说文》为主题而完成的博士学位论文，具有重要意义，后文将专门拿出一节介绍。

翁有礼（Ulrich Unger，1930—2006）[①]，德国学者，对中国典籍很有研究，也很关注《说文》，其1966年德语文章《周王还是篡权者？王乍姬盉》正文和注释中引用《说文》多至8次[②]。最值得关注的是其1954年发表在《亚细亚研究：威勒教授65寿辰纪念集》中的文章《〈说文〉与〈韩诗外传〉里的〈诗

---

① 也译翁格，温格尔。

② Unger，Ulrich. “Chou-König oder Usurpator? 王乍姬盉”［J］. *T'oung Pao*，Second Series，1966，52（4/5）：pp. 233－246.

经〉引文：〈诗经〉考证》[1]，利用《说文》和《韩诗外传》里的《诗经》引文考证《诗经》文本。

司礼义（Paul L-M Serruys，1912—1999），比利时裔美国人，神父，曾在中国传教，一生著述很多，其中有三篇以《说文》为主题的文章：1957 年《〈说文〉里的转注研究》（The Study of the Chuan Chu in *Shuo wen*），1958 年《〈说文〉里与“盐”义有关的字》（The Word for “Salt” in *Shuo Wen*），1984 年《论〈说文解字〉的部首系统》（On the System of the Pu Shou in the *Shuo-wen chieh-tzu*）[2]。后面我们将拿出一节进行专门讨论。

何四维（A. F. P. Hulsewé，1910—1993），荷兰学者，毕业于莱顿大学中文系，1956 年接替去世的戴闻达任莱顿大学汉学研究院院长，并兼任莱顿大学汉学研究院汉学讲座的教授。他于 1959 年发表的文章《作为古代中国法律史料的〈说文〉》（The *Shuo-wen* Dictionary as a Source for Ancient Chinese Law），以《说文》所引汉律为研究重点。后文我们将专门拿出一节来进行评介。

毕铿（L. E. R. Picken，1909—2007），英国学者，曾在剑桥大学工作。他 1962 年发表了一篇文章《一本公元第一世纪中国词典中的音乐词汇》（Musical Terms in a Chinese Dictionary of the First Century），所谓“公元第一世纪中国词典”指的就是《说文》。该文是从音乐学科角度研究《说文》的文章，值得关注，后面我们将拿出一节专门介绍。

沈康（Kenneth Lawrence Thern，？—　），美国学者。其以《说文》为主题的著作有《说文解字叙英译》（1966）[3]。此书源于一个“独立学习”的课程论文，由于内容较为简单，我们只在此略作介绍。全书分为四部分：①总体情况介绍；②对《说文解字叙》的英译；③参考书目；④根据现代汉语发音的 540 部索引。

因为读者是西方人，沈康在提供译文之前做了很多铺垫工作，先对《说文》总体情况以及《说文解字叙》作了专门介绍。在铺垫过程中，沈康采用了一些方法：一是利用西方人比较熟悉的材料作比喻来辅助理解。如把《说文》比作为了解释由于古化而无法辨认的字形而编纂的亚述巴尼拔图书馆词典和古埃及辩术家以及语法学家朱力尤斯·波吕克斯（Julius Pollux）为了帮助修辞学家而编

---

① Unger, Ulrich. “Die Shi-King-Zitate in *Shuo-wen* und *Han-shï* wai chuan: Eine Materiabeitrag zur Textkritik des Shi-king” [A]. *Asiatica. Festschrift Friedrich Weller* [C]. Leipzig: Otto Harrassowitz, 1954. pp. 768 – 807.

② 最后一篇虽是 1984 年发表，为了介绍的方便我们也放在这一阶段。

③ Thern, K. L. *Postface of the Shuo-wen Chieh-tzu: The First Comprehensive Chinese Dictionary* [M]. Wisconsin China Series 1. Madison: Dept. of East Asian Languages and Literature, University of Wisconsin, 1966.

纂的《专名词典》（*Onomasticon*）①。再如把《说文》说成是一本关于“logograph”的词典。英语中“logograph”指一个单独的书面符号，可以表示整个词或词组而不必表明它的读音，是一个为西方读者所熟悉的词语。二是分项表述。比如介绍《说文》的说解条例时，把除每字均有释义以外的信息内容归纳为7项。三是参考对照。如对比《说文》各种版本的字数差异，还把《说文》的字数和“四书”《尚书》《诗经》的字数作了对比。沈康用的翻译底本是段玉裁的《说文解字注》，经过对照他发现段氏对许慎540部首的排序有所改变。四是对《说文解字叙》专项介绍。沈康分几部分概括了《说文解字叙》的主要内容，并讨论了重点内容。上述方法，有助于西方读者更好地理解《说文解字叙》。

在具体的英译过程中，沈康也采取了一些方法来保证译文的质量。第一，根据内容将《说文解字叙》分为九部分进行翻译。每一部分还加了小标题：文字的起源和早期发展；构建汉字的原则；汉字从周到西汉的演化；从秦到许慎时代汉字的演化；对字形的错误解释；许慎字典的原则；540部首列表；关于字的统计信息；韵文部分。第二，附加丰富详细的注释，包括：①对相关中国历史作注释，如历史人物与朝代；②对许慎引文作注释；③对西方人难以理解的字词作注释；④对许慎六书阐释方式特点作注释；⑤通过注释推荐读者参考相关研究：比如11页注“古文”参考王国维《说文所谓古文说》、“转注”参考司礼义《〈说文〉中的转注研究》，13页注“尉律”参考何四维《作为古代中国法律史料的〈说文〉》，17页注“古籀字的安排”参考王国维《说文今叙篆文合以古籀说》，18页注许慎引经文参考马宗霍《说文解字引经考》。第三，用表格形式列出540部首，并加注古今读音。沈康的《说文》540部首列表，并不是简单翻译，而是增添了许多内容，包括给每个部首字附加了4项内容：①宋本《广韵》中的反切；②高本汉《汉文典》中的顺序号和古音及中古音构拟；③基于钱玄同《说文部首今读》的普通话读音；④许慎在字典本身中所提供或暗示的一两个释义。格式如下图：

No	MF	HsCh	Kuang	GSR	OC	MC	Ch'ien	Def
上 1	一	一	於悉	394	qyet	qyet	i^1	one

注：No：篇数以及段玉裁的《说文解字注》里面所列序号。

MF：现代书写形式，常见异体字在括号中给出。

HsCh：小篆书写形式。

Kuang：宋本《广韵》中的反切。

---

① 一本希腊语词典，大约编纂于180年。参见“Julius Pollux”from Wikipedia，the free encyclopedia [EB/OL]．[2010－12－01]．http：//en. wikipedia. org/wiki/Julius_ Pollux.

GSR：高本汉《汉文典》中的顺序号。

OC MC：高本汉《汉文典》中的古音构拟和中古音构拟。

Ch'ien：钱玄同的《说文部首今读》中的现代普通话读音。

Def：一个或更多许慎的释义。

前面我们介绍美国学者裨治文时曾提到裨治文对《说文解字叙》有一个翻译，在这里我们列表对二者作一个比较。

比较项目	沈康《说文解字叙》英译	裨治文《说文解字叙》英译
成果形式	专书	文章中的一部分
译者身份	大学学者	来华传教士
译文时间	1966 年	1850 年
译前铺垫	有。介绍写作目的、作者、主要内容、对《说文解字叙》的专门介绍，内容更加充分	有。总体介绍和 16 个人物介绍。没有对《说文解字叙》的专门介绍
分段	分成 9 部分，每部分加小标题	分成 23 段，所分自然段落没有加小标题
拼音	威妥玛式（Wade-Giles），去掉ˆ、ˇ等附加符号，某些字母与裨治文拼法稍有不同	威妥玛式，带附加符号
所用底本	段玉裁《说文解字注》	徐锴《说文解字系传》
翻译方式	直译加意译，句式简短，易读。沈康自己说要不是一些非古代汉语的读者可能希望不用查参考资料而至少得到一些提示的话，许多术语最好别翻译	意译，句式较长
知名程度	较高	不高
六书翻译	六书 six principles of graph construction 指事 indicate-things 象形 imitate-form 形声 form-and-sound 会意 grasp-meaning 转注 interchangeable notation 假借 loan-borrowing	六书 six classes of written characters 指事 indicatives 象形 imitations 形声 phonetics 会意 ideographics 转注 reversives 假借 derivatives

（续上表）

比较项目	沈康《说文解字叙》英译	禆治文《说文解字叙》英译
注释	难理解的人名、地名和术语有注释	无注释
译文中有无夹杂汉字	有。难理解之处译文加拼音加汉字，出现汉字字数比禆治文略少	有。难以理解之处出现汉字，译文加汉字加拼音
许慎540部索引	包括了540部索引内容	没有包括540部索引的内容

通过对比，可以看出沈康的英译在很多方面要优于禆治文的英译，当然翻译时间上则要比禆治文晚得多。

沈康的《说文解字叙》英译在西方的知名度比较高，它曾被多个书目收入①，也被不少学者所引用。华裔学者周策纵（Tse-tsung Chow）在其《文道探源》（Ancient Chinese Views on Literature，the Tao，and Their Relationship）一文中②，引用的《说文解字叙》从开头到“著于竹帛谓之书”一段就是采用沈康的英译③。丹麦汉学家龙伯格在《清代来华传教士马若瑟研究：中国语文学和索隐派》一书中所用的关于六书的名词也都来自于沈康（K. L. Thern）的书④。这些例子都说明了沈康《说文解字叙》英译的影响。柯蔚南（W. South Coblin，1944— ）评价王士元（William S-Y. Wang）与 Anatole Lyovin 于 1970 年出版的《电脑上中国语言学参考书》（*CLIBOC*：*Chinese Linguistics Bibliography on Computer*）一书⑤，为它列出了沈康的《说文解字叙》英译，却没有列出丁福保的《说文解字诂林》而感到奇怪⑥，但这也从另一方面反映出西方学界对沈康此书的熟悉和重视。

马悦然（Göran Malmqvist，1924— ），瑞典学者，高本汉最有名气的学生。他曾于 1974 年发表《许慎的说文解字叙》（Xu Shen's Postface to the Shuo Wen Jie

---

① 比如“Livres Réus”. *T'oung Pao*, Second Series, 1967, 53 (4/5): p. 343, 以及 Harrison T. Meserole 所编“1968 MLA International Bibliography of Books and Articles on the Modern Languages and Literatures” [J]. *PMLA*, 1969, 84 (4): p. 790 等。

② 《文道探源》是 1970 年 12 月 6—10 日在美国圣女岛国际中国传统文学批评研讨会上宣读的论文，载《中国文学》创刊号（1979 年 1 月）。

③ 见该文第 6 页注释 13。

④ ［丹］龙伯格．清代来华传教士马若瑟研究：中国语文学和索隐派［M］．李真，骆洁译．郑州：大象出版社，2009．188．

⑤ Wang, William S-Y & Lyovin, Anatole. *CLIBOC*: *Chinese Linguistics Bibliography on Computer* [M]. Cambridge. Eng.: Cambridge University Press, 1970.

⑥ Coblin, W. South. “Review of *CLIBOC*: *Chinese Linguistics Bibliography on Computer* by William S-Y Wang; Anatole Lyovin” [J]. *American Anthropologist*, New Series, 1974, 76 (2): p. 458.

Zi）一文[①]，专门对《说文解字叙》进行了译介，里面有《说文解字叙》的翻译[②]。另外马悦然1961年发表的《关于汉代音系学的一个新研究》（On a Recent Study of Han Phonology）一文，把《说文》视为研究汉代方言所依赖资源之一[③]，并谈到《说文》"读若"的价值，他指出：《说文》"莙读若威"之类注释和谐声，"为高本汉确立 ər－类和 âr－类提供了标准"[④]。马悦然还曾执笔撰写《语言学通史——第一卷东方语言学传统》（1994）第一章"中国语言学"部分[⑤]，于秦汉时期，他对《说文》进行了重点介绍[⑥]，并强调《说文》的成书要比古埃及辩术家和语法学家朱力尤斯·波吕克斯的《专名词典》早几年[⑦]，他认为《说文》"在训释古文字资料（甲骨文和部分金文）中，直到本世纪的今天仍然扮演着重要角色"[⑧]。

二、涉及《说文》的研究

（一）汉语汉字方面的研究

敦林格（Paul B. Denlinger，1921—1989），美国学者，对《说文》评价很高，其《汉语历史语言学：前方的路》（1961）一文中谈到最重要的汉语字典《说文》可以追溯到121年。研究和比较这本书的各种版本以及修订得需要好几卷的长度。敦林格认为："《说文解字诂林》包括72卷，整体上大约相当于《大

---

① 该文于 Pankenier, David (ed.). *On Script and Writing in Ancient China*. Stockholm: Föreningen för Orientaliska Studier, 1974. pp. 48－53. 有介绍。遗憾的是我们目前没有找到原文，只能在此简单提到。

② 根据傅熊评价冬玛轲《说文》研究文章中的一句话提到冬玛轲"讨论了 Miller, K. L. Thern 和马悦然（Göran Malmqvist）以前的翻译"。见 Bernhard Fuehrer. "Review: '... und Cang Jie erfand die Schrift': Ein Handbuch für den Gebrauch des Shuo Wen Jie Zie by Marc Winter"一文，p. 390.

③ Malmqvist, N. G. D. "On a Recent Study of Han Phonology" [J]. *T'oung Pao*, Second Series, 1961, 49 (3): p. 202.

④ Malmqvist, N. G. D. "On a Recent Study of Han Phonology" [J]. *T'oung Pao*, Second Series, 1961, 49 (3): p. 203. 注释.

⑤ 《语言学通史——第一卷东方语言学传统》即 *History of Linguistics, Volume I: The Eastern Traditions of Linguistics* [C]. London & New York: Longman, 1994. 英国里丁（Reading）大学意大利语教授 Giulio Lespchy 主编，多位学者合作写成的语言学史著作。该书1994年出版，属于后一阶段的成果，为了该学者介绍的完整性在此一并介绍。

⑥ Malmqvist, N. G. D. *History of Linguistics, Volume* Ⅰ: *The Eastern Traditions of Linguistics* [C]. London & New York: Longman, 1994. pp. 5－8.

⑦ Malmqvist, N. G. D. *History of Linguistics, Volume* Ⅰ: *The Eastern Traditions of Linguistics* [C]. London & New York: Longman, 1994. p. 7.

⑧ Malmqvist, N. G. D. *History of Linguistics, Volume* Ⅰ: *The Eastern Traditions of Linguistics* [C]. London & New York: Longman, 1994. p. 8.

不列颠百科全书》(*Encyclopedia Brittanica*)。世界上没有一种文化能够接近中国在字典方面的丰富遗产。"① 虽然他对《说文》评价很高，但他也承认作研究光靠《说文》并不够，还需要参考其他资料。比如他在另一篇文章中认为："汉代最重要的资料书是《说文解字》。这是不可或缺的罗塞塔石（Rosetta Stone）②，它联系东汉和汉朝之前的汉语文字，把现代汉字与金文、甲骨文串联起来。《说文》的汉字分析——确定'部首'和'声'——对汉语历史音系学有很大影响，但是对于某些最重要问题的解决还是不充分的基础。"③

还有美国包拟古（Nicholas Cleaveland Bodman，1913—1997），其1954年出版的《〈释名〉语言学研究》一书引用了《说文》的许多片段来作为汉代语音学之证据④；英国著名语言学家罗宾斯（Robert Henry Robins，1921—2000）的《语言学简史》（1967）一书⑤，在第五章中简单介绍了《说文》⑥；法国甲骨文专家雷焕章（J. A. Lefeuvre，1922—2010）⑦，其法语文章《龟甲和兽骨上的商代文字：历史和文献发现及早期研究》（1975）一文中多处引用到《说文》⑧。

（二）其他方面的研究

李约瑟（Joseph Needham，1900—1995），英国科学家，中晚年主要在剑桥大学作研究。虽然我们没有找到他专门研究《说文》的著作，但其科技史著作中多处引用《说文》，有些章节对《说文》有较多参考和论述。李约瑟一系列科技史著作出版时间跨度较长，由于涉及本研究的著作大部分是1978年以前出版的，因此放在这一时期。李约瑟把《说文》研究从人文科学领域扩展到自然科学领域，具有重大意义，因此虽然他的研究不是以《说文》为主题，但我们还是在后面拿出一节专门讨论。

---

① Denlinger, Paul B. "Chinese Historical Linguistics: The Road Ahead" [J]. *Journal of the American Oriental Society*, 1961, 81 (1): p. 1.

② 1799年在埃及尼罗河口罗塞塔发现的一块石板，是公元前196年托勒密王朝时代刻制的，上面有希腊字母、古埃及象形文字和古埃及通俗文字三者之对照，是解释象形文字之可靠线索。

③ Denlinger, Paul B. "Review: A Handbook of Eastern Han Sound Glosses by W. South Coblin" [J]. *T'oung Pao*, Second Series, 1986, 72 (4/5): p. 316. 此文发表于1986年，属于下一阶段成果，为了该学者介绍之完整性，在此一并列出。

④ 见其"*A Linguistic Study of the Shih Ming Initials and Consonant Clusters*"一书。

⑤ Robins, R. H. *A Short History of Linguistics* [M]. London: Longman, 1967.

⑥ [英]罗宾斯. 语言学简史 [M]. 许德宝等译. 北京：社会科学出版社，1997. 120.

⑦ 又叫雷获福、雷文炳、洪通等。

⑧ Lefeuvre, J. A. "Les Inscriptions des Shang sur Carapaces de Tortue et sur os: Aperçu historique et Bibliographique de la Découverte et des Premières Etudes" [J]. *T'oung Pao*, Second Series, 1975, 61 (1/3): pp. 44-45, 53, 56, 68-69, 80. 限于笔者法语水平，无法进一步讨论。

美国的中国艺术史权威高居翰（James Cahill，1926－2014）在他1960年出版的著作《图书说中国绘画史》（*Chinese Painting*）中正文开头即引用《说文》，他写道："公元100年左右，中国第一部字母《说文》的作者写道：'画，界也。'他接着阐述：'画的形状就是象征了手拿一笔，画下四界的模样。'也就是说'描绘'四界的意思。"① 茅甘（Carole Morgan，？—　）女士，法国学者，主要从事中国古代占卜研究。其《中国古代之犬与马》（1974）文章中两处提到《说文》②：一处是说狗和猪构成古代中国动物蛋白的主要来源，《说文》甚至给出了一个由犬部部首和肉部部首写成的特殊的字"肰"。另一处提到《说文》给出了一长串不同狗的名字，但释义中除了说明它们是狗以外，没有告诉我们任何信息；另外，《说文》给出了大量表示狗叫的字，很显然是试图从语音上重现不同种类的狗叫声。

其他诸如历史学、敦煌学、艺术学、藏学、蒙古学等诸多汉学研究领域也有不少著述涉及《说文》，限于篇幅，在此不赘。

综上所述，新中国成立后至改革开放（1950—1978）之前，虽然欧美与中国处于相对隔绝的状态，但欧美《说文》学还是取得了不少成果。学者大多出于专业学科研究，将《说文》应用到更多领域。以《说文》为主题的研究我们搜集到6人，他们从不同学科的角度来关注《说文》。涉及《说文》的领域也更加丰富，汉语汉字研究领域涉及《说文》的研究并不特别显眼，反而是其他领域涉及《说文》的研究成果更丰硕，尤其值得注意的是李约瑟从科技史角度对《说文》的关注。这一时期关注《说文》的主体不再以传教士为主，代之而起的是各领域的专业汉学家，他们从不同学科角度对《说文》进行研究。关注较多的国家是美国。以上只是简要综述，下面我们将选取这一时期研究《说文》有代表性的欧美学者来作进一步讨论。

第二节　美国米勒之《〈说文解字〉研究中的问题》

米勒，美国学者，语言学家，分别在日本、美国、欧洲的大学工作过，对汉语、藏语、日语都很有研究。他1953年获得哥伦比亚大学博士学位，其博士学位论文为《〈说文解字〉研究中的问题》（ *Problems in the Study of Shuo-wen Chieh-tzu*）。根据我们所查的资料，这是美国《说文》学中第一篇以《说文》为主题而作的博士学位论文，具有重要意义。

---

① ［美］高居翰．图说中国绘画史［M］．北京：生活·读书·新知三联书店，2014.3.

② Morgan，Carole. "Dogs and Horses in Ancient China（A lecture given on 27th May，1974）"［J］. *Journal of the Hong Kong Branch of the Royal Asiatic Society*，1974（14）：pp. 62，64.

一、米勒研究《说文》缘起及目标

米勒的《说文》研究是在卜弼德教授的影响和指导下进行的。此外，他还得到赵元任及其他一些学者的帮助。1949 年米勒读到卜弼德的《关于上古汉语演化的一些推测》（Some Proleptical Remarks on the Evolution of Archaic Chinese）一文①，这激起他研究《说文》的兴趣。1950 年开始他在卜弼德教授的指导下研究《说文》。很快他就发现在具体研究《说文》的词汇之前，有大量基础工作需要完成，包括详细考察《说文》的历史背景、作者的职业、《说文》所展现的语言特色、它的文本流传历史等，这样才能明智地运用《说文》中的丰富资源。同时他也很快认识到那些《说文》研究著作也是这个作品系统中的一个重要部分，是对《说文》这本书的延伸，在这里那些有兴趣运用《说文》的学者可以找到他们需要的基本资料，因此米勒的目标就是要研究《说文》的历史问题和文本问题。

米勒发现学习中国典籍的西方学生早就对汉代的词典学著作《说文》感兴趣，这本书是古代中国语言学和词汇学不朽的作品。《说文》经常在各种主题的著作中被西方学者引用，但是却没有专门对它进行研究的巨著。在最近几年里它丰富的字形学资料被广泛运用，但是纯语言学主题的资料却常常遭到忽视，因此他的论文目标之一就是要强调《说文》里的纯语言学主题价值。

米勒在他的论文里除了要介绍与《说文》有关的历史和语言学价值以及各种文本资料以外，还要翻译和《说文》有关的文献，最后米勒根据卜弼德 GPS（形声义）的方案进行组织而研究了《说文》的两个词条②，他是想以此作为范例介绍一种《说文》研究方法。

二、米勒博士学位论文主要内容

该文内容分为四部分：Ⅰ. 历史问题；Ⅱ. 语言学问题；Ⅲ. 文本问题；Ⅳ. 翻译文献和补说。下面是具体目录：

Ⅰ. 历史问题

　　A. 该书历史背景

　　　　1. 简介

---

① Boodberg, Peter A. “Some Proleptical Remarks on the Evolution of Archaic Chinese” [J]. *Harvard Journal of Asiatic Studies*, 1937, 2 (3/4): pp. 329 – 372.

② “GPS” 参见 Boodberg , Peter A. “The Chinese Script: An Essay in Nomenclature (the first hectaton) ” [J]. *BIHP*, 1957 (29): pp. 115, 118.

a. 总体情况
b. 121 年之前的政治大事
2. 材料
3. 结论
B. 东汉时期的知识潮流
1. 简介
2. 材料
a. 许慎论徭役兵役的年龄限制
b. 《五经异义》佚文分析
i. 和《左传》有关的佚文
aa. 左氏反对公羊的佚文
bb. 赞扬左氏的佚文
cc. 反对左氏及其他佚文
dd. 不能确定的佚文
ii. 和《礼记》有关的佚文
iii. 和《诗经》有关的佚文
iv. 和《尚书》有关的佚文
v. 和《论语》有关的佚文
3. 结论
C. 许慎生平
1. 清朝语文学家们的发现
2. 《五经异义》中可确定时代的证据
3. 许慎的汉代老师
Ⅱ. 语言学问题
A. 《说文》作为语言学资料库
1. 简介
2. 构拟问题
B. 《说文》的语言
1. 高本汉古音构拟一些值得讨论之处
a. 古汉语中的音素和音位
b. 谐声韵尾的变体
c. 古 *-b, *-d, *-g,
2. 上古汉语中的联绵字和连音变读（juncture sandhi）
a. 简介

b. 材料
c. 结论
Ⅲ. 文本问题
A. 文本的流传
B. 现存版本
1. 唐写本《说文》木部残卷
2. 唐写本《说文》木部残卷的日期
3. 唐写本《说文》其他残卷
a. 残卷清单
i. 隈府残卷
ii. 平子所藏残卷
iii. 端方所藏残卷
b. 平子所藏残卷校对
C. 辅助证明
D. 唐写本《说文》木部残卷的现代研究
1. 写本的经典引用
a. 简介
b. 资料
c. 结论
2. 写本中的"读若"注释
a. 简介
b. 资料
c. 结论
E. 结论
Ⅳ. 文献翻译和补说
A. 许慎的《说文解字叙》
B. 许冲的《上说文表》
C.《后汉书》中的许慎传
D.《说文》的韵部
E.《说文》"繝""纰"二字的形音义研究
1.《说文》原文
2. 英文翻译
3. 注释
a. 繝西胡毳布也

i. 文献
ii. 文本
aa. 尔雅
bb. 书经
cc. 周礼
dd. 前汉书
iii. 形
iv. 音
v. 义
b. 纰 氐人繝也
i. 文献
ii. 文本
iii. 形
iv. 音
v. 义
F.《说文》对日本的关注
G. 比较研究的现状
1. 古汉语和原始泰语
2. 古汉语和古代藏语
3. 结论

从这个目录中我们可以看出米勒十分注重《说文》相关的历史背景，对当时知识分子的处境、许慎的生平以及许慎的另一部作品《五经异义》都给予了相当多的关注，重视《说文》对古音构拟的价值以及文本流传问题，并且翻译了相关的文献。

读者也许会奇怪米勒为什么要在文中专设一节讨论《说文》对日本的关注。我们注意到他论文献词（dedication）部分写的是："献给第二次世界大战中来自日本在美国海军东方语言学校（U. S. Navy School of Oriental Languages）教书的先生们和女士们。"这一节不长，只讨论了一个"倭"字。他认为《说文》"倭"字条解说中对日本的关注可能被删掉了。①《一切经音义》卷九十七"倭国"条："乌波反。郭注《山海经》云……《说文》亦东海中国也，从人委声。"丁福保

① 大徐本《说文》："倭，顺貌。从人委声。《诗》曰：'周道倭迟。'"小徐本同样。

认为“二徐本无此句，备考”①。田潜（1870—1926）在《一切经音义引说文笺》卷八人部“倭”字条中认为：“倭为国名，早见经典，许作《说文》时当并叙列，何以仅载‘倭迟’一义？慧琳所见许书，如无‘东海中国’句，则但引《山海经》足矣，是为许书传写夺失一明证也。”米勒认为考虑到第一次提到日本的《汉书》部分并不是班固所作而是引自刘向，时间是在公元前1世纪末，要比班固完成汉书的时间早半个世纪，田潜的观点很有道理。② 米勒在注释中还引用古今中外各种资料分析了“倭”字的读音，指出“倭”作为国名时读音与表其他意义时不同③，并且认为现代许多中国人喜欢把表日本的“倭”与“矮”联系起来没有事实根据。总之，米勒支持田潜的观点，并且认为“我们因此必须在提到日本的早期文献名单中加上《说文》，即使只是简单提到”④。

最后米勒对古汉语与原始泰语以及古代藏语比较研究的现状的介绍看似离题，其实是要说明这些比较研究中对《说文》的引用是可靠的、有价值的，但要明白目前比较研究中显示出的词汇相似应该是语言之间的借词而不是亲属关系形式。

三、研究特点

（一）力求全面把握《说文》研究中的问题

米勒的导师卜弼德是“卜派汉学”的创始人，而“卜派汉学”讲究对典籍的绝对把握，因此米勒的《说文》研究也体现了这个特点，力求全面把握《说文》研究中的问题。我们从其目录中可以看到他讨论了历史问题、语言学问题和文本问题，翻译了相关文献并作了各种补说，可谓是比较全面了。

对历史问题，米勒的研究不局限于《说文》本身，他还关注许慎的另一部著作《五经异义》。他的研究也不局限于许慎个人，还把他放在当时的历史政治背景和当时知识分子的生活中来考察。正所谓：“颂其诗，读其书，不知其人可乎？是以论其世也。⑤”这样就把《说文》研究置于一个大背景之下。

对语言学问题，米勒着重强调了《说文》的语言学价值以及它在古代汉语语音构拟方面的价值。对文本问题，米勒谈到《说文》从产生到现代的文本流

---

① 《古文字诂林》第7册，第301页。

② Miller, Roy Andrew. "Problems in the Study of *Shuo-wen Chieh-tzu*" [D]. Ph. D., Columbia University, 1953. p. 326. Note6.

③ Miller, Roy Andrew. "Problems in the Study of *Shuo-wen Chieh-tzu*" [D]. Ph. D., Columbia University, 1953. pp. 324－326. Note4.

④ Miller, Roy Andrew. "Problems in the Study of *Shuo-wen Chieh-tzu*" [D]. Ph. D., Columbia University, 1953. p. 327.

⑤ 《孟子·万章下》。

传现状，并着重讨论了现存的最早文本以及对它们的研究情况。米勒在“文献补说”部分，还翻译了一些相关文献，最后又补充了古代汉语和原始泰语与古代藏语的比较现状以及对《说文》的引用。

米勒的参考资料不拘泥于任何国家和地区，他所用的材料，除了《说文》、《说文解字诂林》以外，还有《五经异义》、《论语》、《汉书》、《白虎通义》、《皇清经解》、《释名》、《后汉纪》、《后汉书》、《资治通鉴》、《太平御览》、《丛书集成》、《佩文韵府》、《广韵》、《广韵声系》、《四库全书》、《钦定四库全书总目》、“四部备要”、“四部备要丛刊”、皕忍堂摹刻《唐开成石壁十二经》、《玉篇》、《一切经音义》、《康熙字典》、《中国人名大词典》、《金石萃编》、《古史辨》、《国学季刊》、《史学年报》、《“中央”研究院历史语言研究所集刊》等。米勒还引用了日本学者青山定男、下中弥三郎等的书籍和欧美学者如英国理雅格、翟理斯，法国戴何都（Robert des Rotours）、毕欧（Édouard Biot），美国卜弼德、恒慕义、海陶玮（J. R. Hightower）、毕乃德（Knight Biggerstaff），德国施坦格（Hans O. H. Stange），北欧高本汉等的汉学论著。这一切都体现了米勒对《说文》进行全面把握所付出的努力。

（二）主要运用西方结构主义语言学方法

米勒所处的时代正是以布龙菲尔德（Bloomfield）为代表的美国结构主义描写语言学兴盛的时代①，他也不可避免地深受影响。米勒在文中谈到他通篇论文所用术语都是“布龙菲尔德—美国式的”（Bloomfield-Americanist），他关于汉字的性质及其和语言的关系的观点，都是基于这个框架之内的概念。他承认也许有更好的理论或者完全不同的方法来工作，但是他只能使用所受训练的术语。比如，米勒特别注重《说文》时代的语音描写，在其博士学位论文“语言学问题”部分主要讨论了《说文》的语音问题。他认为《说文》最重要的价值在于它体现了许慎时代的语言风貌，他把《说文》看作一个语言学资料库而不是金石学的资料库，强调对语言事实作客观描写，因此用了很大篇幅来讨论汉代语音系统的构拟（pp. 89 – 154）。米勒所用的术语音素（phone）、音位（phoneme）、区别特征（distinctive feature）等都属于结构主义描写语言学术语。

不过米勒并不强调他的理论方法是唯一正确的，他说或许有更好的理论方法，那么他的研究可以被那些对其他理论方法感兴趣的学者用作资料。他认为实际上对《说文》从各个角度进行的研究，不论是对汉学，还是对普通语言学，都是迫切需要的。

---

① 布龙菲尔德，Leonard Bloomfield，1887—1949。

（三）强调西方学者与中国传统学者对《说文》看法不同

米勒在文中还强调了西方学者与中国传统学者对《说文》看法之不同，这是西方学者对欧美《说文》研究有意识的反思，值得关注，有助于我们认识欧美《说文》学的特点。

米勒认为，西方学者主要把《说文》看作是研究金石学的工具书，看作是研究汉字书写系统演化历史的参考资料。但是传统上中国学者主要把《说文》看作是关于古代信仰、风俗和实践的资料，关于解读经典的资料，或者看作是解释疑难汉字意义的资料；没有像外国学者那样急于利用它把关于汉语汉字的知识推向某处、和什么人联系起来。由于他们没觉得汉字是难以琢磨的、奇怪的、神秘的或者表意的，只把汉字看作表达语言音、义的书写方法，因此就把《说文》作为穿越这个系统复杂迷宫最有保障、最古老的指导。他强调，中国传统学者注意《说文》不是由于它的金石学资料价值，而是由于它关于语音和语义的信息。中国关于《说文》和金石学的著作确实存在而且数量不少，但是最主要的注意力总是集中在文本上面。米勒举了段玉裁的著作为证，它的大量篇幅用在阐释文句上面。

（四）介绍“形声义”研究法作为《说文》研究范例

米勒在文中还介绍了一种《说文》研究方法范例，即三维的“GPS（形声义）”研究法①。米勒说“GPS”分析法不是什么新方法，它本身是清朝语文学家们的方法，但是还有很多要传达给我们的新东西。要说新，那就是我们现在能够给出所处理语音形式的实际构拟音值，这是清朝学者们所无法掌握的一个知识。米勒举了用形音义的方法对《说文》的“𦃃”“纰”两个字进行分析的例子。分析分别包括以下五个方面：①文献，介绍前人研究；②文本，分析了《尔雅》《尚书》《周礼》《汉书》等书与相关文句中该字的意义；③形，详细分析该字字形；④声，详细分析该字字音；⑤义，详细分析该字字义。在这个过程中，米勒广征博引，运用了古今中外各种资料，进行深入分析，体现了“卜派汉学”那种“于字汇和词句的质理作彻底的了解，不苟且，不放松”② 的精神。

四、影响与评价

由于米勒的博士学位论文提供了比较详细的与《说文》有关的背景材料，

---

① 所谓 GPS，G 是指 graphic，字形的；P 是指 phonetic，声音的；S 是指 semantic，语义的。

② 参见杨牧《柏克莱精神》“卜弼德先生”部分，第 98 页。

因此不少西方学者的著作都引用到它。比如，美国学者鲍则岳在其《〈说文解字〉导读》中就多次引用并作为重要参考资料列出。[①] 再如，柯蔚南《东汉音注研究》一书介绍东汉的一些背景知识和霍华德·顾得曼（Howard L. Goodman）讨论许慎在东观的生活，都参考了米勒的《〈说文解字〉研究中的问题》。[②] 可以说该文是现代西方研究《说文》者必备的参考资料，在西方有很大影响。

我们检索了 Pro Quest-PQDT 数据库，该数据库收录 1861 年以来美、加地区博硕士学位论文信息，结果显示米勒这篇《〈说文解字〉研究中的问题》研究是美国第一篇以《说文》为主题的博士学位论文，具有重要意义，在欧美《说文》学历史上占据一定地位。综观其博士学位论文，我们可以感觉到米勒对《说文》研究的态度是严谨的[③]，其全面把握、彻底分析的精神也是值得我们学习的。可惜的是，在中国，尽管米勒的汉藏语研究受到较多关注，但其《说文》研究很少有人注意到。

第三节　英国李约瑟之《说文》与科技史研究

李约瑟，1900 年生于英国伦敦，1924 年获英国剑桥大学哲学博士学位，一直从事生物化学研究。他在研究自己专业的同时对宗教、哲学和人文科学也很有兴趣。1937 年起在中国学者鲁桂珍等的影响下，对中国古代科学技术文明产生浓厚兴趣，努力钻研并比较研究中国和欧洲科学的异同。1939 年写成一篇论文——《中国科学技术史》。1942 年来华，任英国驻华使馆科学参赞，主持中英科学合作馆工作，广泛接触中国科技界，为战时的中国科学活动提供帮助。1946 年春任职于联合国教科文组织，公务之余，努力收集有关中华文明和科技发展史的资料。1948 年返回剑桥大学进行研究工作。李约瑟曾任英国伦敦皇家学会会员，中国科学院名誉学部委员、院士，台湾“中央”研究院院士。他一生著述很多，中国人最熟悉的就是他的《中国科学技术史》（*Science and Civilization in China*），[④] 这部巨著共七卷三十四册，从 1954 年开始陆续出版，主要由李约瑟博士执笔，部分委托其他学者完成或共同编写。李约瑟不是专门研究《说文》的

---

① Boltz, William G. “*Shuo wen chieh tzu*”一文，pp. 430，422。参见本书“鲍则岳”一节。

② 见 Coblin，W. South. *A Handbook of Eastern Han Sound Glosses* 一书，pp. 9，10，28，314. 参见本书“柯蔚南”一节，以及 Goodman，Howard L. “Chinese Polymaths，100 – 300 AD：The Tung-kuan，Taoist Dissent，and Technical Skills”一文，p. 121.

③ 这也可从后来米勒专门撰文对瑞士学者冬玛轲《说文》研究中的一些错误及不严谨之处进行的严厉批评中体现出来。参见本书“冬玛轲”一节。

④ 也译为《中国的科学与文明》。

学者，但在他一系列的科技史著作中，多次展现了他对《说文》从科技史角度进行的研究成果[①]，本书主要对此进行讨论。

李约瑟在《中国科学技术史·第一卷总论》“参考文献”部分列有：《说文解字》，*Analytical Dictionary of Characters*，东汉，121 年，许慎。[②] 这里他采取的《说文》书名英译字面意思即“汉字分析字典”。其对许慎的介绍是“中国辞典的始祖”[③]。李约瑟对《说文》最重要的认识是对其在科技史研究价值方面的肯定。他说“《说文》将9 431 字分列在540 部中，都是‘以类相从’。……《说文解字》可以说继承和总结商、周的各学科的知识”[④]，并认为许慎的《说文》“在今天仍然和当时一样有用”[⑤]。

一、李约瑟对《说文》中重要科学字词词源的考察

李约瑟对《说文》词源价值的评价是这样的：

> 在中国整个有记载的历史中，有很多这样的语源一直不为人所知，甚至连2 世纪的中国辞典编纂学之父许慎（他的《说文解字》是十分庞大的一系列辞典和百科全书的先驱）也不知道。就我们所知，许慎从未见过商代的甲骨文，但是他经常给出“小篆”，学者们只有把它们同甲骨文和金文中所见的字体加以对照，才能把后者辨认出来。许慎误解了许多字，但是对更多的字的理解则是正确的。他的一些以前被认为是荒谬的或古怪的想法，已由甲骨文的研究肯定下来。[⑥]

可以看出李约瑟的评价还是比较客观的，既承认《说文》词源分析之价值，又对其局限保持警惕性。在实际操作中，李约瑟对《说文》中某些重要科学词汇的考察，基本上也反映了他这一认识。

李约瑟在《中国科学技术史·科学思想史》第十三章“中国科学的基本概

---

① 李约瑟一系列科技史著作有些是1978 年以后出版的，属于下个阶段的成果。限于本书结构与体例，为了李约瑟《说文》研究的系统完整，我们一并在此节列出。

② ［英］李约瑟．中国科学技术史·第一卷总论［M］．北京：科学出版社，上海：上海古籍出版社，1990. 272.

③ ［英］李约瑟．中国科学技术史·第三卷数学［M］．《中国科学技术史》翻译小组译．北京：科学出版社，1978. 155.

④ 郭郛，［英］李约瑟，成庆泰．中国古代动物学史［M］．北京：科学出版社，1999. 119.

⑤ 见《中国科学技术史·第三卷前言中》。

⑥ ［英］李约瑟．中国科学技术史·第二卷科学思想史［M］．北京：科学出版社，上海：上海古籍出版社，1990. 219.

念”“（b）中国科学所用的一些最重要的字词的词源”一节中列了一个表，考察科学思维中一些重要字词的会意词源。在这个表中，他给出了所选字词的编号，字义，现代汉语形式，古代甲骨文、金文或小篆形式，高本汉编号，注解，被引证人（第一个提出众所公认的解释的中国学者）。每个字可能有不同注解，每个注解后有被引证人，其中被引证人是许慎的有 29 处。这个表李约瑟一共选了 82 个字，那么引自许慎的就占 35.4%。这说明李约瑟对《说文》释字的重视。我们做一个表对这 29 处李约瑟的注解和《说文》原文对照如下：

重要字词	李约瑟的注释	被引证人	《说文》原文
也	女性外生殖器，即阴门的图形。如有语义联系的话，可能就是“生存之门”，因此是“对存在的肯定”，并有对于其中所包含的各种品质和属性的全部较轻的肯定意义。在全部中国历史中，尽管经过若干世纪儒家假道学的影响，但这种解释从未受过非议	许慎	女阴也。象形
是	太阳的图形，下面有一只脚和其他笔画，大概组成一个“正”字，即“正确”“正直”“公平”和“正方形”，并非虚幻。所以是“在太阳下面存在的东西”。视觉在这里被当作是我们收集感觉材料的一切其他方法的典型	许慎	直也。从日正
非	传统上解释为“飛”（飞）字的下半部，“飛”（飞）字本身是一只鸟的古代图形；因此，两只翅膀（或许是两只鸟）背对背，即不是面对面。所以（如果许慎是对的），它是个抽象的概念符号	许慎	违也。从飛（飞）下狘（翅），取其相背
始	一个胎儿（头朝下）和一个女人的图形。和胎、子宫以及胎儿有密切联系。因此，这里大概表示一个女性胎儿，“一切开端的开端”	许慎	女之初也
入	一个楔形物或箭头的图形	许慎	内也。象从上俱下也
北	两个人背对背的图形。大概是个同音假借字，或许与第 8 号字（化）是同类的	许慎	乖也。从二人相背

（续上表）

重要字词	李约瑟的注释	被引证人	《说文》原文
西	据认为是一个鸟巢或（根据丁山的解释）一张捕鸟罗网的图形。大概也是一个同音假借字。但是图形看上去很像一个包裹	许慎 王国维	鸟在巢上。象形。日在西方而鸟栖，故因以为东西之西
天	一个大头人的形象的图形。许多现代学者得出明白的结论说，它代表原始拟人的神明	许慎	顚（颠）也。至高无上，从一大
日	象形文字	许慎	实也。太阳之精不亏。从口一。象形
月	象形文字	许慎	阙也。大阴之精。象形
明	日、月两个字的组合	许慎	照也。从月从囧
光	一个人跪着的图形，人头上顶着火，也许是一个手擎火炬的人	许慎 罗振玉	明也。从火在人上，光明意也
雨	雨点的象形字	许慎	水从云下也。一象天，冂象云，水霝（雷）其闲也
雷	为了表示雷鸣，在闪电的象形字的闪光图形中加上了车轮滚滚的图形。其中的圆形物体，也有人认为是鼓，但这不大说得通	许慎 段玉裁 王筠 吴世昌	阴阳薄动靁（雷）雨，生物者也。从雨，畾象回转形
生	植物长出地面的图形；植物生长的象征	许慎	進（进）也。象艸木生出土上

（续上表）

重要字词	李约瑟的注释	被引证人	《说文》原文
類（类）	早期字形不详。语义上的意义也不能确定。在一些古代文献（如《诗经》）里，这个字的意思是“好”。“類”（类）和犬一起作为字音。传统的解释（显然）是，虽然看来有好多种犬彼此很不一样，但犬都是属于犬类	许慎	种类相似，唯犬为甚。从犬頪（类）声
人	一个男人的图形	许慎	天地之性最贵者也。此籀文。象臂胫之形
女	一个女人的图形	许慎	妇人也。象形。王育说
木	一棵树的象形字	许慎	冒也。冒地而生。东方之行。从屮，下象其根
水	流水的象形字	许慎	準（准）也。北方之行。象众水并流，中有微阳之气也
火	火焰的象形字。参见热先生（Mr. Therm）作为聚焦的一个例证	许慎	毁也。南方之行，炎而上。象形
氣（气）	上升蒸汽的象形字。参见希腊文 pneuma（πνέυμα），“米”是后来加上的部分	许慎	云气也。象形
道	图为一个头（象征着一个人），朝着道路上的某处走，因此是“道”“正道”	许慎	所行道也。从辵从𦣻。一达谓之道

（续上表）

重要字词	李约瑟的注释	被引证人	《说文》原文
理	这个字的甲骨文或金文的字形不详。此处所给的拼合方法仅是一种根据想象的重新构造。“里”（“田”和“土”）肯定是字音，“玉”是偏旁。这个字想必创造得比较晚	许慎	治玉也。从玉里声
则	图形或许是以刀在一个青铜或铁制的典礼用鼎上雕刻一组画或铭刻一种法典	许慎 朱骏声	等画物也。从刀从贝。贝，古之物货也
灋（法）	这个字的原形是由“水”与“去”和“廌”组成，“廌”是传说中一种一个角的公牛或者独角兽。据说，这种动物在土地神祭坛前进行神裁法时，用角去抵有罪的人。如果这个独角兽或某种其他动物本身确实不是在后来扮演替罪羊，那么罪恶就这样被解除（废除）了；直到汉代还有罪犯被送到斗技场和野兽相斗的事例（例如，《前汉书》卷五十四）。水这个成分或许并不是起源于（许慎认为的）“法律应该持平如水”这一信念，而是起源于古代仪式中所伴有的驱邪清垢，洒圣水，浇奠或洒水。或许也牵扯到一种“全凭浮与沉”的神裁法，关于斗牛，见 Bishop	许慎	灋（法），刑也。平之如水。从水，廌所以触不直者去之，从去，会意
律	左边是十字路口象形字的一半，即一条街道，所以这个字的语义是政府的命令或法律的公告——因为右边描绘一只手拿着写字的笔。所以有标准化的意义。后来这个字与标准律管的音调联系了起来。甲骨文或金文的字形未见	许慎 吴世昌	均布也。从彳聿声
數（数）	这个字的甲骨文或金文字形未见。它的偏旁异常地放在右边来表示动作。左边表示发音的“婁”的下面有一个女人的形象，上面并有奇怪的头饰。但是，无论它的意义是什么，它与整个字的语义是无关的，因为它原来是指“屡次”，所以由引申而来用来作为数目，并且在数目频繁重现时，作为总数用。因此，它是一个抽象的概念符号	许慎	计也。从攴娄声

（续上表）

重要字词	李约瑟的注释	被引证人	《说文》原文
術（术）	图形中间有一株黏粟类植物，但是，它只起字音的作用。偏旁是十字路口的象形字。汉代和更早的许多参考文献中指出，这个字的原意是“道路”或“街道”，这种用法一直延续到5世纪。正同我们在英语中说 ways and means（方式和方法）一样，所以这个字渐渐取得了“做某件事的正确方法”的特定含义。因此是“正确的技术”。道字也经历了相似的从具体到象征的演变历程	许慎	邑中道也。从行术声

通过这个表我们可以看出：以上这些字的词源说解，李约瑟参考了许慎的说法，但他不是对《说文》直接引用，而是有自己的理解和发挥，比如“北”字，李约瑟解释为“两个人背对背的图形。大概是个同音假借字，或许与第8号字（化）是同类的”。而且他还参考了其他学者的研究，比如“西”字，被引证人不仅有许慎，还有王国维。为了让西方读者易于理解，还联系西方的字词来说解，比如，“气”字，除采用《说文》的释义，还参考了希腊文 pneuma（πνέυμα）；“术”字联系了英语中的“ways and means”等。

另外，82个字中还有8个被引证人不是许慎的字，但注解中提到了许慎，约占总数的10%。我们也列表加以对比。

重要字词	李约瑟的注释	被引证人	《说文》原文
不	一个花茎上带有两片下垂叶子的头状花序的图形；因此就意义来说，这是个同音假借字。按照（许慎的）传统解释，它是一个抽象的概念符号，即一只鸟高飞，不让人捉住它	罗振玉	鸟飞上翔不下来也。从一，一犹天也。象形
變（变）	显然在甲骨文和金文中没有发现过，因此是属于较晚的创造。图形的意义不明确，但它包含两束丝，许慎说，这意味着“整理就绪”，就像在纺纱或丝中那样。字的下半部分表示一只手拿着一根棍子，象征着“运动”“动作”。如果此字不是一个纯粹的同音假借字，它就可能含有由混乱变为整齐的意思	吴世昌	更也。从攴䜌声

（续上表）

重要字词	李约瑟的注释	被引证人	《说文》原文
東（东）	不像传统的解释（许慎）的那样，是透过一棵树看到正在升起的太阳，而是一个包或一捆东西，在某些书体中表示一个人背负着一个包或一捆东西。除非它纯粹是一个同音假借字，否则，一种方位居然和一捆东西联系在一起，就是难以理解的了。徐中舒把東（东）看作是囊（袋）和橐（风箱）的古代字形。这使人想起后来道家以“青囊”称呼天，因而也是称呼宇宙。也许赤道和黄道就是捆起这个袋子的绳索。橐也是冶金的风箱，老子用它来比拟宇宙（见《道德经》第五章）。此外，徐中舒把至今仍然存在的称“事物”为“东西”这一口语习惯与这个古代的囊字联系起来——天地万物都包括在内。丁山同意这种说法。吴世昌虽然怀疑这种用法同宇宙的联系，但注意到某些省份的同行方言中有趣的古典语的讹传	徐中舒 丁山	动也。从木。官溥说：从日在木中
冬	大概不是两根下垂的冰柱的图形（许慎），而是带有果实或叶子的下垂树枝	叶玉森 董作宾	四时尽也。从仌从夂。夂，古文终字。㚇，古文冬从日
電（电）	许慎认为这是试图要画出随着雨向远处展开的某种东西。他把地支的十二个字之一“申”解释为伸展的符号。而在别处他把“申”解释为闪电的象形字，这种解释现在正为人所接受。这个曲折形的闪光点是由雨点伴随着的。在“神”（神明、神圣）字中，闪电作为声符留存下来，这表明古代中国人对于闪电，正如其他民族对于宙斯神、电神和雷神的雷电是一样地畏惧的，因此格外使人惊讶的是，闪电的挥动者（如果原来是完全被人格化了的话），却没有在中国人的头脑中长期保留着他的人格	吴世昌	阴阳激耀也。从雨从申。𩃬，古文电

（续上表）

重要字词	李约瑟的注释	被引证人	《说文》原文
公	据说也是男子生殖器官，突出显示了阴茎头。传统的看法（许慎）是，这个字是由“八”（犹背）和“私”组成，即“背对私利”，但这是不能令人信服的	金璋（Hopkins）	平分也。从八从厶（音司）。八犹背也。韩非曰：背厶为公
陽（阳）	按照传统的说法（许慎），这个字的上部是日，下部则是表示斜晒的日光（吴世昌）。其异体字（除非 Hopkins 错了）表示一个人捧着一个有孔的玉盘（即“璧”）的图形。“璧”不仅是一种礼器，而且也许像后面将要看到的，是中国最古老的天文学仪器	孙海波 容庚	高、明也。从𨸏易声
算	甲骨文或金文的字形未见。虽然某些书体的字形象一个算盘，不过它们的年代很可能为汉代。更早的字形显示出象一个“王”字的图形，这差不多可以肯定它描绘的不是（如许慎所认为的）“玉”，而是一个竹算尺的模型［见本书第十九章（f）］。所以全字被冠以竹字头	吴世昌	数也。从竹从具。读若筭

通过上表可以看出，李约瑟以上这些字之词源说解与许慎意见不同，他采用了甲骨文、金文专家的说法。

剩下的45个字，其中“为”（）字和“雪”（）字所选字形，《说文》中没有说解，“德”字被引证人一栏空白。其他字的被引证人大都是甲骨文、金文研究的专家，如吴大澂、丁佛言、吴世昌、商承祚、郭沫若、刘心源、唐兰、罗振玉、孙诒让、段玉裁、王国维、徐中舒、丁山、叶玉森、董作宾、王筠、朱骏声、孙海波、容庚等；还有一些外国学者比如高本汉、韦利、金璋、埃克斯（Erkes）等，他们对甲骨文、金文也都有一定的研究。

综上所述，李约瑟所选82个中国科学所用重要字词的词源中，有29个被引证人是许慎，有8个被引证人不是许慎，但说解中提到许慎，有2字所选字形《说文》中没有说解，还有1字无被引证人，其他42字则采用对甲骨文、金文等有研究的中外专家的说法。这种情况与前文所提到的他对《说文》词源价值的评价是一致的。

二、李约瑟对《说文》的应用

李约瑟之《中国科学技术史》每卷后面所附参考文献中，都少不了《说文》。他对《说文》的引用很多，我们在此仅举几例以窥一斑。

如第二卷《科学思想史》在介绍“萨满、巫和方士”时说：“《说文》的作者说，所有各种巫都和以召鬼或念咒为业的祝相似。”① 比较《说文》原文：“巫，祝也。祝，祭主赞词者。”

又如，第三卷《数学》在讨论“算”字时说：“算的异体字（筭），前者是从较古的写法变来的，字的中央部分，许慎曾认为表示玉，但更可能是表示一束（或几枝）算筹。许慎把这个字与‘摆弄某物’的‘弄’字联系起来，并说算字的意义已由竹字头表明，因为竹字头就代表长六寸，所以计历数的算筹。”② 又说：“《说文》（121 年）重述了算筹的长度，它大约相当于我们现在的四寸。”③ 比较《说文》原文：“筭，长六寸。计历数者。从竹从弄。言常弄乃不误也。”

又如，李约瑟在第六卷一分册《植物学》中，将《说文》作为最早的百科全书，详细分析了其中植物方面的字，对“屮、支、木、瓜、生、禾、竹、米、草”等字的起源进行了考证，并且对《说文》中属于植物的字，进行了分析统计，同时论述了我国的植物地理学名词。④

又如，李约瑟在第四卷《天文学气象学》中介绍中国古代气象时说：“《说文》的成书略晚于王充，此书给云下定义是‘润气’（湖沼蒸发的湿气）。”⑤

以上可见，李约瑟非常善于挖掘《说文》中蕴藏的古人对大自然的丰富认识，能从《说文》中引证出科技史实，其做法值得我们借鉴。

---

① ［英］李约瑟．中国科学技术史·第二卷科学思想史［M］．北京：科学出版社，上海：上海古籍出版社，1990. 149.

② ［英］李约瑟．中国科学技术史·第三卷数学［M］．《中国科学技术史》翻译小组译．北京：科学出版社，1978. 9.

③ ［英］李约瑟．中国科学技术史·第三卷数学［M］．《中国科学技术史》翻译小组译．北京：科学出版社，1978. 183.

④ 王华夫．介绍李约瑟博士近著《中国科学技术史·六卷一分册—植物学》［J］．农业考古，1990（1）：381.

⑤ 见《中国科学技术史·四卷天文学气象学》，第 719 页。

三、李约瑟利用《说文》研究科技史之特点

我们这里试以李约瑟“汉代《说文解字》中的动物学”一章为例[①]，探讨其利用《说文》研究中国科技史之特点。该章共分为三节：第一节，动物学的19个部首，主要讨论《说文》中和动物学有关的部首；第二节，一字名、二字名和多字名，其中谈到《说文》确定动物学名称术语的价值；第三节，从蟲、䖵、虫部首中看动物学名称，对虫部首中有关的字作现代解释。李约瑟认为《说文》中有关动物学的名称和词汇以及整理所成的部首和字数比较多，反映出其时人们的动物学知识增多。

（一）运用学科分类知识分析《说文》相关部首

李约瑟说：“字典的部首是有关事物的分门别类的方式。”[②] 他认为《说文》所用的部首同动物系统分类有一定的相关性，基本上已划出虫、鱼、鸟、兽、倮（人）的五大范围，后来中国所发展的动物学名称，基本上沿着这条途径深入继续下去。根据《说文》中有关动物学名词和术语内涵的部首，李约瑟认为《说文》一书基本涉及动物学和人类生物学各个领域的知识：

（1）动物系统分类学知识。李约瑟认为动物系统分类学的知识在《说文》中占有一定分量，如哺乳动物即可归纳为：兽、虎（虍、豸）、犬、羊、马、牛（廌、𤉡、犛）、豕（豚）、鼠、鹿、象、熊、兔12个部首，还有人的部首。

（2）动物和人体解剖学、生理学知识。李约瑟认为动物和人体解剖学、生理学的主要内容已在《说文》中表现。如《说文》中有人、生、女、子、气、牙、爪、毛、心、手、皮、兄、口、死、民、舌、羽、老、血、耳、弟、身、尾、卵、目、男、卧、长、革、眉、食、韦、角、面、首、足、骨、筋、鼻、齿、力等部首。还有表示动物和人的内部器官的字如肉、肌、胎、肾、肺、脾、肝、胆、胃、脖、肠、膏、肪、膺、肊、背、胁、肋、肩、胳、臂、肘、腹、胯、股、脚、胫、腓、胡、腺、臄、胵、膘、脯、膊、胥、臊、腥、膜、胶、肥、腔等皆从肉（月）字部首中衍生出来。

（3）动物行为、环境、心理学知识。李约瑟认为：《说文》中有表示动物行

① 见《中国古代动物学史》。中国科学院动物研究所研究员郭郛等在《中国古代动物学史》一书中声称：“李约瑟对许慎《说文解字》部分动物学知识进行深入系统的解释，本书几乎原封未动地列在一章中，篇后添注李约瑟的名字，以示尊崇，并感谢他的大作对我的启发，使我努力去精读中国深奥的动物学古籍《山海经》和《尔雅》。”本书所用材料即来自《中国古代动物学史》，该书属于李约瑟主编的《中国科学技术史》的一部分，先用中文撰稿并印行，准备译成英语。

② 郭郛，［英］李约瑟，成庆泰. 中国古代动物学史［M］. 北京：科学出版社，1999. 119.

为的部首，如走、行、步、言、曰、告、辵、见、飞、杀、教、习、履、斗等；有表示动物生态环境的一些有关部首，如宀（家）、户、门、穴、市、日、月、夕、明、风、雨、云、气、水、火、木、金、土、天、地、林、田、畕、州、竹、禾、仓、邑等；有表示动物心理活动的一些部首，如鬼、喜、奢、㾜、哭、香等。

（4）动物生殖生物学。李约瑟认为：动物生殖生物学的内容分别散见在《说文》各有关部首中，如动物去势的技术，豕部有："豶，羠豕也"，"豮，豶也"；犬部有："猗，犗犬也"；牛部有："犗，騬牛也"；马部有："騬，犗马也"；羊部有："羯，羊羖犗也"，"羠，騬羊也"；攴部有："斀，去阴之刑也"。他还指出，"豮"（殳部）、"敊"（攴部）、"椓"（木部）等指动物的去势技术；"斀"原专指人类去势的技术，汉代已发展成为宫刑或腐刑的刑罚名词，是法律上的专用词。

（二）运用统计对比方法分析《说文》与科技史有关的字词

李约瑟分析《说文》和动物有关的字词时就经常用到统计对比的方法。

李约瑟统计出《说文》中有 19 个部首与动物学有关，并且制作了一个表格，列出人（亻）、女、牛、犬（犭）、羊、虍（虎）、虫（䖵、蟲）、豕（彐）、豸、貝（贝）、隹、馬（马）、魚（鱼）、鳥（鸟）、鹿、黽（黾）、鼠、龍（龙）、龟 19 个与动物学有关的部首，每个部首给出笔画、在《康熙字典》中的序号、英文拼音（威—翟式）、英文字义、《说文》与《康熙字典》所衍生字数，苏慧廉（William E. Soothill，1861—1935）和顾赛芬所收字数、包括的动物种类等。他还统计出："在《说文解字》540 个部首中，动物学的名称和术语所形成的部首有19 个，约占总数的3%，其中哺乳动物占12 个，鸟类2 个（隹、鸟），爬虫类2 个，两栖类1 个，鱼类1 个，无脊椎动物和昆虫类2 个。从动物名称的字数看来，鱼、鸟种类数目较高，无脊椎动物和昆虫类数目最多，因为其中包含了腔肠动物、蠕虫类、软体动物、两栖类、爬虫类，甚至脊椎动物。这些表明汉代的动物学知识有一定的局限性，科学上字的创造是艰巨的。"①

李约瑟还把《说文》中有关虫的部首中所列字数与其他字典中虫部的字数作了统计对比：许慎《说文》中有关虫的部首中共列出 299 个字，《康熙字典》（1716）虫部首（已将䖵、虫合并于虫）中列出 1 095 字，反映了人们对虫的知识逐步增长。在 W. E. Soothill 的字典（1928）中列出与虫有关的字 200 个，F. S. Couvreur（1947）列出 399 个字，R. H. Mathews（1947）列出 199 个字。

---

① 郭郛，［英］李约瑟，成庆泰. 中国古代动物学史［M］. 北京：科学出版社，1999. 121. 原书动物学的名称和术语所形成的部首统计有误，应为20。

李约瑟这种统计对比方法，用数字说话，结果科学客观，让人信服。

四、对李约瑟利用《说文》研究科技史之评价

中国学界对李约瑟利用《说文》进行科技史研究评价很高，比如中国科学院动物研究所研究员郭郛说："李老本人是生物学家，在胚胎学、形态发生、生化学等方面做了许多工作，所以在动物史写作提纲进行全面规范，充分表达一位学术大师的识力和见解；更令我十分惊喜的是，李老在动物学方面对中国东汉许慎的《说文解字》中有关动物的字进行深入的研究，他将该书视为中国科学技术的经典，作为科技史一个支点，这种超人的见解，不得不令人佩服和尊敬。"①

总之，李约瑟关注《说文》中的科学词汇，积极在其科技史著作中利用《说文》文献，并且善于在《说文》中发现系统的科学知识，他从科学史角度对《说文》的研究在欧美《说文》学史上是比较有特点的。由于西方大部分《说文》研究都是集中在人文科学领域，李约瑟将其拓展到了自然科学领域，具有重大意义。这对我们研究《说文》很有启发。国内从科技史角度对《说文》进行研究的，比如王平的《〈说文解字〉蕴涵的中国古代科技信息》（2000）一文②、《〈说文〉与中国古代科技》（2001）一书③，比李约瑟的研究晚了不少年。这类研究应该加大力度，从而进一步挖掘《说文》在中国科技史中以及文化研究中的价值。

第四节　美国司礼义之《说文》研究三篇

司礼义，比利时裔美国人，曾在中国传教，对中国语言、文字、民俗都比较有研究。从1930年起，他就开始学习中文，曾经是赵元任、陈世骧两位语言学家的学生；1937年他到中国北方，一方面传教，另一方面进行中国民俗研究、歌谣收集工作；1955年获得柏克莱加州大学东方语言学博士学位。他精通英文、法文、德文、俄文、希腊文、拉丁文，熟谙中文、西藏文、蒙古文、梵文、日文，并用英、法、德文等多种语言发表过学术论著三十余种。其《说文》研究主要有《〈说文〉里的转注研究》（1957）④、《〈说文〉里与"盐"义有关的字》

---

① 郭郛．怀念大师李约瑟［J］．农业考古，2001（1）：23~24.

② 原文收录于《中国典籍与文化》2000年第4期。

③ 王平．《说文》与中国古代科技［M］．南宁：广西教育出版社，2001.

④ Serruys, Paul L-M. "The Study of the Chuan Chu in *Shuo wen*" ［J］. *BIHP*, 1957, 29 (1): pp. 131 - 195.

(1958)①、《论〈说文解字〉的部首系统》(1984)②。由于有先后十余年在中国大陆以及台湾生活的体验，再加上他对文字比较有研究，因此他对《说文》的研究是十分深入的。下面我们进行详细讨论。

一、司礼义《说文》研究文章

(一)《〈说文〉里的转注研究》

《〈说文〉里的转注研究》1957年发表在中国台湾《“中央”研究院历史语言研究所集刊——庆祝赵元任先生六十五岁论文集》中，前面有注，说明此文曾经在1955年4月23日美国东方学会西部分会上宣读过，发表时在原来基础上作了修订。在正文之前有个清晰的目录，从中可看出文章的主要内容和结构安排。

该文包括“引言”和“正文”两大块。“引言”部分说明转注是六书之一，并分别介绍了形声、假借、象形、指事、会意、转注的研究情况和存在的问题，尤其强调转注研究所存在的问题，以及进一步研究的必要性。“正文”部分又分为四部分：①转注理论和阐释的综述：先是总论，讨论转注引起的困惑；然后从字形角度讨论了关于转注的四种看法，从语音角度讨论了饶炯、郑樵、张有、赵古则等人的看法，从语义的角度讨论了不同的理论和看法。②《说文》里的转注实例：先讨论许慎给出的定义及其阐释，然后详细分析《说文》中的“考”“老”字例，又讨论了学者们超越许慎定义比较宽泛的转注例子。③《说文》里的转注对和转注链：先初步说明研究《说文》转注对和转注链的意义及其存在的问题，然后具体找出不同类型的转注对：根据《说文》字形分析进行古音构拟，具有相同声母和韵母之词构成的转注对；《汉文典》古音构拟声母不同之词和韵母不同之词，但可以通过《说文》字形分析建立联系的转注对，以及通过联绵字来解释的转注对。④结论：经过前面一系列分析，在强调了用于选择与比较同源词标准的主观性危险之后，司礼义肯定了《说文》中的“转注”词的可靠性及其对同源词研究的意义。

(二)《〈说文〉里与“盐”义有关的字》

《〈说文〉里与“盐”义有关的字》1958年发表在《东方》(*Oriens*)上，论

---

① Serruys, Paul L-M. “The Word for ‘Salt’ in *Shuo Wen*” [J]. *Oriens*, 1958, 11 (1/2): pp. 203 – 223.

② Serruys, Paul L-M. “ On the System of the Pu Shou (部首) in the *Shuo-wen Chieh-tzu* (说文解字)” [J]. *BIHP*, 1984, 55 (4): pp. 651 – 754. 此文虽然属于1978年以后的阶段，限于本书结构与体例，为了司礼义《说文》研究的全面完整，暂且放在此节介绍。

文提要曾在1956年第六次美国东方学会会议上宣读过[①]。该文目标是讨论《说文》中出现的与“盐”义有关的不同词以及它们之间的相互关系。文章分为四部分：“引言”部分提到《说文》中与“盐”义有关的六个词以不同形式出现，它们在以后的字书中出现了更多的近义词。认为通过研究《说文》文本，这些字可以根据方言来源和分布作重要区分。剩下三个部分是文章的主体：①《说文》中的词和它们的构拟：列举了《说文》中与“盐”义有关的字进行详细分析并利用谐声原理进行语音构拟；②后来的字及其异体：介绍了6组来自其他字书与“盐”义有关的字及其语音构拟；③结论：司礼义认为《说文》中的这些与“盐”义相关的字有一个基本词或者词根，主要和方言来源有关，与语义差异和语法功能则没有太多联系。

（三）《论〈说文解字〉的部首系统》

《论〈说文解字〉的部首系统》1984年发表在《中央研究院历史语言研究所集刊》上[②]，该文的主要目的是想告诉读者《说文》说了些什么内容以及它所能提供的启示。具体目标分为三个：第一，阐释《说文》部首选取和排序背后的原则，看其在多大程度上可验证和适用于早期汉字的历史，并进一步用许慎在《说文》中或明或暗可能用过的其他原则来说明《说文》的部首系统。第二，从字形、字义和字音方面来考虑，表明作者所体察到的被选取为部首并按照一定的顺序排列的字形之间各种程度和类型的关系。第三，讨论部首的重任、在某些地方导致其瘫痪的系统复杂性以及随着时间的流逝有可能潜入《说文》的某些错误。

文章分为三部分：开头是“简介”部分，主要介绍前人研究《说文》部首系统的成果、《说文》部首系统的缺点以及影响、《说文》以后新的分类系统、作者的目标。中间部分是对《说文》540部首字解释的翻译和简短评注。这些评注不是为了保卫或者冒犯《说文》的解释，只是为了表明作者是如何理解字形所表示的这个词义，如何分析和解释这个字的结构，一个部首如何自然引出下一个部首（或者基于字形结构，或者基于词义和它们的词源关系）。最后是结尾评价部分，分3点进行评价：①对《说文》部首系统本身的评价；②对《说文》分析、定义和解释的评价；③对《说文》部首排序对今天金文和甲骨文分类适应性的评价。

---

① 第六次美国东方学会会议，即6th Meeting of the American Oriental Society。

② 即The Bulletin of Institute of History and Philology，缩写为BIHP。

二、司礼义《说文》研究特点

（一）整体着眼，全局分析

在《〈说文〉里的转注研究》中，司礼义认为，只有把转注放在许慎整个字典的语境下并且和其他五书相对照来研究才合理，因此有必要把每一个定义及其例子都搞清楚。在专门介绍转注之前，他先把六书的研究情况和存在问题作了全面考察。讨论“转注”时也是考虑了转注的各种情况，找出《说文》中所有的“转注对”和“转注链”。如他把《说文》中的转注对分为四类并全部找出：根据《说文》字形分析进行古音构拟，具有相同声母和韵母之词的转注对 40 组；可以通过《说文》字形分析建立联系，但《汉文典》古音构拟具有不同声母之词的转注对 33 组；可以通过《说文》字形分析建立联系，但《汉文典》古音构拟韵母不同之词的转注对 67 组；通过联绵字来解释的转注对 35 组。这种在一定范围内作穷尽性研究的方法可以保证其结论的科学性和可靠性。

《〈说文〉里与“盐”义有关的字》一文，先从《说文》全书着眼，对 6 个和“盐”义有关的词及其异体字、近义词分 9 组进行考察，又联系其他后起字书中相关字词分 6 组进行讨论。经过这样的全局分析，读者就可以对《说文》里与“盐”义有关的字有全面的了解。

《论〈说文解字〉的部首系统》一文，对《说文》540 部首字之解释进行全部翻译和简短评注。他按照《说文》的十四篇顺序，分十四节标出每个部首的顺序。司礼义讨论《说文》部首分类系统适用于古文字分类的情况同样考虑到了所有的情况：分类完全遵循许慎的《说文》部首系统的，如容庚《金文编》，周法高《金文诂林》《金文诂林附录》《金文诂林补》，李孝定《甲骨文字集释》等；部分遵循《说文》分类系统的，如高田忠周《古籀篇》；完全不同于《说文》分类系统的，如岛邦男《殷墟卜辞综类》、中岛竦《书契渊源》；以及简单根据笔画或者现代字典部首分类的。这样整体着眼，全局分析的方法，有利于读者从总体上了解《说文》部首系统。

（二）对比参照，列表统计

司礼义在《〈说文〉里与“盐”义有关的字》一文中选取和“salt”有关的不同的词从三个层面对语义进行对比，得出结论：①盐地，西部称卤，东部称㡿，斥；②方言，西部称盬（盐池），东部称盐（海盐）；③盐味，西部称盬，河内鄌、酇和东方称咸。司礼义分析了《说文》中和“salt”有关的字之后，列表如下：

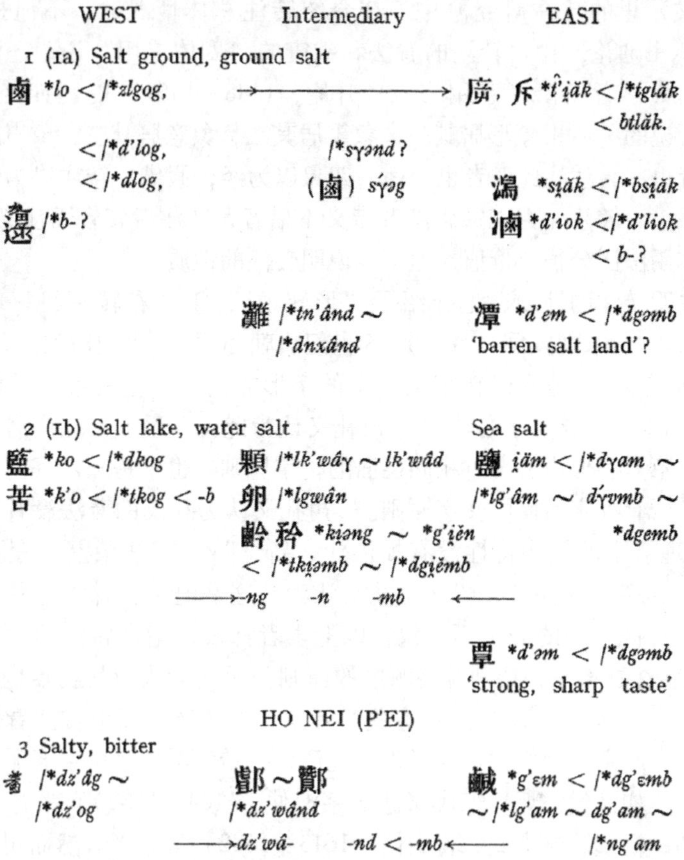

经过这样对比参照，读者对《说文》里与“盐”义有关的字就一目了然了。

司礼义在《论〈说文解字〉的部首系统》一文中，对《说文》每个部首所辖字列表进行了统计①，统计出没有所辖字的部首数量、只有 1 个所辖字部首的数量、有 2 个所辖字部首的数量，直到最多有 467 个所辖字的部首数量。这样列表统计以后，读者对《说文》每个部首所辖字的情况就比较清楚了。

（三）广征博引，时有点评

司礼义在其《说文》研究中展示了其深厚的学术功底，广征博引，不但对中外学者的相关研究进行了介绍，还有自己的评价，显示了他对这一领域的深入

---

① 限于篇幅，此处不再列出司礼义原文中的统计表。

把握。

《〈说文〉里的转注研究》中，在介绍转注总体情况时，不但提到胡韫玉（朴安）《六书通论》中对转注的看法和戴震的“四体二用”说，还注意到比戴震还早的明代学者杨慎（字用修，号升庵，1488—1559）的“四经二纬”说，对于杨氏所说的“六书象形居其一，象事居其二，象意居其三，象声居其四。假借借此四者也，转注注此四者也。……四象以为经，假借、转注以为纬。四象之书有限，假借、转注无穷也。假借者借义不借音，转注者转音而注义”，司礼义认为这个体用法区分很有价值，但不能说明转注的性质。

为了说明转注的性质，他介绍了“形转说”：①“右转左回”理论的倡导者，包括13世纪宋朝戴侗（仲达）、8世纪唐朝孙愐、7世纪唐朝贾公彦的说法。所谓“右转左回”，是指以转变某个字的字形方向而产生的字为转注字，所谓“‘考’字左回，‘老’字右转”①。司礼义认为此说不妥。②孔广居的看法。孔氏认为转注不是和形声、会意相同层面的构字原则，也不是和六书前四书相对的原则，而是所有汉字后面的文字原则。② 司礼义认为孔氏的看法没有例子和证据支撑，“对理解字的结构特性没有提供什么新意”③。③汪荣宝（衮甫）的观点“转注者，以改字为造字者也”。司礼义认为，这是把转注看作一种特别的形声或会意，和《说文》的分析不一致，以上学者都没有指出转注的性质。④叶濬（哲臣）把转注看作一种特别排字顺序的原则。司礼义认为其观察是正确的，但只注意到一个方面。“音转说”：有些学者从词的语音方面把转注看作是和前四书平行的构字原则。他们常常与形声字混淆，把转注看作是由字音派生出的一组特别的字，比如清代饶炯，宋代郑樵（字渔仲，1104—1162）、张有（字谦中），明代赵古则、杨慎、顾炎武、蒋山佣（1613—1682）等学者。然而司礼义认为他们的理论都不能适用许慎的“考”“老”例子。在此基础上，他又介绍了“义转说”：①许多学者提出强调语义方面的转注的公式化表述，但是没有发展出完善的理论来解释所有的牵连，比如宋代毛晃，明代张位、徐绍桢（字固卿）、甘雨（字子开）、金铽、王应电（字昭明）。这些学者的表述简短而模糊，尽管能被正确理解，但是经常导致严重错误，因为没有充分展现《说文》定义中每个元素的意义和功能。②许笃仁的观点是“同一意义之文字互有变动转移曰转”。司礼义认为他的例子考虑到语义上的共同背景却没有考虑到语音上的联系，没有考虑到《说文》中转注必需的其他因素，他的理论太模糊。③训诂说。清朝杰出的

---

① （唐）裴务齐．切韵序．续通志·卷九十．六书略·转注四．

② 司礼仪没给出孔广居原话。据其所述意思应为“以文生字，字又生字，生生不穷，谓之转注。是转注即寓于四象（象形、象事、象意、象声）之中者也”。孔广居所谓的“转注”十分宽泛。

③ Serruys, Paul L-M. “The Study of the Chuan Chu in *Shuo wen*” [J]. *BIHP*, 1957, 29 (1): p. 138.

学者戴震、段玉裁、王念孙、钱大昕、桂馥、王筠等都支持此说。这个说法得名来自段玉裁的总结："转注即训诂，字反覆相训为转注，数字合为一训亦转注。"在他们之前，宋代的徐锴就已经提出转注即同部首的字这个观点。江声的看法和徐锴差不多，他没有为转注的应用设限制条件，对此，叶德辉（字奂彬，号直山）提出批评。司礼义还总结了其他学者对训诂说的批评。④朱骏声的理论。朱骏声认为"转注者，体不改造，引意相受，令长是也"，又"凡一意之贯注，因其可通而通之为转注；一声之近似，非其所有而有之为假借。就本字本训而因以展转引申为训者曰转注。无展转引申而别有本字本训可指名曰假借"。司礼义认为朱骏声的理论是为反对训诂说理论而提出的，但是他认为朱骏声的理论不是《说文》所说的转注。他还提到曾国藩和黄世三对朱骏声理论的反驳。总体上看，司礼义比较倾向于训诂说，他说："看起来只有王筠以最可能清晰的方式说明了《说文》转注定义中的各种条件和限制。"①

在《〈说文〉里的转注研究》中，司礼义除了介绍《说文诂林》里中国学者对转注的研究以外，也介绍了外国学者对转注的翻译和研究及其看法。比如他提到英国学者叶慈（Walter Perceval Yetts）分析指出中国学者对转注理解不同之原因②，还提到英国湛约翰对"转注"的批评研究并对湛约翰的观点作了评价③。司礼义讨论《说文》转注的例子"老"字和"考"字时，除了分析《说文》中的小篆字形解释以外，还利用高田忠周（Takata）的《古籀篇》、孙海波的《甲骨文编》、朱芳圃的《甲骨学》中的字形解释进行对比参照。

《〈说文〉里与"盐"义有关的字》中，司礼义在解释相关字的时候，征引提到的书籍有《一切经音义》《尔雅义疏》《释名疏证》《玉篇》《说文解字诂林》《春秋说题辞》《春秋元命包》《公羊传》《谷梁传》《中国盐政史》《潜夫论》《方言》《经典释文》《集韵》《说文解字义证》《六书故》《左传》《易经》《说文通训定声》和《酉阳杂俎》等，还有日本高田忠周《古籀篇》、瑞典高本汉的《汉文典》、H. F. Schurmann 的 *Economic Structure of the Yuan Dynasty*，De Harlez 的 *The Yih-king* 等。

《论〈说文解字〉的部首系统》中，司礼义列举了相关的著作，如钱玄同的《说文解字部首今读》（1958），黄绮的《部首讲解》（1957），饶炯的《说文解字部首订》，蒋和的《字原表》、《字原表说》（1787），王筠的《说文部首表》

---

① Serruys, Paul L-M. "The Study of the Chuan Chu in *Shuo wen*" [J]. *BIHP*, 1957, 29 (1): p. 145. 注释（7）.

② Serruys, Paul L-M. "The Study of the Chuan Chu in *Shuo wen*" [J]. *BIHP*, 1957, 29 (1): p. 134.

③ Serruys, Paul L-M. "The Study of the Chuan Chu in *Shuo wen*" [J]. *BIHP*, 1957, 29 (1): p. 134. 注释（5）. 司礼义对湛约翰转注研究的评价，在"湛约翰"部分已经讨论过，此不赘述。

（1843），包明叔的《说文部首通释》（1967）等，也提到日本学者白川静的《说文新义》（1960）等。

（四）尊重《说文》，严扣定义

在《〈说文〉里的转注研究》中，司礼义认为许慎对《说文》中转注的真正意义不确定或者不清楚的说法是让人无法接受的。假设在许慎之前这个术语已经存在，如果许慎的概念不是传统的意义，那么只有他在定义中阐释的意义才能与其他五书的上下文和定义以及字典中的字形分析在逻辑上相符合，这样才是合理的。因此司礼义提出："非常有必要去理解许慎定义中的每个词、这个术语的意义以及许慎所给出的例子，同时要考虑其他五书的定义及其适用范围。"① 他认为，对转注理解混乱的原因与其说是文本遭到窜改、术语模糊，或者许慎自己概念不清晰，不如说可能是《说文》只用了两个例子来说明，而且整个字典中没有用转注来解释任何一个字这样的事实。他分析造成这个事实的原因可能是由于转注原则不用来分析汉字结构，或者从来不用于一个汉字，而是一次应用于不同的多个汉字。许慎转注的概念，并不是到他的时代已经变为被误解的、模糊的、不完全的古老传统概念；而可能恰恰相反，是众所周知、很容易被辨认的概念。也就是说，"任何时候应用到转注，即使词和字实际上的处置和分析没有自然明确引向转注，文字和语言的性质也可以让每一位读者都理解转注的功能，每一次都可以自己领会，而且恰恰是在《说文》本身分析程序的基础上的"②。

司礼义在介绍和评价了中外学者对转注这个问题的研究之后，指出大部分中国学者对转注的分析都是从《说文》的定义出发的，只有朱骏声大胆提出了一个不同的定义。司礼义解释导致转注概念理解不一致的原因在于"这些学者在他们的解释中没有考虑定义中的所有元素，或者丢弃其他方面过分强调了某个特别的方面，或者最终误解《说文》中给出的'考''老'例子的本质"③。他认为现在有必要搜集前人所有积极正确的方面，然后用《说文》的定义来检验它们。司礼义详细分析了《说文》的定义，他通过对"转注"一词本身的解释、对"建类一首"的解释、对"同意相受"的解释，得出自己的观点："术语'转注'是修辞性地运用'转'和'注'来比喻'（意义的）发展和（词的）派生'的过程，它们有词源上的联系，由相同构字成分的字来表示，因此限制在《说文》同一部首下并且由互训来解释。"④ 然后司礼义又用很多篇幅分析了《说文》给

---

① Serruys, Paul L-M. "The Study of the Chuan Chu in *Shuo wen*" [J]. *BIHP*, 1957, 29 (1): p. 134.
② Serruys, Paul L-M. "The Study of the Chuan Chu in *Shuo wen*" [J]. *BIHP*, 1957, 29 (1): p. 135.
③ Serruys, Paul L-M. "The Study of the Chuan Chu in *Shuo wen*" [J]. *BIHP*, 1957, 29 (1): p. 149.
④ Serruys, Paul L-M. "The Study of the Chuan Chu in *Shuo wen*" [J]. *BIHP*, 1957, 29 (1): p. 152.

出的“考”“老”例子，考察了若干相关字词，他认为尽管表示“老”的字有大量方言变体和不同构成形式，但是它们都有共同的词根，可以归结为带有声母和韵母变体的一个公式。所有这些字中，“考”和“老”是关系最近的同源词，可以真正作为转注的经典例子，有相同的基本构字成分，发音相似，语义相关或者说完全相同。

（五）重视《说文》，客观评价

司礼义三篇文章都是以《说文》为主题的，说明他作为西方学者比较重视《说文》。但他并不盲目推崇《说文》，也不拔高美化自己的研究，从他文章的结论中可以看出他对《说文》以及自己的研究的评价都是比较客观的。

在《〈说文〉里的转注研究》中，司礼义在作结论之前，再三强调了用于选择与比较同源词标准主观性的危险，这是“由于它只是建立在可能的语义联系和根据我们目前的方法和构拟结果所观察到的语音相似性上”①。然后，他对《说文》转注词应用于汉语同源词和派生词研究的价值作了评价，他说：

> 《说文》中的转注词提供的例子去掉了主观性因素，它们代表的是汉语历史上重要的语言学时期汉代说者和学者对某些词之间的词源关系的感觉和理解。他们的感觉和理解偶尔也可能是错误的，但是，从各个方面来说，他们同时代对语言的分析还是要优于我们的猜测。既然《说文》转注词之间改变与变化的范围还和《说文》中的语音分析、《方言》中所显示的方言差异及其他同时代的材料完全一致，那么就可以坚定地确信大多数从《说文》的转注对当中得来的同源词是完全可靠与可信的。在汉语同源词和派生词研究中，转注提供了第一块客观的基石，在此基础上才可以开始更精密的研究。②

可以看出，司礼仪肯定《说文》转注词价值的同时也指出《说文》转注对得出的同源词不一定全部正确。

司礼义在《论〈说文解字〉的部首系统》一文最后对《说文》给出了三条评价，既有批评也有肯定，是比较客观的。首先，对《说文》部首系统本身的评价。他认为《说文》部首系统每部所辖字的数量和排序没有明显的关系。作者的目的是把每个字放入能够和前面与后面的字都展示最自然、最明显联系的部

① Serruys, Paul L-M. “The Study of the Chuan Chu in *Shuo wen*” [J]. *BIHP*, 1957, 29 (1): p. 193.
② Serruys, Paul L-M. “The Study of the Chuan Chu in *Shuo wen*” [J]. *BIHP*, 1957, 29 (1): p. 195.

首序列中。这种联系有时很明显是基于部首字的字形，但是经常是基于不规则的形式——和小篆不同的古文和籀文形式，甚至有时不是基于前面一个部首而只是基于其所辖的一个语音派生字。有时联系只是语义上的，这样某些类型的动物名字才能放在一起；甚至在某些情况下，联系很难确定，或者很难以某种方式解释和其他经常出现的情况相一致，从而显示出是某种总体原则。① 其次，对《说文》分析、定义和解释的评价。他认为，有时《说文》对字的构成成分的分析和解释无法让人信服，经常让人弄不清楚它到底想表达什么意思；有时则确定了字的构成成分，却什么也没有解释。在另外一些情况下，《说文》提出的解释很显然是错误的。然而，《说文》的探索还是值得肯定的。很多情况下，比较一下更早的字形，会弄清楚《说文》的字形是如何搞混并错误解释的。在《说文》中经常提到不止一种理论，有时是以令人混淆而且不完善的方式提出的，那些不同的理论向我们展示《说文》力图协调的各种积极信息元素。最后，对《说文》部首于铭文和甲骨文分类适应性的评价。他认为许慎的《说文》部首系统在整个汉字串联体系中有许多弱的联结：经常诉诸随意抽取字形或者强推后起字形的外部字形相似性而没有考虑到语义；或者相反，仅仅强推语义上微弱的联系而没有考虑字形的相似性，各个步骤好像是临时采取的，没有考虑下一个死胡同是什么或者在哪里。然而另一方面，《说文》的作者间接地表达了一个很强的观念，那就是在汉字中，字形结构和构造、意义和语音、词和同源词以及整个语义联系与关系的等级和层次之间的内部联系，构成了一个连贯的系统。在这种意义下，《说文》的理想系统不应该被忽略，而应该随着材料的增加和理解的细密深入，努力慢慢地纠正修改。

三、司礼义《说文》研究评价

司礼义是以西方学者的视角来看待《说文》中的各种问题的。首先，其《说文》研究套用的是西方语言学术语，比如同源词（cognates）、词（word）、词根（word stem）、语义差异（semantic difference）、语法功能（grammatical function）、派生词（derivatives）、异体词（variants）等典型的西方术语。其次，其《说文》研究对拟音极其重视，每篇文章都有不少篇幅来讨论语音构拟，《〈说文〉里的转注研究》一文拟音参考对照了高本汉《汉文典》拟音、沈兼士《广韵声系》、《说文》里的谐声分析和“读若”、《释名》、《方言》等。《〈说文〉里与“盐”义有关的字》一文参照高本汉《汉文典》拟音、《说文》的谐声分析，

① Serruys, Paul L-M. “On the System of the Pu Shou (部首) in the *Shuo-wen Chieh-tzu* (说文解字)” [J]. *BIHP*, 1984, 55 (4): p. 751.

《论〈说文解字〉的部首系统》则主要参照了李方桂的拟音系统。而且他十分关注《说文》中的声训和“读若”现象，认为很有价值。这与西方语言学特别关注声音方面的研究有关。

也有学者对司礼义的《说文》研究提出批评。比如：美国米勒认为他《论〈说文解字〉的部首系统》中的语音构拟站不住脚，是一种循环论证[①]；瑞士冬玛轲指出他的540部翻译有不少错误[②]。然而瑕不掩瑜，总体来说，司礼义在美国《说文》学中占有重要地位，他可以算得上是20世纪美国《说文》学的领军人物，其《说文》研究值得关注。而且司礼义不仅自己在《说文》学方面作出了许多成就，作为教师他还培养了一些出色的学生，比如在《说文》“读若”研究方面比较有成就的美国学者柯蔚南，就是他的学生。

第五节　荷兰何四维之《说文》与法律研究

何四维，荷兰学者，毕业于莱顿大学中文系，曾在北京、东京生活过，1935—1942年在荷印政府负责中国事务，1955年获得博士学位，1956年任莱顿大学汉学研究院院长，并兼任莱顿大学汉学研究院汉学讲座的教授，1976年退休。在其20年的教授生涯中指导了众多的课题研究，但他本人的兴趣一直在秦汉史，尤其是秦汉法律制度以及中国史学研究方法，曾经为《剑桥中国秦汉史》撰写第9章“秦汉法律”。其他著述还有《中亚汉代文献研究综述》（1950）、《汉朝法律残简》（*Remnants of Han Law*，1955）、《秦律遗文》（*Remnants of Ch'in Law*，1975）[③]、《汉代历史编纂学笔记》、《秦代的法家和法律》、《关于秦汉时期劳役令的几点意见》、《秦法律中的衡器和量器》等。

这里我们主要对其《作为古代中国法律史料的〈说文〉》（1959）一文进行评介[④]，此文已被多种书目收录，是西方人研究中国法律的重要资料，对《说文》研究和中国古代法律研究都比较有价值，但在国内还没有引起应有的关注。虽然也有学者偶尔提及[⑤]，但并没有对其展开专门研究。

---

① 见美国学者米勒“The Dissertation as Handbook：A New Guide to the *Shuo-wen Chieh-tzu*”一文，p. 462.

② 见美国学者米勒“The Dissertation as Handbook：A New Guide to the *Shuo-wen Chieh-tzu*”一文，p. 463.

③ 也有的译“秦朝法律残简”或者“秦律残简”。

④ 《作为古代中国法律史料的〈说文〉》即“The *Shuo-wen* Dictionary as a Source for Ancient Chinese Law”一文。

⑤ 龚杰．读《剑桥中国史》[J]．华夏文化，1995（1）：60.

一、文章主要内容

该文是《庆祝高本汉七十岁论文集》中之一篇。[①] 何四维先介绍了《说文》的基本情况和作用。他对《说文》评价很高，认为《说文》是中国第一本按照汉字结构排字的字典，许多世纪以来一直是众多学者研究的主题，是所有碑铭研究家的辅助工具。然后他指出许慎所引证的材料中有一种是学习中国法律的学生非常感兴趣的，那就是他偶尔引用的当时萧何所编《汉律》的一些片段。这些材料极有价值，因为它们是对这一《汉律》的直接引用，而《汉律》的大部分已经永远消失了。我们目前所能掌握的最早的中国法律是737年对653年《唐律》的修订版，而更早的中国法律只有从这类早期著作的偶尔参考和引用中去寻找。

何四维指出可以根据《说文》所引汉律、《说文解字叙》所述历史背景以及汉代其他文本和一些学者所作的研究来研究当时中国的法律。作者重点讨论了《说文解字叙》中"尉律：学僮十七以上始试，讽籀书九千字，乃得为吏，又以八体试之。郡移太史并课，最者以为尚书史，书或不正辄举劾之"一段。何四维采取了逐字逐句释读的办法，详细考释，提出了自己的一些看法。

1. 释读"尉律"

关于《说文解字叙》所说"尉律"，张政烺先生认为是军事法律，段玉裁认为是"汉廷尉所守律令也"。而何四维认为这条律令是以都尉命名的，而不是他的下级县尉或者某个高级官衔里面有"尉"字的官职，根据是"一方面我们知道都尉的职责，另一方面我们有尉律的另一个片段，即我们讨论的这个律令，含有征召士兵的条款正好在他的掌管之下"[②]。何四维提到镰田重雄的《汉代史研究》和严耕望的《汉代郡都尉制度》（1952）两篇优秀的文章都阐明了"都尉"这种官职的地位和职责。[③] 都尉负责军事事务，最终对郡守负责。

2. 释读"籀"

关于"讽籀书九千字"，段玉裁解释"籀书"为详述文字（籀书，谓能取《尉律》之义推演发挥），而其他一些早期评注者则倾向和归因于与《史籀》的

---

① 《庆祝高本汉七十岁论文集》，*Studia Serica Bernhard Karlgren Dedicata*：*Sinological Studies Dedicated to Bernhard Karlgren on His Seventieth Birthday*, October 5, 1959.

② 见 Hulsewé, A. F. P. "The *Shuo-wen* Dictionary as a Source for Ancient Chinese Law" [A] Egerod, S. & Glahn, E. , eds. *Studia Serica Bernhard Karlgren Dedicata*：*Sinological Studies Dedicated to Bernhard Karlgren on His Seventieth Birthday*, October 5, 1959 [C]. Copenhagen, Denmark：Ejnar Munksgaard, 1959. p. 244.

③ Hulsewé, A. F. P. "The *Shuo-wen* Dictionary as a Source for Ancient Chinese Law" [A]. Egerod, S. & Glahn, E. , eds. *Studia Serica Bernhard Karlgren Dedicata*：*Sinological Studies Dedicated to Bernhard Karlgren on His Seventieth Birthday*, October 5, 1959. [C]. Copenhagen, Denmark：Ejnar Munksgaard, 1959. p. 244.

大篆联系起来。吴仁杰在《汉书》对应部分的注中认为这个字是前文注释所提到的启蒙课本，而不是指大篆。何四维则认为实际上完全可以把这个字去掉，这样更容易读。其根据是与之相对应的《汉书》部分“讽书九千字”没有这个“籀”字，而且后来8世纪的《封氏闻见记》所引《说文》中也没有找到这个字。

3. 释读“九千字”

关于“九千字”，张政烺试图证明原文是“九章”，而不是“九千字”，九章变成九千字的原因，张政烺怀疑“此乃刘歆窜改律文，以为推行古文字学之论据”①。何四维相信张政烺在这方面是正确的，不过他对发生这个变化的方式不认同。他认为有可能是在王莽的时代甚至更早汉武帝“独尊儒术”的时候，原文“九章”就变成“九千字”了。至于“九章”，张政烺认为是萧何所作《九章律》，何四维则认为更有可能是《九章算术》，它包含实际用途的方法和公式，比如丈量土地、称量谷物等。

关于“九千字”的第二个关注点就是，它们指的是一篇文本还是几篇文本？又指的是哪个（些）文本呢？吴仁杰认为是指所有在用的启蒙书。何四维则认为不是启蒙书，因为它们看起来只是很初级的课本，从仅存的大约公元前40年的《急就篇》完整本和其他一些散片来看，不可能总数达到九千个不同的汉字。他说：“不要忘记，博学的许慎在他的字典里辛苦收集的，也不过九千多字。”②他猜测应该是一篇不超过9 000字的文本，《论语》《孝经》就是首先要被提到的，因为一旦学生掌握写字以后，正是《论语》《孝经》形成汉朝教育的基础。他还猜测“九”这个数字没有别的意义，只是为了完美和完整。

何四维发现有一段话让这些猜测都变得毫无价值，那就是《汉官仪》所说的“能通《苍颉》《史籀篇》，补兰台令史”。不过他又认为《汉官仪》明确地表述此职位需要掌握上述两部启蒙书，但是《说文解字叙》所引尉律只是一个模糊的表达“九千字”，这些不同的要求是否暗示所要求的文本和知识确实不同？因此何四维提出一个折中的观点：不同时期可能有不同要求，可能一个时期如张政烺先生所提出的那样要求九章；另外一个时期要求九千字，这九千字或许包括《孝经》和《论语》（部分），最后在初级或中级阶段要求《仓颉篇》和《史籀篇》的内容。这个观点看起来挺有道理，但事实上许慎所引法律条文，不可能这么模糊。

---

① 张政烺. 说文序引尉律解［J］. “中央”研究院历史语言研究所集刊，1948（17）：132.

② Hulsewé, A. F. P. “The *Shuo-wen* Dictionary as a Source for Ancient Chinese Law”［A］Egerod, S. & Glahn, E., eds. *Studia Serica Bernhard Karlgren Dedicata*: *Sinological Studies Dedicated to Bernhard Karlgren on His Seventieth Birthday*, October 5, 1959［C］. Copenhagen, Denmark: Ejnar Munksgaard, 1959. p. 247.

4. 释读“史”和“吏”

关于“乃得为吏”，《说文》注解者意见不同，有人认为“吏”应该维持读吏（lì），其他人则根据《汉书》和《封氏闻见记》所引《说文解字叙》作“乃得为史”而倾向读史（shǐ）。何四维认为读吏（lì）是正确的。他的根据是“吏”有“官”的意思，不仅皇帝任命的行政长官、副长官和军事官员都是吏，他们的下属也是总称为“少吏”；相反“史”是比较有地位的，仅次于各种行政机构“曹”的首领“掾”。换句话说，吏是更广义的术语，所有的史都是吏，但反过来不一定正确。

5. 释读“八体”“六体”

关于“八体”与“六体”，许慎的“八体”包括：大篆、小篆、刻符、虫书、摹印、署书、殳书、佐书，班固的“六体”包括：古文、奇字、篆书、隶书、缪篆、虫书。① 何四维指出二者所列举的不同的“体”其实是差不多的东西，都是指一个字的不同书写方式。何四维认为尽管当时要求书写正确，但不至于精细到如此程度。因为一方面“同时代关于公元前2世纪后半期古文阐释的描述，已经给出证据，说明当时受过普通教育的人不认识古文”②；另一方面，今天现存的汉代文字并没有许慎和班固提到的奇怪形式。

那么为什么会有这么奇怪的规定呢？张政烺认为是刘歆的伪造，目的是宣传他同样伪造的古文字，何四维认为这是站不住脚的。不过何四维也确信原文应该像张政烺所提出的那样，“曹”字和“體”（体）字的右半部分很相似，应该是“六曹”。因为即使是在班固和许慎的时代，年轻人被推荐到中央政府之前也还是同样需要考试的。但事实上，没有任何事实表明这个要求准官员掌握各种书写体知识的奇怪的程序付诸实践，反而有许多证据表明一个官员唯一需要的是熟练掌握隶书。如何解释这种情况？何四维认为也许可以这样走出困境：一种解释是假定确实有这样一条法律规定。王莽的大臣甄丰“修改”的法令有可能说汉初萧何的律令里面包含这样一个奇怪的规定。班固和许慎尽管深知自己当时的行政制度并非如此，但还是相信这是真的，而且没法验证，因为经历了几乎三个世纪，古本已无法再得到了。另外一种解释就是这种假设不成立，证据当然就是目前所知的萧何前公元200年所编《九章律》里面根本就没有包含“尉律”。

---

① 见《说文解字叙》：及亡新居摄，使大司空甄丰等校文书之部。自以为应制作，颇改定古文。时有六书：一曰古文，孔子壁中书也。二曰奇字，即古文而异者也。三曰篆书，即小篆。秦始皇帝使下杜人程邈所作也。四曰佐书，即秦隶书。五曰缪篆，所以摹印也。六曰鸟虫书，所以书幡信也。

② Hulsewé, A. F. P. “The *Shuo-wen* Dictionary as a Source for Ancient Chinese Law” [A] Egerod, S. & Glahn, E., eds. *Studia Serica Bernhard Karlgren Dedicata: Sinological Studies Dedicated to Bernhard Karlgren on His Seventieth Birthday*, October 5, 1959 [C]. Copenhagen, Denmark: Ejnar Munksgaard, 1959. p. 249.

6. 释读“太史”

关于“郡移太史”，何四维认为这段话中“太史”的出现有点突兀，因为按照段玉裁所说汉代太史令是掌管天文历法的，他的职责和考查学生没有关系。张政烺根据卫宏的《汉旧仪》推测在汉代早期“太史”可能和御史即“柱下史”相同，但是何四维认为这些猜测只是假定，没有什么实证来支持它们。何四维认为要想维持这个条文的完整性，“推测太史偶尔会被赋予他的上级太常的职责会更合理一些”①。太常正是公元前124年公孙弘向汉武帝提出并拟定的“五经博士”设弟子员规定中所说的年轻人要被送去那里的官员。

7. 释读“并课”

关于“郡移太史并课，最者以为尚书史”，此句《汉书》没有前5字。段玉裁和其后的张政烺先生都在“并课”后面断句。但段玉裁认为这意味着对背诵知识和书写的六体（或八体）的考察都由太史负责，而张先生却把并课等同于“计偕”②。何四维认为“并课”不等于“计偕”。其根据是“计偕”和一个目的地连用的时候，是用在目的地前面而不是后面，比如公元前130年所记的“与计偕诣太常”。相反，“并课”看起来好像只是一个偶然出现的词组，“并”的意思是“程度上差不多（或者同时，一起）”，“课”经常表示“分类”“考试”的意思，但也可以用来表示根据他们的政绩评定官员。因此何四维想到郡守会送出前面所提到的年轻人的成绩单，根据就是“移”字通常用于表示送文件，当表示送人时，动词一般用“遣”。

8. 释读“最者以为尚书史”（略）

9. 释读“书或不正辄举劾之”

《汉书》作“吏民上书，字或不正，辄举劾之”。何四维提到《史记》《汉书》《后汉书》所载相关例子，如公元前2世纪一个官员认为“马（馬）”字少写了一个点而应受死刑③等。何四维认为《说文》“书或不正辄举劾之”中没有“吏民上书”，可以让我们有完全不同的解释：在这个上下文中，“书”的主语只能是那些地位较低的令史们。何四维认为这是很正常的程序，东汉光武帝《四科取仕诏》里面就有：“书疏不端正，不如诏书，有司奏罪名，并正举者。”④

---

① Hulsewé, A. F. P. “The *Shuo-wen* Dictionary as a Source for Ancient Chinese Law” [A] Egerod, S. & Glahn, E., eds. *Studia Serica Bernhard Karlgren Dedicata: Sinological Studies Dedicated to Bernhard Karlgren on His Seventieth Birthday*, October 5, 1959 [C]. Copenhagen, Denmark: Ejnar Munksgaard, 1959. p. 252.

② 《汉书·武帝纪》：元光五年（前130年）八月，“征吏民有明当时之务，习先圣之术者，县次续食，令与计偕”。

③ 《史记·万石张叔列传》：建为郎中令，书奏事，事下，建读之，曰：“误书！‘马’者与尾当五，今乃四，不足一。上谴死矣！”甚惶恐。其为谨慎，虽他皆如是。

④ 见（汉）应劭. 汉官仪. 孙星衍辑本.

最后，何四维得出了自己的结论。他提出《说文》和《汉书》所引法律条文可能起草于汉武帝时期，现在版本的关于政府文员需要掌握六体的奇怪要求有可能是在爱好古文的王莽篡权时期确定的。许慎和班固著作中对这条法律在其所在的时代没有得到实施感到困惑，原因是：这条法律可能在法律书中存在，或者更有可能在刘歆的《别录》里被引用，而发展到班固、许慎时代，对政府文员的要求已经变成较为普通的东西。但班固和许慎都认为这条古老庄严的规定应该得到贯彻，因此一直对其消失感到不解。

二、文章研究特色

（一）广泛参考古今中外相关研究，并有所点评

在文章正文和注释中，何四维广泛参考了古代中国学者和近现代中国学者、西方学者和东方学者的相关研究。他参考了大量古代中国学者的相关著作，有王应麟（1223—1296）的《汉制考》《玉海》和《汉书艺文志考》，徐锴、段玉裁、桂馥等对《说文解字叙》关于律法一段的注解，王仁俊的《〈说文〉引汉律令考》，沈家本的《汉律摭遗》，程树德的《九朝律考》和《汉律考》，王充的《论衡》，卫宏的《汉旧仪》，蔡质的《汉官典职仪式选用》，应劭的《汉官仪》，封演的《封氏闻见记》，孙星衍（1753—1818）的《汉官七种》，姚文田、严可均的《说文校议》，翁方纲的《两汉金石记》（1789），还有《汉书》《后汉书》《汉书补注》《后汉书集解》《史记》《东观汉记》《说文解字诂林》等。何四维还参考了不少近现代中国学者的著作，有王国维的《汉魏博士考》（1916），姬佛陀的《草隶存》（1921），张荫麟的《九章及两汉之数学》（1927），王国维、罗振玉的《流沙坠简》（1930），容庚的《汉金文录》（1931），郦承铨的《说文解字序讲疏》（1935），钱穆的《刘向刘歆父子年谱》（1935），陶希圣、沈巨尘的《秦汉政治制度》（1937），瞿兑之、苏晋仁的《两汉县政考》（1944），劳干的《汉代察举制度考》（1948），张政烺的《说文序引尉律解》（1948），严耕望的《秦汉郎吏制度考》（1951）、《汉代地方行政制度》（1954）、《郡县学校制度》以及《居延汉简·图版之部》（1957）等。何四维也参考了众多西方学者的相关研究，比如，法国伯希和（P. Pelliot）、马伯乐（Henri Maspero）、沙畹（E. Chavannes）、葛兰言（M. Granet）、戴何都（R. des Rotours），瑞典高本汉（Karlgren）、毕汉思（H. Bielenstein），美国德效骞（H. H. Dubs），德国奥托·福兰阁（Otto Franke）、韦慕庭（C. M. Wilbur）、德克·卜德（Derk Bodde）等学者的相关研究材料。何四维也参考了日本学者比如仁井田陞（Niida Noboru）、牧野巽（Makino Tatsumi）、泷川政次郎（Takigawa Masajirō）、镰田重

雄（Kamada Shigeo）等的相关研究。

何四维还对其中一些学者的相关著作进行了点评。如何四维赞扬王应麟是“第一个搜集整理汉律残文……在他的《汉制考》里面就有对《说文》中相关信息的收集”①；说王仁俊的《〈说文〉引汉律令考》是“对《说文》所引汉律的专门研究”②；认为徐锴、段玉裁、桂馥等都对《说文解字叙》关于律法一段作了注解，但主要目的是“阐明字典的内容”而不是研究律法③；沈家本和程树德两位是现代最重要的《汉律》研究者，不过对《说文》所引汉律没有实质性的研究④；郦承铨著的《说文解字序讲疏》（1935）是“现代专门讲许慎序的著作”⑤；并坦言张政烺的《说文序引尉律解》（1948）“在本文准备过程中具有极高价值”⑥。何四维还评价卫宏的《汉旧仪》是“以不可靠而闻名的材料”⑦；严耕望的《汉代地方行政制度》（1954）是汉代行政制度研究“最好的，具有历史意义的研究”⑧；张荫麟的《九章及两汉之数学》是一篇优秀的文章⑨等。

---

① Hulsewé, A. F. P. “The *Shuo-wen* Dictionary as a Source for Ancient Chinese Law” [A]. Egerod, S. & Glahn, E. , eds. *Studia Serica Bernhard Karlgren Dedicata*: *Sinological Studies Dedicated to Bernhard Karlgren on His Seventieth Birthday*, October 5, 1959 [C]. Copenhagen, Denmark: Ejnar Munksgaard, 1959. p. 239.

② Hulsewé, A. F. P. “The *Shuo-wen* Dictionary as a Source for Ancient Chinese Law” [A]. Egerod, S. & Glahn, E. , eds. *Studia Serica Bernhard Karlgren Dedicata*: *Sinological Studies Dedicated to Bernhard Karlgren on His Seventieth Birthday*, October 5, 1959 [C]. Copenhagen, Denmark: Ejnar Munksgaard, 1959. p. 240.

③ Hulsewé, A. F. P. “The *Shuo-wen* Dictionary as a Source for Ancient Chinese Law” [A]. Egerod, S. & Glahn, E. eds. , *Studia Serica Bernhard Karlgren Dedicata*: *Sinological Studies Dedicated to Bernhard Karlgren on His Seventieth Birthday*, October 5, 1959 [C]. Copenhagen, Denmark: Ejnar Munksgaard, 1959. p. 243.

④ Hulsewé, A. F. P. “The *Shuo-wen* Dictionary as a Source for Ancient Chinese Law” [A]. Egerod, S. & Glahn, E. , eds. *Studia Serica Bernhard Karlgren Dedicata*: *Sinological Studies Dedicated to Bernhard Karlgren on His Seventieth Birthday*, October 5, 1959. [C]. Copenhagen, Denmark: Ejnar Munksgaard, 1959. p. 243.

⑤ Hulsewé, A. F. P. “The *Shuo-wen* Dictionary as a Source for Ancient Chinese Law” [A]. Egerod, S. & Glahn, E. , eds. *Studia Serica Bernhard Karlgren Dedicata*: *Sinological Studies Dedicated to Bernhard Karlgren on His Seventieth Birthday*, October 5, 1959 [C]. Copenhagen, Denmark: Ejnar Munksgaard, 1959. p. 243.

⑥ Hulsewé, A. F. P. “The *Shuo-wen* Dictionary as a Source for Ancient Chinese Law” [A]. Egerod, S. & Glahn, E. , eds. *Studia Serica Bernhard Karlgren Dedicata*: *Sinological Studies Dedicated to Bernhard Karlgren on His Seventieth Birthday*, October 5, 1959 [C]. Copenhagen, Denmark: Ejnar Munksgaard, 1959. p. 243.

⑦ Hulsewé, A. F. P. “The *Shuo-wen* Dictionary as a Source for Ancient Chinese Law” [A]. Egerod, S. & Glahn, E. , eds. *Studia Serica Bernhard Karlgren Dedicata*: *Sinological Studies Dedicated to Bernhard Karlgren on His Seventieth Birthday*, October 5, 1959 [C]. Copenhagen, Denmark: Ejnar Munksgaard, 1959. p. 252.

⑧ Hulsewé, A. F. P. “The *Shuo-wen* Dictionary as a Source for Ancient Chinese Law” [A]. Egerod, S. & Glahn, E. , eds. *Studia Serica Bernhard Karlgren Dedicata*: *Sinological Studies Dedicated to Bernhard Karlgren on His Seventieth Birthday*, October 5, 1959 [C]. Copenhagen, Denmark: Ejnar Munksgaard, 1959, p. 241.

⑨ 见 Hulsewé, A. F. P. “The *Shuo-wen* Dictionary as a Source for Ancient Chinese Law” [A]. Egerod, S. & Glahn, E. , eds. *Studia Serica Bernhard Karlgren Dedicata*: *Sinological Studies Dedicated to Bernhard Karlgren on His Seventieth Birthday*, October 5, 1959. [C]. Copenhagen, Denmark: Ejnar Munksgaard, 1959. p. 246.

（二）利用与研究对象相近之资料，作比较分析

何四维把《说文解字叙》所引汉律一段与《汉书》中相近的一段进行了比较分析：

> 尉律学僮十七以上始试讽籀书九千字乃得为吏又以八体试之郡移太史并课最者以为尚书史书或不正辄举劾之
>
> ——《说文解字叙》
>
> 太史试学童能讽书九千字以上乃得为史又以六体试之课最者以为尚书御史史书令史吏民上书字或不正辄举劾
>
> ——《汉书》

何四维经过对照，得出结论：很明显，两位作者可能用了版本稍微不同的法律，但把两处文本合在一起形成一个连续的整体，还是有可能并且有益处的。他把二者合二为一，如下：

> 尉律学僮十七以上始试（能）讽（璩）[①] 书九千字（以上）乃得为吏又以六体试之郡移太史并课最者以为尚书御史史书令史吏民上书字或不正辄举劾之

这个对比在他后来1990年发表在《通报》上的另一篇文章《汉律残简》（Fragments of Han Law）一文中也曾列表显示过。[②]

何四维还把《说文解字叙》所引汉律一段与《史记·儒林列传》所载公元前124年公孙弘向汉武帝提出并拟定的"五经博士"设"受业如弟子"规则的措施进行了比较分析。《史记·儒林列传·第六十一》记载："郡国县道邑有好文学、敬长上、肃政教、顺乡里、出入不悖所闻者，令相长丞上属所二千石。二千石谨察可者，当与计偕，诣太常，得受业如弟子。一岁皆辄试，能通一艺以上，补文学掌故缺；其高第可以为郎中，太常籍奏。"何四维认为《说文》所引这条规定和"受业如弟子"规则极其相似，要说差异，看起来只是一个程度上的差别。两种方法的目的都是为中央政府提供有才干的人来担任帝国机构中的职位，只不过一个是比较高级的职位，另一个是低级一些的职位。他对二者进行了

---

① 此处（璩）根据上下文应为（籀）字，疑为何四维误用或打字错误。

② Hulsewé, A. F. P. "Fragments of Han Law"［J］. *TP*, 1990, 76（4-5）: p. 221.

对比：

首先，要得到这些职位的方式是不同的。在“博士”门下学习的人有可能年纪相对来说比较小，最终他们需要显示出对儒家经典知识的精通，比如《尚书》《诗经》《易经》等，而不是《论语》或者《孝经》，因为这些是比较初级的。而《说文》所引法律条文所涉及的年轻人必须学会他们的“九千字”，在被举荐之前他们必须完全熟悉郡县官衙的行政程序。

其次，“博士”门下的弟子，完成三年的学业以后变成“文学掌故”，如果很优秀，太常会推荐他们到皇帝那里担任侍郎。《说文》所引法律涉及的学生，最好也就是能变成“令史”。如果他们令人满意，有可能最终会被任命为尚书郎，但是这肯定需要相当长的时间。蔡质收集的《汉官典职仪式选用》有尚书令史“皆选兰台符节上称简精练有吏能为之”①。《汉官仪》云：“能通苍颉史籀篇，补兰台令史；满岁，补尚书令史；满岁，为尚书郎。”直到 1 世纪上半期这些令史才有可能变成侍郎，但是到了东汉光武帝时代他决定这些空缺由每年所举“孝廉”来任职②。

总之，何四维对两汉历史非常熟悉，能够旁征博引对《说文解字叙》所引《汉律》进行逐字逐句细致深刻的分析，提出自己的见解，又能对所参考资料进行点评，并能够比较分析相近之资料，功底深厚，方法科学，是值得我们学习的。其从法律角度对《说文》的考察，对我们也有启发意义，这方面的研究还有待继续加强。

第六节 英国毕铿之《说文》音乐词汇研究

毕铿，英国生物学家、音乐家。他毕业于剑桥大学，在剑桥大学著名的三一学院攻读生物学，1931 年获学士学位，1935 年同时获文学硕士和哲学博士学位，1953 年获理学博士学位。一直以来他做的都是自然科学方面的工作，但他却在 57 岁时作出了一个惊人决定：放弃了自己一生所学所教的自然科学，另起炉灶开始搞与本专业风马牛不相及的东方音乐研究。这一年他请求调往剑桥大学东方研究系，并屈就东方音乐研究室副主任，从此开始了他“更加辉煌的音乐学家生涯”③。不过毕铿作为一个外国学者从自然科学转向研究中国古典音乐也不是毫无准备的。他在大学的时候，“剑桥的理科课程极其繁重。但毕铿在出色完成本

---

① （清）孙星衍等辑，周天游点校的《汉官六种》第 207 页作“皆选兰台、符节上称简精练吏有能为之”。

② 《决录》注曰：“故事，尚书郎以令史久次补之，世祖改以孝廉为郎。”

③ 康荣．毕铿传奇［J］．音乐爱好者，2000（1）：68.

专业学习的同时，仍能挤出一点时间学习汉语和接触中国文化。后来，他有幸成为著名汉学家哈罗恩（Gustav Haloun）的高足①，学习了古汉语语音、文言文、少数民族语言和碑铭识读等方面的基本知识”②。这为他研究中国古代音乐打下了坚实的基础。

毕铿1962年在《国际民间音乐学会会刊》上发表了一篇题为“一本公元第一世纪中国词典中的音乐词汇”（Musical Terms in a Chinese Dictionary of the First Century）的文章③，文中对东汉许慎撰的《说文》中的音乐词汇进行了综合分析。这篇文章在宫宏宇2007年的文章《毕铿和他的中国音乐研究——纪念毕铿先生逝世》中有简略的介绍，下面对毕铿该文作一更为详细的考察。

一、毕铿文章的主要内容

毕铿的文章全文并不长，但是内容比较丰富。在文章的开头他介绍了《说文》的性质以及他进行《说文》音乐词汇研究的意义，并说明自己的研究范围包括了音乐、乐器、舞蹈相关的词以及与此相关的第四个范畴，即和声音有关的词。

毕铿的研究，首先就是《说文》里含有声音（sound）意义的两个词“音（yin）”和“声（shêng）”之间的关系。他认为许慎给出的定义暗含了“音”是从音质（quality or timbre）的角度来看的，而“声”是从相对音高（relative pitch）的角度来看的。他又考察了《说文》中所有含有“音”和“声”的词条，发现“声”使用的范围更广，相当于英语的“sound”，而“音”只有一两处是用作广泛意义的sound，并由此得出结论：很明显，“声”只有在音乐的语境下并且和“音”相对的情况下才是指五音。毕铿又对“乐”字的词义进行探索。他比照了《说文》和《礼记》对于“乐”字的不同解释，得出结论：“很显然，乐（$yüe^{h}$）在公元前3世纪还是一个（舞蹈、音乐和礼仪）混合的概念，而公元1世纪《说文》里的定义更接近‘音乐’（music）的概念。”④ 其次，他类分《说文》里关于乐器的词，分类介绍了不同种类的乐器，主要有木质打击性的体鸣乐器、铜钟类的乐器、口吹乐器、膜鸣乐器、弦鸣乐器等，每一类都举例子进行了

---

① 哈罗恩（Gustav Haloun，1898—1951），又译哈隆、夏伦、哈龙、夏隆等。

② 康荣．毕铿传奇［J］．音乐爱好者，2000（1）：68.

③《国际民间音乐学会会刊》即 *Journal of the International Folk Music Council*，现在已改名为 *Yearbook for Traditional Music*。“The International Folk Music Council”即“国际民间音乐学会”，现已改名为“国际传统音乐协会”（The International Council for Traditional Music，简写作ICTM），是以研究、实践和保存音乐以及舞蹈与其他表演艺术为目的的国际性组织。

④ Picken, L. “Musical Terms in a Chinese Dictionary of the First Century”［J］. *Journal of the International Folk Music Council*, 1962（14）: p. 40.

比较详细的说明。再次，他类分《说文》里关于舞蹈的词，也举例进行了说明。毕铿认为《说文》中和舞蹈有关的词有舞蹈仪式（dance - ceremony）词和具体舞蹈（specific dances）词，也有关于“表演”（acting）和“演员”（actor）的词。最后是毕铿以前没有预料到的范畴，即他研究以后才发现的新范畴：《说文》中和“声”有关的字。他归纳拟声词分为四种声音：实物之声、自然现象之声、人造之声、动物之声，并举例说明，然后他对《说文》里的这些拟声词进行了评价。

文章的最后，毕铿在对《说文》中的音乐词汇进行研究以后，作出了这样的评价：“《说文》为我们唤醒了一个声音的世界——音乐的和非音乐的——同时也是一个乐器、舞蹈和礼仪的世界。它的词汇使我们能够确立1世纪中国音符、音色和非音乐声音等概念之间的关系。它有助于我们理解古代中国音乐历史而且可能帮助我们了解某些一直活到今天的音乐特征。”①

二、毕铿对《说文》的认识

（一）对《说文》性质的认识

毕铿认为《说文》里的词汇“是文人们的学术词汇”②。他对《说文》采用的英译形式是“*Explanation of the Written Characters*（*Shuo Wên Chieh Tzŭ*）”，译成汉语就是“书面文字的解释”，这个英译的选择可以反映出他对《说文》性质的认识。他认为《说文》记录的不是1世纪的口语，作者许慎的目的是给人们提供探求古词的途径，因此他认为可以通过《说文》中与音乐、乐器和舞蹈相关的词汇了解早期中国音乐。

（二）对《说文》音乐词汇价值的认识

毕铿发现《说文》中的音乐词汇是研究中国古代音乐的宝藏，除了有关体鸣、膜鸣、弦鸣乐器的解释外，还包括乐舞的条目以及音、声、乐关系的界定。通过研究，毕铿认为：《说文》与音乐相关的词汇作为一个整体不仅展现了1世纪中国文人的音乐世界，也展现了更加广泛意义上的一个自然音响的世界，各种声音的分类，以及在这些分类中音乐的位置；《说文》乐器词汇的定义有助于翻译早期音乐典籍；《说文》里的音乐词汇使我们能够理解1世纪中国音乐概念和

---

① Picken, L. “Musical Terms in a Chinese Dictionary of the First Century”［J］. *Journal of the International Folk Music Council*, 1962（14）: p. 43.

② Picken, L. “Musical Terms in a Chinese Dictionary of the First Century”［J］. *Journal of the International Folk Music Council*, 1962（14）: p. 43.

古代中国音乐历史。

三、毕铿《说文》音乐词汇研究之特色

（一）全局考察，整体分析

毕铿研究《说文》音乐词汇并没有局限在狭义的音乐范围之内，他同时也考察了所有《说文》里和声音有关的词汇，把音乐词汇放在《说文》所展示的整个声音世界里去考察，这是从全局的观点系统地看问题的方法，它对我们进行《说文》研究有启发意义。

毕铿还从民族整体的角度分析了《说文》里的声音世界如此丰富的原因。他认为《说文》里拟声词的范围，任何印欧语言都无法与之比拟，并分析这么大范围地区分精细的拟声词的存在，是中国人特别的声音辨别力和对声音特别关注的证据。这可能与压倒一切的中国乐器的总体特征有关，比如各种乐器经常对各种动物的声音，特别是鸟唱歌的声音进行模仿。而且随着中国某些乐器的发展，中国人的声音辨别能力不断增强，对声音就会更加注意区分和关注。他分析：首先，竹单簧口琴乐器不论是构造还是用法都发展得相当精细；其次，早在公元前3世纪的典籍就有描述选择谐振的早期知识（《庄子·二十四章》）；最后，早期弦和声的应用，甚至琴上声音节点的标志，至少不晚于3世纪（嵇康《琴赋》）。他认为《说文》里所体现的这种对声音洞察的特质，并由词汇验证，不仅仅是中国人，在东亚文化圈的其他国家中也可以找到。马来和其他印尼语言中都有大量的拟声元素，日本儿童话语中包括相当多的拟声多音节词汇。这种从整个民族的特点来分析《说文》里声音世界丰富之原因的方法，值得我们关注。

（二）统计分类，清晰明确

毕铿研究《说文》音乐词汇主要用了统计分类的方法。他穷尽性地统计考察了《说文》中所有含有“音”和“声”的词条，发现尽管许慎给出了定义上的区别，但是“声”使用的范围更广，相当于英语的“sound”，在许多定义中，“声”取代了“音”。另一方面，只有一两处“音”是用作广泛意义的“sound”，因此他得出结论：很明显，声（shêng）只有在音乐的语境下并且和“音”（yin）相对的情况下才是指五音。

毕铿统计出两百多个词汇，他认为：“这些词汇许多是互相交叉的，它们可

以从不同的标准再重新分类。”[①] 在介绍《说文》中各种乐器的时候，他就是按不同标准分类介绍的。从用途角度，他分为用于礼仪的乐器（礼仪乐器大部分被毕铿忽略）和非礼仪乐器。从民族角度，他分汉族乐器与非汉族乐器。从制作材料与使用方法角度，他分木质打击性体鸣乐器（wooden idiophones），如“敔”（tiger-scraper）、“舂”（the rice-mortar），“櫜”（t'ăk）[②]；陶制打击乐器（percussion pottery vessel），如“缶”（ngwa）[③]；铜钟类乐器（bronze bells），如“铃”（lieng）、“铎”（d'ăk）[④]、“铙”（ńau）[⑤]；口吹乐器，如“笙”（shêng）[⑥]；膜鸣乐器（membranophone），如“鼓”部的“鼙”（骑鼓也）、“鼜”（夜戒守鼓也）等[⑦]；弦鸣乐器（chordophone），如“琴”和“瑟”。

在介绍铜钟类乐器时，毕铿统计出《说文》中有十类不同的铜钟被命名和区分：五种大的没有铃舌（clappers）的钟、五种小的有铃舌的钟。介绍膜鸣乐器时，他统计“还有不少于七种的鼓声”。介绍弦鸣乐器时，他说“有四种弦鸣乐器被定义”，还强调，需要注意的是《说文》中尽管提到了枇杷树[⑧]，但没有提到“琵琶”这种乐器。介绍笛子时，他说：“《说文》也提到了十种不同的竹制笛子，包括五种三孔笛，一种羌人演奏的笛子，还有六孔和七孔笛。”

毕铿用这种统计分类的方法来研究《说文》音乐词汇，让读者感觉清晰明确。

（三）证以典籍，贴切深刻

毕铿研究《说文》音乐词汇时也参考引证了一些其他典籍，显示了他对中国古代典籍的了解程度和深厚的音乐文化修养。比如，“乐”字，《说文》说解为“五声八音总名”，毕铿认为《说文》的定义接近我们今天“音乐”（music）的概念，但这不是“乐”字的古代内涵，公元前3世纪的时候，“乐”是舞蹈、音乐（music）和礼仪结合的一个概念。他引用《礼记·乐记》中的一段话来证

---

① Picken, L. “Musical Terms in a Chinese Dictionary of the First Century” [J]. *Journal of the International Folk Music Council*, 1962 (14): p. 40.

② 《说文》：“木櫜，夜行所击者。从木櫜声。”

③ 《说文》：“秦人鼓之以节謌。”

④ 引用《说文》：“军法：五人为伍，五伍为两，两司马执铎。”

⑤ 是军队指挥者拿的。《说文》原文：铙，小钲也。军法：卒长执铙。

⑥ 《说文》：“十三簧。象凤之身也。笙，正月之音。物生，故谓之笙。”

⑦ 词条下先说和“郭”（leather）的名字相同（同音字），又继续说：“春分之音，万物郭皮甲而出，故谓之鼓。”

⑧ 《说文》：“琶，琵琶也。从珡巴声。”义当用枇杷。

明："故钟鼓管磬，羽钥干戚，乐之器也；屈伸俯仰，缀兆舒疾，乐之文也。"① 毕铿还认为《说文》对"乐"字的解释暗含"乐"有"乐器"的延伸意义，他引了另一部汉代典籍中的"坎坎之乐"一句②，认为毫无疑问此句应该翻译为"a k'an - k'an instrument"，即一种发出坎坎之音的乐器（汉武帝命人制造的）。这些典籍的引证是比较贴切的，准确地说明了他对"乐"字概念意义的理解。再如，"音"字，《说文》曰："声也。生于心，有节于外，谓之音。"毕铿认为，《说文》开头一句"音，生于心"是"对《礼记·乐记》（公元前3世纪）开头'凡音之起，由人心生也'的继承"③。此处显示出毕铿对典籍理解之深，也让读者比较容易理解"音"字词义的继承发展过程。

毕铿在讨论《说文》众多的拟声词时，为了证明中国人关注声音，对声音敏感，他提到早期的中国诗集例如《诗经》和《楚辞》里面"有很多关于声音的词汇"④，还提到《庄子》里有描述选择谐振的早期知识（《庄子·二十四章》）以及嵇康的《琴赋》里谈到琴上声音节点的标志⑤。这些都显示了毕铿《说文》音乐词汇研究证以典籍，贴切深刻的特点，比较有说服力。

四、毕铿《说文》音乐词汇研究之评价

毕铿《说文》音乐词汇研究比较系统地考察了《说文》音乐词汇，是欧美《说文》学史上从音乐角度对《说文》进行的比较有特色的研究，他在研究中所使用的全局考察、整体分析、统计分类、证以典籍等方法也是比较科学的，值得我们学习。

另外，毕铿关注了《说文》所收非汉族乐器，在研究过程中还积极探求了《说文》在中国古代乐器形制方面的价值，比如他特别提到现在已经不存在的一种琴，《说文》曰："筑，以竹曲五弦之乐也"，毕铿认为这个解释暗含了此种乐器的框架是放蚕的，这种简单的描述表明这种琴和当今存在的任何一种琴都大不相同。筝（zhēng），由于这个字是在竹部，有人猜测筝最早可能是竹管或者半管

---

① Picken, L. "Musical Terms in a Chinese Dictionary of the First Century" [J]. *Journal of the International Folk Music Council*, 1962 (14): p. 40.

② 《汉书·郊祀志》曰："孝武皇帝塞南越，祷祠太乙、后土，始用乐人侯调依琴作坎坎之乐，言其坎坎应节奏也，侯以姓冠章耳。或说空侯取其空中。"

③ Picken, L. "Musical Terms in a Chinese Dictionary of the First Century" [J]. *Journal of the International Folk Music Council*, 1962 (14): p. 40.

④ Picken, L. "Musical Terms in a Chinese Dictionary of the First Century" [J]. *Journal of the International Folk Music Council*, 1962 (14): p. 42.

⑤ Picken, L. "Musical Terms in a Chinese Dictionary of the First Century" [J]. *Journal of the International Folk Music Council*, 1962 (14): p. 43.

琴，《说文》之“筝，鼓弦竹身乐也”这个简洁的定义正说明了这一点。在文后毕铿还附有一段比较有意思的问答对话，提问的大都是国外音乐界的专家学者，毕铿的回答其中有几句显示了他从现代音乐学科角度对《说文》音乐词汇的审视，比如他提到《说文》里没有现代音乐学家所关心的一些术语，如节奏、作曲、音乐理论等，表达方式都比较具体的。① 这些对《说文》中国古代乐器研究、中国古代音乐词汇的研究等都有启发意义。

毕铿的《说文》音乐词汇研究成果发表于 1962 年，与国内同类研究相比，毕铿应该算是利用《说文》词汇进行音乐研究的先驱者。国内专门从音乐角度对《说文》进行的研究比如周文的论文《从〈说文解字〉看中国古代乐器文化语言研究》(2002)、李小虎的硕士学位论文《〈说文解字〉中的音乐文字研究释例》(2009) 等，都要比毕铿晚了几十年。

毕铿研究《说文》也有一些不足之处，主要表现为通篇没有出现汉字。其实毕铿已经察觉到汉字的某些特点，并用于解释《说文》中的音乐词汇。比如他注意到有一类钟的名字“lieng”(铃) 是“command”(令) 的同音异形字，这类钟被定义为“令丁也”(commanding soldiers)。有一种旗，旂 (g'jei)，边缘有很多小铃，定义有双关意义②。他还注意到乐器的弦 (string) 和弓箭的弦 (bow) 是同一个字。文后所附对话中芭芭拉·史密斯 (Barbara Smith) 教授问“yin”(音) 是否是“yin-yang”(阴阳) 的“yin”时，毕铿答曰：“是另外一个‘yin’，词形和表示‘词’‘说’等意思的‘言’有关。”③ 这说明毕铿解释《说文》中的音乐词汇，注意到了汉字的特点。但是他文中凡是需要给出汉字辅助说明的地方，只给出拟音和英文翻译，这让没有接触过《说文》的读者很难理解，即使接触过《说文》的读者也不容易确定他所说的到底是哪一个字，不能不说是一个遗憾。然而瑕不掩瑜，毕铿作为外国学者，能够运用科学的方法，较早地从音乐角度系统地关注《说文》中和音乐有关的词，是我们进行欧美《说文》学研究必须关注的一位学者。

---

① Picken, L. “Musical Terms in a Chinese Dictionary of the First Century” [J]. *Journal of the International Folk Music Council*, 1962 (14): p. 43.

② 《说文》曰：“旂，旗有众铃，以令众也。”

③ Picken, L. “Musical Terms in a Chinese Dictionary of the First Century” [J]. *Journal of the International Folk Music Council*, 1962 (14): p. 43.

第五章　改革开放后之欧美《说文》学

第一节　改革开放后欧美《说文》学概述

1978 年改革开放以后，中国进入了一个新时期，与欧美国家之间的学术交流日渐增多，开始注重推动中国古代典籍的对外传播，比如 2009 年由国家汉办和北京大学共同筹建的国际汉学家研修基地，旨在吸引国外和港澳台成就卓著的汉学家前来进行合作研究及学术交流，而且基地工作的重点并不是简单地介绍国外汉学家以及国外汉学的历史和现状，而是推动中国古代典籍和当代研究著作的对外传播，促进中国文化走向世界。与此同时，欧美学者们也以更加广阔的视野来研究《说文》。虽然当代欧美汉学家越来越多关注对现代中国的研究，在这种情况下，《说文》学受到一定程度的冲击；不过由于其重要性，还是有不少汉学家对《说文》感兴趣，注意与中国《说文》学界交流，并取得诸多成果。下面我们来看一下这一时期欧美《说文》学的大概情况。

一、以《说文》为主题的著述

柯蔚南（Weldon South Coblin，1944—　），美国学者，国际著名语言学家、汉学家，对汉语历史音韵、汉语方言、古藏语及汉藏语比较均有深湛的研究，有着深厚的语文学功底。1972 年获得华盛顿大学博士学位，导师是我们前面介绍过的司礼义，也曾经受教于李方桂先生。柯蔚南曾经写过两篇关于《说文》“读若”的文章：《许慎的声母系统》（1978）[①] 和《许慎的韵母系统》（1979），其《东汉音注手册》（1983）一书中也有关于《说文》“读若”的内容，后面我们将拿出一节专门讨论柯蔚南对《说文》“读若”的研究。

卫玉龙（Jeroen Wiedenhof，1959—　），荷兰学者，1980 年获得荷兰莱顿大学中国语言和文化学士学位，1980—1981 年、1984—1985 年先后两次在北京大学学习中国语言学。1985 年获得莱顿大学中国语言和文化硕士学位，1995 年获得

---

① 虽然柯蔚南此篇文章发表于 1978 年，属于本书划分前一阶段成果，但是为了该学者介绍的完整性，因此放在此阶段进行讨论。

莱顿大学中国语言学博士学位。卫玉龙是荷兰当代学者中比较关注《说文》的学者，其以《说文》为主题的研究是他 1985 年以荷兰语写的硕士学位论文《〈说文解字叙〉研究》（Het Naaword van de *Shuō wén jiě zì*）。遗憾的是，我们目前没有找到这个材料原文，无法对其展开详细论述。

托马斯·克里默（Thomas B. I. Creamer，？—　），美国学者，辞典编纂学专家，对中国辞书编纂情况比较熟悉。他 1989 年在《国际辞书学》杂志上发表的一篇名为《〈说文解字〉与中国的校勘学》（*Shuowen Jiezi* and Textual Critcism in China）的文章，是我们所知欧美学者第一次对《说文》与中国校勘学的研究，后面我们将拿出一节进行详细讨论。

彼得森（Jens Østergård Petersen，？—　）①，丹麦学者，其 1990 年发表的《〈太平经〉与〈说文解字〉》（The *Taiping Jing* and the *Shuowen Jiezi*）一文②，讨论了道家经典《太平经》与《说文解字》的关系。遗憾的是我们没有找到此文原文，不过作为以《说文》为主题的研究，姑且在此列出。

麦里筱（Chrystelle Maréchal，1971—　）女士，法国国家科学研究院研究员，从事汉语词汇、古文字研究，经常赴中国大陆、台湾等地参加中国古汉字研讨活动。麦里筱比较重视《说文》，这可以从其《关于“头”字的造字假设》（1995）③、《“贝”部首在中国货币造字中的功能》（1998）④、《从宝字演变论证字体结构上的保守性为汉字经久不废的一个因素》（2001）⑤、《汉语颜色类词的产生》（2003）⑥ 等文章中可以看出，每一篇都不同程度地引用了《说文》。其实，她 1992 年的本科毕业论文就是以《说文》为主题的研究，题目为“关于《说文解字》里的古文和籀文”（Les Variantes Graphiques Guwen et Zhouwen dans

---

① 也拼作 Jens Østergaard Petersen 或者 Jens Ostergard Petersen 等。

② In B. Arendrup et al. ed. *The Master Said*: *To Study and ... To Søren Egerod on the Occasion of His Sixty-Seventh Birthday*. East Asian Institute, University of Copenhagen (= Occasional Papers No. 6), 1990. pp. 139 - 149.

③ 即 Hypothèse sur la formation graphique tou 頭“tête”. In *Écritures archaïques-systèmes et déchiffrement*, Paris: Éditions Langages Croisés, CRLAO - EHESS. 1995. pp. 109 - 122.

④ 即 Le rôle du composant catégoriel bei 貝“cauris” dans la création graphique des termes monétaires chinois. In OP. CIT. -revue de littératures française et comparée, n° 10, textes réunis et présentés par Jean-Gérard Lapacherie, Pau: Publications de l'Université de Pau. 1998. pp. 69 - 75.

⑤ 即 La conservation formationnelle des caractères chinois: une source de vitalité de l'écriture révélée au travers de bao 宝“précieux”. In Actes du colloque international commémorant le centenaire de la découverte des inscriptions sur os et carapaces, réd. Yau Shun-chiu & Chrystelle Maréchal, Paris: Éditions Langages Croisés, CRLAO-EHESS. 2001. pp. 229 - 247.

⑥ ［法］麦里筱．汉语颜色类词的产生［J］．古汉语研究，2003（4）：60.

le *Shuowen Jiezi*），讨论《说文》中的异体字古文与籀文[①]，虽然是比较浅显的研究，但足以显示当时她对《说文》的兴趣与关注，这也与她后来走上古文字研究的道路有重要关系。

鲍则岳（William G. Boltz，1943— ）从本科学位到博士学位都是在加利福尼亚大学伯克利分校获得。他1974年获得博士学位，曾经师从我们前面提到的卜弼德先生。鲍则岳现任华盛顿大学亚洲语言文学系教授，研究领域为古代汉语、语文学、文字、考据学等。他很关注《说文》研究，其以《说文》为主题的研究成果是《〈说文解字〉导读》。该文1993年发表在英国学者鲁惟一（M. Loewe）主编的《中国古代典籍导读》中[②]，后文我们将拿出一节进行专门介绍。

蒲芳莎（Fançoise Bottéro，？— ）女士，法国国家科学研究院和东亚语言研究所学者。她被当代西方汉学家公认为国际上有名的《说文》学家，其有关《说文》的著作比较多，代表性的有其1994年完成的博士学位论文《汉字的语义性及其分类：从"说文解字"到214部系统的汉字分类研究》（Sémantisme et Classification dans l'Écriture Chinoise：Étude du Classement des Caractères par Clés du "*Shuo Wen Jie Zi*" Jusqu'au Système des 214 Clés），1996年出版的专著《汉字的语义性及其分类：从〈说文解字〉到〈康熙字典〉以部首整理汉字系统》（*Sémantisme et Classification dans l'Écriture Chinoise：Les Systèmes de Classement des Caractéres par Clés du Shuowen Jiezi au Kangxi Zidian*），另外还有1998年发表的《许慎"六书"表述中的文字观》（La Vision de l'Écriture de Xu Shen à Partir de Sa Présentationdes Liushu），2002年发表的《重审"文"与"字"：最大的汉字骗局》（Revisiting the *wén* and the *zì*：The Great Chinese Characters Hoax），2006年发表的《仓颉和文字发明：对一个传奇阐述的反思》（Cang Jie and the Invention of Writing：Reflections on the Elaboration of a Legend），2007年发表的《中国文字：古代本土视角》（Chinese Writing：Ancient Autochthonous Perspective），2008年发表的《〈说文解字〉与中国的人文科学》（The *Shuowen Jiezi* Dictionary and the Human Sciences in China），2009年发表的《重审〈说文解字〉词汇条目》（*Shuōwén Jiězì* Lexical Entries Revisited）、《"六书"作为文字学理论献疑》等文章[③]，涉面

---

① 据麦里筱给笔者的电子邮件讲，主要参考了何琳仪教授的《战国文字与传抄古文》（《古文字研究·第15辑》）一文，把其主要内容都翻译成了法文。

② Loewe，Michael，ed. *Early Chinese Texts*：*A Bibliographical Guide*（*Early China Special Monograph Series No.* 2）［C］. Berkeley：Society for the Study of Early China，and the Institute of East Asian Studies，University of California，1993.

③ 其中"*Shuōwén Jiězì* Lexical Entries Revisited"2009年12月发表在《韩国汉字研究·第一辑》上，pp. 111－120；《"六书"作为文字学理论献疑》发表在《中国文字博物馆》2009年第2期上，pp. 263－272。

广，研究深，后文我们将拿出一节对其《说文》研究进行专门讨论。

比利时布鲁塞尔自由大学的汉学家陆芳怡（Francoise Lauwaert，？— ），1975年布鲁塞尔自由大学社会科学硕士，1976年获得北京大学中国历史硕士学位，1987年在法国巴黎第七大学获得远东研究博士学位。她1998年发表了法语文章《文字与神话：关于许慎的〈说文解字〉》（Ecriture et Mythologie：Épropos du *Shuowen Jiezi* de Xu Shen）①。

冬玛轲（Marc Winter，1967— ），瑞士最值得关注的《说文》研究者，他1996年的博士学位论文就是以《说文》为主题撰写的，他曾在中国南京留学，并得到著名语言学家徐复先生的指导。他的博士学位论文于1998年出版，1999年就有三位著名学者对其著作发表书评，他们是奥地利学者傅熊、德国学者叶翰和美国学者米勒，三位都是非常了解《说文》的专家，尽管褒贬不一，但是足见其影响力。我们后文将专设一节进行详细讨论。

叶翰（Hans van Ess，1962— ），德国慕尼黑大学汉学系教授。他曾在汉堡大学和上海复旦大学研修汉学、哲学和突厥语。1998年被聘为慕尼黑大学汉学系教授，2003年至2005年担任该大学文化学系主任。他的研究领域主要集中在中国古代思想史和唐代文学。他研究过许慎的《五经异义》和《说文》，比如其1994年的文章《今古文之争：20世纪搞错了吗?》（The Old Text/New Text Controversy：Has the 20th Century Got It Wrong?），把许慎的著作和汉代的今古文之争联系起来；其1999年的文章《汉代的伪经文与今古文之争》（The Apocryphal Texts of the Han Dynasty and the Old Text/New Text Controversy），再一次关注到许慎的《五经异义》和《说文》与今古文之争的关系。叶翰以《说文》为主题的文章是1999年对瑞士学者冬玛轲《〈说文解字〉使用手册》的书评。② 在此文中，叶翰说："即使我们和许慎生活的时代（公元55—150）几乎相隔一千九百年，他的主要作品《说文解字》，还是被认为非常好并且是重要的理解中国语言和文字的钥匙。"③ 叶翰对冬玛轲《〈说文解字〉使用手册》写作目的、主要内容、优缺点都进行了评价，我们将在冬玛轲一节中再进行详细介绍。

傅熊（Bernhard Füehrer，1960— ），奥地利学者，曾在台湾大学中文系学

---

① Oralité et Écriture dans la Pratique du mythe［J］. Civlisations，1998，46（1－2）：pp. 9－42.

② Ess，Hans van. "Marc Winter，'... *Und Cang Jie Erfand die Schrift*'：*Ein Handbuch für den Gebrauch des Shuo Wen Jie Zi*（'... And Cang Jie Invented Writing'：A Handbook for the Use of the *Shuowen Jiezi*）"［J］. *China Review International*，1999，6（1）：pp. 283－286.

③ Ess，Hans van. "Marc Winter，'... *Und Cang Jie Erfand die Schrift*'：*Ein Handbuch für den Gebrauch des Shuo Wen Jie Zi*（'... *And Cang Jie Invented Writing*'：*A Handbook for the Use of the Shuowen Jiezi*）"［J］. *China Review International*，1999，6（1）：p. 283.

习，1994年获得维也纳大学博士学位，现任伦敦大学亚非学院中文部教授，能讲一口流利的中文。傅熊专长于中国古典文学、中国古代思想、考据学，其所著《忘与亡——奥地利汉学史》也颇受关注，将要出中文版。傅熊对《说文》比较熟悉并能熟练运用，比如其1997年《太史的心理肖像：对司马迁及其〈报任安书〉的一个注解》一文[①]，在分析"未能尽明，明主不晓"一句时，便引用《说文》证明"明"和"晓"是近义词，指出"明主不晓"一句存在着语词矛盾（contradictio in adiecto），由此分析司马迁对皇帝的心理。其《先知与说笑人：通过字形分析预测未来与修辞双关》一文[②]，也多次提到《说文》。傅熊以《说文》为主题的文章是其1999年对瑞士学者冬玛轲《〈说文解字〉使用手册》写的评介。该书评内容分为三个部分：介绍《说文》基本情况；介绍冬玛轲《说文》著作的内容；高度评价冬玛轲。我们将在冬玛轲一节一并讨论，此不赘述。

曲理查（Richard Sterling Cook，？— ），美国学者，2003年在美国加州大学伯克利分校获得语言哲学博士学位，比较关注《说文》电子化研究，博士学位论文题目为"说文解字·电子版"，集中展现了他在《说文》电子化方面的研究成果，后文我们将专门拿出一节主要对其《说文》电子化研究进行评介。

Timothy Michael O'Neill（？— ），美国学者[③]，2013年在《美国东方学会会刊》（*Journal of the American Oriental Society*）上发表了《许慎的学术历程：〈说文解字叙〉新解》（Xu Shen's Scholarly Agenda：A New Interpretation of the *Postface of the Shuowen Jiezi*）一文，该文通过阅读原文与传统注释从作者意图的角度对《说文》分析文字的方法进行了新的阐释。文章的中心论点认为《说文》辞书编辑的宏观结构与微观结构是用来设计证明文字系统的变化是从历史上和字形上可观测到的，因此圣人用"古文"写作经典的原本意图是可以通过回溯文字的改革与变化，正确认识他们如何对"古文"文字系统的字词分类与运用进行还原的。在文末作者给出了新阐释下带注释的《说文解字叙》翻译。另外早在2010年他的美国华盛顿大学博士学位论文《隐藏意图的预兆：传统中国话语中的语言理论与作者》（Harbinger of Sequestered Intent：Language Theory and the Author in Traditional Chinese Discourse）第2章中关于语言的中国传统的讨论，集中于两部

---

① Füehrer, Bernhard. "The Court Scribe's Eikon Psyches. A Note on Sima Qian and His Letter to Ren An" [J]. *Asian and African Studies*, 1997, 6 (2): pp. 170-183.

② Füehrer, Bernhard. "Seers and Jesters. Graph Analysis between Punning and Predicting the Future" [J]. *East Asian Science, Technology and Medicine*, 2005 (25): pp. 47-68.

③ 在阿尔比恩学院（Albion College）网站上有这样的介绍：Timothy M. O'Neill, visiting assistant professor. B. A., 1996, University of Maryland; M. A., 1999, University of Chicago; M. A., 2004, Ph. D., 2010, University of Washington. Appointed 2012. http://www.albion.edu/academics/academic-catalogs/2013-14-catalog/programs-of-study/history.

中国古代辞书——《尔雅》与《说文》。该章阐释了前现代中国语言理论与西方形意文字的思考有何不同。其中第7节介绍了《说文解字叙》，第8节翻译了带有注释的《说文解字叙》。

二、涉及《说文》的著述

（一）汉语汉字研究方面

蒲立本（Edwin George Pulleyblank，1922—　），加拿大学者。他在《上古汉语的辅音系统》一书中①，以《说文》及其他古汉语材料为例证，用高本汉的构拟法，拟了一套复辅音。② 他又在《古汉语语法纲要》（1995）第一章导言“符号”一节中介绍了《说文》以及六书，蒲立本对六书逐一介绍并举了例子，有的例子和许慎相同，有的不同。值得关注的是蒲立本对六书的理解，他把六书分为两类：指事、象形、会意、转注是没有声符的，意义是由一种类似图像的方式直接表达出来的，没有牵涉语音；形声字和假借字是基于语音规则创制出来的，这两种字合起来占全部汉字的绝大部分。蒲立本对形声和假借进行了着重说明。他认为形声类和假借类之间并无严格界限，加上一个义符（形旁或部首），假借便成了形声。他指出，给假借字加上形旁，在汉代以前是非常流行的。例如，原本是象女人之形的“女”字很早就被借去表示第二人称代词，后来，人们又借用以水为形旁、本来专指河南汝河的谐声字“汝”字作为第二人称代词的标准写法。对形旁的选择可以是多样的。“说”这个字以言为形旁，后来，读音为shuō的“说”表示陈述、解释（名词）、理论学说、故事、说话（后起）等义，读音为shuì的“说”表示劝说的意思。在汉代以前的文献中，“说”字还常常用来表示词义为高兴的yuè，在这个意义上，“说”字后来的标准写法变成了以心为形旁的“悦”字。③

雷威安（André Lévy，1924—　）教授，法国研究中国古典文学的知名学者和翻译家。其1995年的文章《论汉字六书类型：六书理论还剩下什么？》④，讨论了《说文》中称赞的基于汉字字形分析的六书，认为其一开始必定是最适合的，因为它持续了两千年。现在是否还适用，是否要适当修改？对此问题文章给

① 该书原题 The Consonantal System of Old Chinese，刊载于 *Asia Major*，1962（9）：pp. 58－144，pp. 206－265.

② 罗永现．汉语—侗台语的几个精庄组对应词［J］．民族语文，2004（6）：19.

③ ［加］蒲立本．古汉语语法纲要［M］．孙景涛译．北京：语文出版社，2006. 6～7.

④ 即“À Propos de la Typologie en Six Catégories des Caractères Chinois：Que Reste-t-il de la Théorie des Liushu?”［J］. *EtC*，1995，14（1）：pp. 9－23.

出了一些实验性的答案。

林西莉（Cecilia Lindqvist，1932— ），瑞典著名汉学家，高本汉的另一位学生，其1988年出版的《汉字王国》一书中写道："有几本书一直放在我的写字台上，遇到字形、发展和字义方面的问题时我就翻阅它们寻找答案。"① 其中就有《说文》。她对《说文》的评价是这样的："由于自然的原因，书中所做的解释经常是过时的，特别是在20世纪出土了大量文物以后，这个问题更加突出。……许慎以秦始皇统一文字的字形为出发点。如我们已经看到的那样，在很多情况下最初的字形已经变化了。因此他在书中的解释经常有误。但是在该书问世以后的近两千年当中它近乎被人视为圣书，直到今天，不少老专家在解释不同的字时还是首先拿《说文解字》作证，它仍然被广泛引用。"② 林西莉在另一本2006年出版的著作《古琴》中，根据"中国最早的词源字典《说文解字》给'琴'字作的近音注释：琴，'禁也'"，猜测或许人们最初要的不是美妙的曲子和既成的音调。又在书的最后谈到许慎《说文》中的字形"也是在小篆的基础上作了些修改，其实许多字早在那时就失去了它们最初的形式。包括许慎在内，没有人知道那些字从前的样子。一直到20世纪初甲骨的发现，字的古老形态才终于为世人所知"③。可以看出林西莉对《说文》的认识还是比较深刻的。

何莫邪（Christoph Harbsmeier，1946— ），挪威汉学家，曾经跟随高本汉和赵元任两位名师学习过。何莫邪曾于2006年8月2日在南开大学范孙楼章阁厅作过题为"《说文解字》研究的方法问题"的学术报告④，2010年1月在德国海德堡大学（Universität Heidelberg）作过题为"阅读《说文解字》"的报告⑤，遗憾的是我们没有找到这两份报告的文本。2011年5月9日在北京大学中文系"胡适人文讲座"中作了《关于〈说文解字〉的一些意见》的报告⑥，在这个报告中他分析了《说文》的书名，认为《说文》是一部字源字典（dictionary of the graphic etymology），不是一个单音词词典，并比较说西方没有类似的字典，还提

---

① 见［瑞典］林西莉著、李之义译《汉字王国》一书的附录参考书目第17页。

② 见［瑞典］林西莉著、李之义译《汉字王国》一书的附录参考书目第18页。

③ ［瑞典］林西莉．古琴［M］．许岚，雄彪译．北京：生活·读书·新知三联书店，2009（原书为2006年初版）．312.

④ 学术报告会——何莫邪（挪威奥斯陆大学教授、国际著名汉学家）（2006－08－02）［2010－09－18］http：//202. 113. 21. 169/news/ReadNews. asp？NewsID＝1884&BigClassID＝4&SmallClassID＝10.

⑤ 见海德堡大学汉学系网站。Vergangene Gastvortrçge［2010－10－22］http：//www. sino. uni－heidelberg. de/aktuell/vortraegenewlist. htm.

⑥ 讲座地点：北京大学五院中文系二楼学术报告厅，讲座开始时间：2011－05－09 15：00：00，讲座结束时间：2011－05－09 17：00：00。参见网页 http：//lecture. pku. edu. cn/viewnotify. php？id＝3174［2012－7－30］.

到《说文》的部首问题、六书问题、字头小篆问题、字条格式问题等①。他还在2012年8月25日于韩国济州岛济州大学召开的"第四届韩中日汉字文化国际论坛"中作了《以西方人的观点考察许慎的文字观》的主题演讲。② 另外他还和法国学者蒲芳莎合作，于2008年发表《〈说文〉与中国的人文科学》，我们将在蒲芳莎一节讨论，此不赘言。

毕鹗（Wolfgang Behr，1965—　），德国波鸿大学著名金文研究专家，现在是瑞士苏黎世大学东亚研究院汉学系教授。他的研究重点是音韵学、古文字学、汉藏语言学、中国语言学史等。其《早期中国文献中的楚词》一文根据资料统计出《说文》里有19个楚词。③ 其德语论文《古代中国"笑"和"哭"的词源学解释》也多次引用了《说文》。④

高奕睿（Imre Galambos，？—　），匈牙利学者，其2004年《汉代材料中秦朝文字统一的神话》一文中⑤，"《汉书》与《说文》"部分比较了《汉书》与《说文》对秦代文字改革的描述，认为二者极其相似，应该同出一源；"《说文》小篆"部分讨论《说文》字头字是小篆的根据，比较先秦青铜器上的小篆字形与《说文》小篆字形，认为二者之间存在差异。

薛斯勒（Axel Schuessler，1940—　），美国沃特堡学院（Wartburg College）荣休教授。其2007年《古汉语词源词典入门》（*ABC Etymological Dictionary of Old Chinese*）一书，出现《说文》一百多处。他认为《说文》并不是可靠的词源资料，原因有两个：一是《说文》是字典而不是词典，它经常描述的是字形，和词源解释并不是一回事；二是许慎不知道早期商代甲骨文字形，他无意识地被他所在时代的字形所误导。⑥

美国人理查德·西尔斯（Richard Sears，1950—　），被称为"汉字叔叔"，对汉字字源感兴趣，他建有一个汉字字库网站（http：//www. chineseetymology.

---

① 参见网页 http：//blog. renren. com/share/283894750/6472557364 [2012－7－30].

② 王平．"第四届韩中日汉字文化国际论坛"在韩国召开" [2012－09－25] http：//www. zjww. gov. cn/news/2012－09－25/618526902. shtml.

③ Behr，Wolfgang. "Some Chǔ 楚 words in early Chinese literature" [J/OL]. EACL－4，Budapest，19－22. I. 2006 [url] http：//www. ruhr－uni－bochum. de/gpc/behr/PRES/budapest_ eacl4_ slides. pdf. p. 13.

④ Behr，Wolfgang. "Etymologische Notizen zum Wortfeld 'Lachen' und 'Weinen' im Altchinesischen" [A]. Nitschke August，Stagl Justin，Bauer Dieter R.，eds. *Überraschendes Lachen，gefordertes Weinen：Gefühle und Prozesse，Kulturen und Epochen im Vergleich* [C]. Veröffentlichungen des Instituts für Historische Anthropologie Bd. 11，Wien：Böhlau，2009. pp. 18，19，21，27，30.

⑤ Ess，Hans van. "The Apocryphal Texts of the Han Dynasty and the Old Text/New Text Controversy" [J]. *T'oung Pao*，Second Series，1999，85（1/3）：pp. 181－203.

⑥ Schuessler，Axel. *ABC Etymological Dictionary of Old Chinese* [M]. Honolulu：University of Hawaii Press，2007. p. 9.

org)，这个网站免费提供在线汉字字源解释，并提供上百种字形变化，里面有《说文》提供的字形和字形分析。

（二）历史、宗教、文化、艺术等研究方面

这一时期涉及《说文》的研究领域更多，且比较琐碎，无法一一列出。总的说来，涉及历史、宗教、文化、艺术等方面的研究较多，因此下面仅就所收集到的资料简要罗列一些。限于篇幅，有的只是点到为止。

梅维恒（Victor Henry Mair，1943— ），美国学者，在哈佛大学获得中国文学博士学位，在中古俗文学与佛教文学、敦煌学、中亚考古以及中古语词研究等方面都很有研究。梅维恒 1994 年所编《哥伦比亚中国古典文学选集》（*The Columbia Anthology of Traditional Chinese Literature*）一书，打破常规模式，在介绍叙的时候，举了 4 个例子，首例即许慎的《说文解字叙》。[①] 他把《说文解字叙》当作中国古典文学的材料来介绍，这在国内外都是不多见的。

莫莉·斯皮策·弗洛斯特（Molly Spitzer Frost，1944— ），1982 年获得乔治城大学（Georgetown University）博士学位，指导教师是杨福绵教授，其博士学位论文《中国母权制：来自传说和汉字的线索》之中有相当部分内容（pp. 91 - 106）研究《说文》中涉及女性的部分。作者说："也许是由于《说文》编纂时期相对较晚，这部分内容虽然给出的关于中国早期母权制的线索很少，不过我们确实可以了解到某些关于汉代妇女职能的有趣事情。"[②]

杜润德（Stephen W. Durrant，1944— ），美国俄勒冈大学东亚语言与文学系教授。其 1987 年在一篇评价艾尔曼《从理学到朴学：中华帝国晚期思想与社会变化面面观》一书的文章中，对艾尔曼把《说文》书名翻译为"*Analysis of Characters as an Explanation of Writing*"（"作为解释文字的汉字分析"）提出批评，他认为在《说文》中"文"是指不能被分解为更小单位的独体字，只能"说"；"字"是指合体字，因此可以分解。因此杜润德建议《说文》书名最好翻译为"*Explaining Primary Graphs and Analyzing Derived Graphs*"（"解释基本字，分析派生字"）。[③]

---

① 见 Richard B. Mather. "Review: *The Columbia Anthology of Traditional Chinese Literature*, Edited by Victor H. Mair"一文，p. 163. Richard B. Mather（1913— ），美国汉学家，中文名马瑞志，生于河北保定，父母为清末来华传教士。他在保定生活了十三年，精通汉语，爱好中古历史，1949 年获加利福尼亚大学东方语言学专业博士，现为明尼苏达大学东亚系教授。

② 见其博士学位论文"Chinese Matriarchy: Clues from Legends and Characters""摘要"部分。

③ Durrant, Stephen W. "Self as the Intersection of Traditions: The Autobiographical Writings of Ssu-ma Ch'ien"[J]. *Journal of the American Oriental Society*, 1986, 72 (4/5): p. 347.

本杰明·艾尔曼（Benjamin A. Elman，1946—　）①，前美国加州大学洛杉矶分校中国史教授，现美国普林斯顿大学历史系和东亚系双聘教授。所撰《从估计到事实：音系学作为一门精确学科在中华帝国晚期的出现》一文②，介绍了《说文》的基本情况及其对语音学研究的价值。

夏德安（Donald Harper，1950—　），美国人，治学偏重中国古代研究，其《公元前3世纪汉语对鬼的描述》（1985）③、《王延寿的梦赋》（1987）④、《公元前2世纪一个手稿中所描述的性艺术》（1987）⑤ 等著作中都多次引用《说文》。《王延寿的梦赋》（以下简称《梦赋》）一文中对“魅虚”的翻译“Goblin Blighter”，就是根据《说文》对“魅”和“虚”各自的解释而翻译的，虽然作者自己也知道《梦赋》里的“魅虚”是一个专有名词，并非“魅”和“虚”两个字义的简单相加。⑥ 从这里可以看出他对《说文》的依赖程度。

胡司德（Roel Sterckx，1961—　），英国剑桥大学亚洲与中东研究院汉学系主任、李约瑟汉学讲座教授。他在2002年出版的《早期中国的动物与魔鬼》（*The Animal and the Daemon in Early China*）一书考察了《说文》中与动物有关的字，发现“《说文》不注重描述动物的生物特征，《说文》更关注解释一个字形如何像某种动物而不是该动物本身的生理和行为特征”⑦。他认为《说文》虽然包含大量有价值的动物信息，但许慎更关心的是词汇分析而不是生物学。《说文》虽然收入大量有关动物的字，但“不是出于对动物分析有本能的兴趣”⑧。

田宇利（Ulrich Theobald，1971—　），德国学者，曾经在南京大学留学，自2003年开始在蒂宾根大学（University of Tübingen）教授中国历史和古代汉语，在他的网站“中国知识（China Knowledge—A Universal Guide for China Studies）”上有对《说文》的简介⑨，翻译了中国大百科全书周祖谟所作的“《说文解字》”条，列出了《说文五百四十部首表及其英译》，并且英译了十多个字条作为例子。

---

① 艾尔曼更多信息见 http：//www. princeton. edu/history/people/display_ person. xml? netid = elman.

② Elman，Benjamin A.“From Value to Fact：The Emergence of Phonology as a Precise Discipline in Late Imperial China”［J］. *Journal of the American Oriental Society*，1982，11（1）：pp. 493 – 500.

③ 即 Harper，Donald.“A Chinese Demonography of the Third Century B. C.”一文。

④ 即 Harper，Donald.“Wang Yen-shou's Nightmare Poem”一文。

⑤ 即 Harper，Donald.“The Sexual Arts of Ancient China as Described in a Manuscript of the Second Century B. C.”一文。

⑥ Harper，Donald.“Wang Yen-shou's Nightmare Poem”一文，pp. 244 – 245.

⑦ Mair，Victor H.“Review：*The Animal and the Daemon in Early China* by Roel Sterckx”［J］. *Journal of the American Oriental Society*，2002，122（4）：p. 842.

⑧ Sterckx，Roel. *The Animal and the Daemon in Early China*［M］. New York：State University of New York Press，2002. p. 35.

⑨ http：//www. chinaknowledge. de/Literature/Science/shuowenjiezi. html.

另外来自英国的香港大学哲学系博士生德龙（Donald Sturgeon）对中国典籍电子化很感兴趣[①]。他于2006年创办了中国哲学书电子化项目（Chinese Text Project）网站[②]，该网站有《说文》电子文本全文，可实现全文检索，并且列出了59种与《说文》有关的参考文献[③]。还有迈克尔·哈特（Michael Hart，1947—2011）发起的古登堡计划（Project Gutenberg）中也收录了《说文》以及相关书籍的电子化文本，不过目前还不能进行检索[④]。

此外，德国学者德博（Gunther Debon，1921—　）的《中国文字学的基本概念和书画同源说》（1978）[⑤]，是一部研究与《说文》有密切关系的汉字六书学说及其在书法、绘画中的表现的专著。研究宗教学以及哲学的德国学者耿优进（Joachim Gentz）在其《期待历史的热度——早期中国人的时间观念及其对历史事件的可能影响》（2002）一文中认为“古代圣人根据模拟自然现象的原则来发明文化的观点可以在《说文解字叙》中找到”[⑥]。法国戴思博（Catherine Pespeux）女士在《生命良好的开端：中国胎教》（2003）一文中提到：“‘胎’在大部分资料中只指代第三个月的胎儿；这也与《说文解字》中该字的定义相符。”[⑦]《说文》：“胎，妇孕三月也。”

综上所述，虽然改革开放以后这段时期时间跨度较短，并且汉学家更多地关注现代中国研究，但还是有不少欧美学者从各个不同的角度来关注《说文》，出现了更多以《说文》为主题的研究，尤其是随着计算机科学的发展，出现了《说文》电子化研究。汉语汉字研究领域有更多著作涉及《说文》，其他领域涉及《说文》的著作更是数不胜数，甚至一些大学还专门开设《说文》课程。这一时期研究《说文》的主体全部是各领域的专业汉学家，且大部分至今仍旧活跃在学术界，可以预见他们将会获得更多的《说文》学成果。虽然某些学者仍旧对中国大陆学者的《说文》研究成果了解不多，或存有误解，但更多年轻学者开始更加重视与中国学者的沟通，互相之间学术交流更加频繁，有不少还曾经

---

① 参见网页 http：//dsturgeon. net/about/［EB/OL］. 2012－07－28.

② 该计划的目的在于开发一个在线电子书系统，试图将中国的古代哲学书及其相关的原典文献加以电子化，用交叉索引等技术充分利用电脑的功能，给中外学者提供更方便的方式来学习和研究这些古书。参见 http：//ctext. org/zhs，2012－07－29.

③ 参见 http：//ctext. org/shuo－wen－jie－zi，2012－07－29.

④ 参见 http：//archive. org/stream/06081963. cn#page/n10/mode/2up，2012－07－29.

⑤ *Grundbegriffe der Chinesischen Schrifttheorie und Ihre Verbindung zu Dichtung und Malerei*，也译作《中国书法理论的基础概念及其与诗画的联系》，维斯巴登出版社1978年版。

⑥ 可参考 Gentz，Joachim.“Anticipating Historical Heat. Early Chinese Concepts of Time Quality.”3. November 2002.（www. sino. uni-heidelberg. de/conf/symposium2. pdf）的73页第13个注释，文中推荐了美国学者K. Thern的《说文解字叙英译》。

⑦ 见该文第5页。

在中国大学留学，或者到中国访学、做演讲、参加会议等。以上只是简述，下面我们将选取这一时期有代表性的欧美学者来作进一步讨论。

第二节　美国柯蔚南之《说文》“读若”研究

柯蔚南，美国学者，国际著名语言学家、汉学家，对汉语历史音韵、汉语方言、古藏语及汉藏语比较均有深湛的研究，有着深厚的语文学功底。他曾经受教于李方桂先生，1972 年获得华盛顿大学博士学位，其博士学位论文为《〈尔雅〉中的文本和语言学问题初探》①，导师是我们前面介绍过的司礼义，与著名语言学家丁邦新同一年毕业，同一个导师。②

柯蔚南 1978 年发表了《许慎的声母系统》一文③，1979 年发表了《许慎的韵母系统》一文④，这两篇关于《说文》“读若”的文章分别从声母和韵母的角度系统考察了《说文》“读若”所反映的语音系统，另外他 1983 年出版的《东汉音注手册》一书则把《说文》“读若”放到了整个东汉语音系统下来考察⑤。下面我们将具体讨论柯蔚南对《说文》“读若”的研究。

一、柯蔚南之前《说文》“读若”研究情况

在柯蔚南之前已有不少关于《说文》“读若”方面的研究。清代以来，不少学者对《说文》“读若”问题很感兴趣，有大量研究成果，比如张度《说文读若考》、钱绎《说文解字读若考》、叶德辉《说文读若考》、日本学者高桥峻（Takahashi Shun）《说文解字读若考》（1936）、杨树达《说文读若探源》（1947），以及陆志韦的《说文解字“读若”音订》（1946）等。新中国成立后周何的《说文解字读若文字通假考》（1962），柯蔚南的评价是“沿袭清朝语文学家传统对‘读若’材料逐一注释”⑥。柯蔚南对陆志韦的研究比较感兴趣，陆氏对《说文》

---

① 即“An Introductory Study of Textual and Linguistic Problems in *Erh-ya*”。

② Burch, Susan E. “American Doctoral Degrees Granted in Foreign Languages, 1971 - 1972” [J]. *The Modern Language Journal*, 1973, 57 (1/2): p. 13.

③ 即“The Initials of Xu Shen's Language as Reflected in the *Shuowen* duruo Glosses”。虽然柯蔚南此篇文章发表于 1978 年，属于本书划分前一阶段成果，但是为了该学者介绍的完整性，因此放在此阶段进行讨论。

④ 即“The Finals of Xu Shen's Language as Reflected in the *Shuowen* duruo Glosses”。

⑤ Coblin, W. South. *A Handbook of Eastern Han Sound Glosses* [M]. Hong Kong: The Chinese University Press, 1983.

⑥ Coblin, W. South. *A Handbook of Eastern Han Sound Glosses* [M]. Hong Kong: The Chinese University Press, 1983. p. 5.

全部“读若”材料逐一考察，并以它们为基础来完整构拟许慎时代语言的语音系统，“确定了《说文》作者许慎时代语言的韵部，把所有‘读若’根据东汉韵部排列，根据他的古代汉语构拟形式，给每个词确定东汉拟音”①。但柯蔚南不同意陆氏所构拟的许慎语言没有复辅音，以及声母系统与中古汉语不同之处仅在于“端”“知”与“精”“照”二系列还没有互相区分开来的看法，他认为这样极端简单的声母系统与东汉其他材料所显示的情况相比较存在不一致的地方②，因此有必要重新审视《说文》“读若”的材料。柯蔚南认为应该把“读若”看作“语音上不那么严格的注释方式，而不是确切的注音”③。

二、柯蔚南《说文》“读若”研究内容

柯蔚南关注《说文》中的“读若”，主要目的是利用《说文》“读若”来构拟许慎的语音系统。《许慎的声母系统》讨论了“读若”的性质，并用“读若”的材料来构拟许慎语言的声母系统。文章分为三部分：①引言，介绍《说文》“读若”研究情况及存在问题，讨论《说文》“读若”的性质与功能，交代许慎生平，拟音所根据的材料以及所用拟音系统。②许慎语言的声母，进行具体的语音构拟。③总结，根据前面分析，总结许慎语言的声母系统，声母系统从上古到东汉，经过魏晋到中古的发展过程以及继续研究的空间。《许慎的韵母系统》用“读若”和一些其他材料来构拟许慎语言的韵母系统。也分为三部分：①引言，说明该文是继续上一篇的研究构拟许慎的韵母系统，介绍用于构拟的材料、许慎的语言状况以及所用拟音系统。②许慎语言的韵母系统，并进行具体的语音构拟，分为韵尾辅音——总论、韵尾辅音——具体讨论，元音系统——韵部三部分。③总结，根据前面分析总结构拟的许慎韵母系统，构拟的东汉韵母从上古起源经过魏晋到中古时期的发展过程，以及研究存在的问题。而《东汉音注手册》则是利用东汉时期的音训材料构拟东汉时期的语音系统，其中有很大一部分是《说文》“读若”材料。

---

① Coblin, W. South. *A Handbook of Eastern Han Sound Glosses* [M]. Hong Kong: The Chinese University Press, 1983. p. 5.

② Coblin, W. South. “The Finals of Xu Shen's Language as Reflected in the *Shuowen* duruo Glosses” [J]. *JCL*, 1979 (7): p. 27.

③ Coblin, W. South. “The Finals of Xu Shen's Language as Reflected in the *Shuowen* duruo Glosses” [J]. *JCL*, 1979 (7): p. 181.

三、柯蔚南《说文》“读若”研究特点

（一）注重《说文》“读若”的性质功能

《说文》没有解释“读若”的性质功能，因此有很多争论。前人研究可概括为两点：①“读若”是一个成熟的音注系统，用来向读者说明所注字的读音。②它们是假借的注释，表明所注项已经或者可能用来作为所注词的假借字。这两个假设都遭到陆志韦（1946）很有根据的驳斥，但陆氏也承认自己不能确定为什么《说文》中出现“读若”注释。日本学者 Takahashi（1936）提出《说文》所有字条原来都有“读若”注释，后来，在有竞争力的反切系统下，《说文》中大多数“读若”可能以不规则的形式丢失了。柯蔚南认为“很不幸，没有办法来证实这个假设”[①]。

柯蔚南承认“读若”的确切功能问题还没有解决，还不能确定它们为什么出现在《说文》中，但是他认为还是“有可能得出几个关于它们的结论”[②]：很明显，从它们的形式看，它们和东汉注释家们的假借注释密切联系，因此很有可能两类材料背后的语音标准是类似的。对这两类材料的分析和基于它们的语音构拟证实了这一点。其实，《说文》“读若”研究的总体情况以及许慎声训和诗韵的研究充分说明这些不同材料反映了同一种语言的语音系统。这些表明《说文》“读若”注释可以和东汉假借字等同起来用作语音构拟的材料。

（二）具有系统全局观念

在《东汉音注手册》中，柯蔚南把《说文》“读若”放在整个东汉语言语音系统下考察，从整体上考察东汉音训的性质，这样“读若”就不是一个孤立的问题，而是系统中的一部分。柯蔚南还考虑到材料的时间段及方言地理位置因素，他列了表格和图表来说明所有贡献过音训资料的注释家所生活的时间段与地域。

柯蔚南研究《说文》“读若”，考虑了许慎的语言状况。许慎是汝南召陵人（今河南郾城东，在洛阳东南大约两百公里处），柯蔚南推测他可能在这个地区长大，众所周知他也在那里去世。《说文》里偶尔提到汝南话，说明他熟知自己的方言。许冲在《上说文表》（121）中，提到他的父亲曾经是贾逵的学生，根据《后汉书・贾逵传》，贾逵是扶风（今陕西）人，其人生大部分时光在洛阳地

---

① Coblin, W. South. *A Handbook of Eastern Han Sound Glosses* [M]. Hong Kong: The Chinese University Press, 1983. p. 13.

② Coblin, W. South. *A Handbook of Eastern Han Sound Glosses* [M]. Hong Kong: The Chinese University Press, 1983. p. 13.

区度过。许冲还提到许慎曾经校书东观，而东观位于洛阳。这些事实表明许慎一生中某些时间居住在汝南地区之外，接触过洛阳地区的方言。虽然不能确切知道《说文》"读若"背后的方言，但是"比较其他东汉的材料或许会揭示出许慎语言的一些独特之处，有可能会反映出汝南地区方言的一些特点"①。

《许慎的声母系统》进行具体的语音构拟时全面讨论了唇音、舌根音、喉音、齿音、齿擦音、流音等情况。《许慎的韵母系统》进行具体的语音构拟时，分为韵尾辅音——总论，韵尾辅音——具体讨论，元音系统——韵部，全面讨论了 33 种情况。《东汉音注手册》中构拟材料则列出了来自许慎的全部材料②。

柯蔚南的参考资料也是从全局出发，既有现代和"读若"有关的专门研究，如高桥峻（Takahashi）的《说文解字读若考》、陆志韦的《说文解字"读若"音订》、杨树达的《说文读若探源》、周何的《说文解字读若文字通假考》等，也有研究《说文》的传统著作如《说文解字诂林》《说文系传》等，其他还有张建葆《说文声训考》（1964）、米勒（Roy A. Miller）《〈说文解字〉研究中的问题》（1953）、司礼义《〈说文〉里与"盐"义有关的字》（1958）等。

（三）注重客观理据

柯蔚南认为，不是所有"读若"材料都可用于拟音。因此，他为用于拟音的"读若"设定了标准，排除了一些材料，比如无法从语音上确定的读若字。他举了一个例子："蠸，读若蜀都布名"，这里布名不知，无法确定相应的读音，因此予以排除。在《东汉音注手册》中，柯蔚南最终选用的《说文》"读若"字有 794 个，而《说文》全书"读若"有 820 条。

柯蔚南把适合的《说文》"读若"材料应用于构拟东汉语音实践中。比如《说文》"读若"经常用上古汉语中以 ＊ －n 结尾的词来注释非以 ＊ －n 结尾的词，反过来也是一样，柯蔚南据此合理推断 ＊ －n 在许慎的方言中已经消失。③再比如，《说文》"鹭，读若郅"，柯蔚南认为许慎的"读若"可能反映了"陟"一种方言的读法 tśjet，《方言》说明陟（tjək）是鲁魏地区的读法。但对于许慎为什么选择该词的这个读法，他承认还不能确定。④ "陟"中古音读 tjək，在

---

① Coblin, W. South. "The Finals of Xu Shen's Language as Reflected in the *Shuowen* duruo Glosses" [J]. *JCL*, 1979 (7): p. 182.

② Coblin, W. South. *A Handbook of Eastern Han Sound Glosses* [M]. Hong Kong: The Chinese University Press, 1983. p. 158 – 198.

③ Baxter, William H. "Review: *A Handbook of Eastern Han Sound Glosses* by W. South Coblin" [J]. *Bulletin of the School of Oriental and African Studies*, 1985, 48 (1): p. 171.

④ Coblin, W. South. *A Handbook of Eastern Han Sound Glosses* [M]. Hong Kong: The Chinese University Press, 1983. p. 195. 注释 708.

《经典释文》中出现，而《切韵》、《广韵》和《经典释文》还出现另一个中古读音 tśjet，柯蔚南认为 tśjet 几乎可以肯定是直接来自《说文》“读若”。[1] 可以看出，柯蔚南比较注重客观理据，有充分证据的就作出合理推断，没有充分证据的就承认不能确定。

（四）注重分类对比

在《许慎的声母系统》中，柯蔚南统计《说文》有 820 条“读若”，不到《说文》所注释字条数的十分之一。柯蔚南没有把所有《说文》“读若”材料笼统对待，他根据其表现形式把它们分为不同类型，并细致考察了各种类型的情况，列表如下：[2]

类型	数目	所占“读若”总数比例
x 读若 y	783	95%
x 读与 y 同	34	4.1%
x 读若 y 相似	1	—
x 言若 y	1	—
x 读如 y	1	—

柯蔚南在后来的《东汉音注手册》中总结了东汉时期的 11 种假借字注释模式，发现其中第 8 类“x 读如 y”在汉代注释中很普遍，而第 9 类“x 读若 y”比较少；反之，《说文》中第 9 类“x 读若 y”用了很多次，而第 8 类“x 读如 y”只出现了 1 次。虽然柯蔚南对为什么会出现这种现象没有给出解释，但是他这种在对比中发现问题的方法是值得我们借鉴的。

四、柯蔚南《说文》“读若”研究评价

柯蔚南关注《说文》“读若”研究并不是偶然的，西方语言学传统一贯注重语音的研究，因此西方汉学家对《说文》的研究不可避免地会比较关注《说文》里的语音材料。我们前面提到的瑞典汉学家高本汉，美国学者米勒、司礼义等都

---

① Coblin, W. South. *A Handbook of Eastern Han Sound Glosses* [M]. Hong Kong: The Chinese University Press, 1983. p. 222. 注释 87.

② Coblin, W. South. “The Initials of Xu Shen’s Language as Reflected in the *Shuowen* duruo Glosses” [J]. *JCL*. 1978 (6): p. 29.

比较关注《说文》在进行古代汉语语音构拟方面的价值，因此可以说柯蔚南的研究是对这一研究传统的继承和发扬。

柯蔚南的《说文》"读若"研究有一定的影响，鲍则岳在其《〈说文解字〉导读》中认为柯蔚南的研究是"最好的'读若'研究"①。不过目前国内对柯蔚南的《说文》"读若"研究关注还很少，郑张尚芳在《上古音研究十年回顾与展望（一）》（1999）中谈到柯蔚南的《说文解字读若声母考》②，但是并未作具体评论。柯蔚南深入细致地研究了《说文》中的"读若"材料，并将之用于构拟东汉语音系统，虽然不一定完全正确，但其研究有自己的特点，某些做法也对我们有一定借鉴意义，值得关注。

第三节　美国克里默之《说文》与校勘学研究

托马斯·克里默，辞典编纂学专家，曾任《国际辞书学》（*International Journal of Lexicography*）杂志的主编，是北美辞书学会（Dictionary Society of North America）的专家，也是美国中英译学协会会员。他曾于1982年2月至8月来中国协助审改《英汉大词典》的初稿③，还曾经和中国英汉辞典编纂专家陆谷孙合作编写关于新词汇的英汉词典④，和另一学者钱大卫合作撰写《中国双语词典史略》一文⑤。国内有多篇文章提到他的名字，他本人的作品也有几篇被译成中文发表⑥。

托马斯·克里默对中国辞书编纂情况比较熟悉，他对中国第一部字典《说文》也有一定研究。他1989年在《国际辞书学》杂志上发表的《〈说文解字〉与中国的校勘学》（*Shuowen Jiezi* and Textual Criticism in China）一文，从校勘学角度来研究《说文》。这篇文章有一定影响，被许多介绍《说文》的英语网站列为参考读物之一。下面我们对该文进行详细讨论。

---

① Boltz, William G. "*Shuo wen chieh tzu*" [A]. Loewe, Michael, ed. *Early Chinese Texts: A Bibliographical Guide*, (*Early China Special Monograph Series No.* 2) [C]. Berkeley: Society for the Study of Early China, and the Institute of East Asian Studies, University of California, 1993. p. 434. 参见本书鲍则岳一节。

② 即柯蔚南的《许慎的声母系统》（The Initials of Xu Shen's Language as Reflected in the *Shuowen* duruo Glosses）一文，本书所用译名来自柯蔚南原文的中文摘要。参见郑张尚芳《上古音研究十年回顾与展望（一）》一文，第13页。

③ 吴莹．关于国际辞书学会议的书简［J］．辞书研究，1984（1）：154.

④［美］托马斯·克里默．一部英汉词典选收新词的原则［J］．徐宏念译．辞书研究，1998（1）：117.

⑤ 钱大卫．词典编纂史国际学术讨论会追记［J］．当代语言学，1987（3）：139.

⑥ 比如中华人民共和国近年来出版的以及即将出版的汉英、英汉词典．吴莹译．辞书研究，1985（4）；释义之外——汉英、英汉词典中设例方面的一些问题．吴莹译．辞书研究，1985（5）；一部英汉词典选收新词的原则．徐宏念译．辞书研究，1998（1）等。

一、主要内容

文章分为“引言”“许慎与《说文解字》”“主要的《说文》传本”“清代的校勘学与辞书”“字典作为文献”“参考资料”六个部分。“引言”部分主要介绍《说文》产生的历史政治背景。“许慎与《说文解字》”部分则介绍了许慎的基本情况和他编纂《说文》的目的，并介绍了许慎修订的六书。“主要的《说文》传本”部分介绍了《说文》的主要传本。“清代的校勘学与辞书”部分介绍清代学者对考据和辞书的研究。“字典作为文献”部分则介绍了《说文》被后世字典大量引用的情况，“参考资料”部分则罗列了一些各国研究《说文》的资料。克里默认为：“到公元100年许慎已经用《说文解字》奠定了中国辞书学的坚实基础。至少从唐代开始到现在，《说文》一直是辞书学家和校勘学者研究的对象。《说文》不仅具有权威字典的价值，也是任何古代语言研究的重要文本。”①

二、研究特点

（一）重视联系对比

克里默此文比较重视联系对比，如他对汉代“今古文之争”有一个精彩的对比：“总体来说，今文学派在意的是经典精神为文明提供方向，而古文学派在意的是把经典看作社会的精确蓝图。”② 形象准确地说明了两派都关注经典，但是目的不同，今文学派关注经典为的是从经典中找出今后发展的方向，经常与革新联系起来；古文学派关注的是如何恢复经典所描述的原貌，经常与守旧、保守联系起来。这一对比有利于读者理解《说文》、校勘学与“今古文之争”间的联系。

克里默还把清朝与汉朝的情况作了联系对比。他认为因为政治和哲学原因，类似汉朝时对古典文献的调查研究也在清朝（1644—1911）出现了。清朝当时的历史情形和汉朝许慎编纂《说文》的时候有些相似，校勘学是当时知识分子的主要活动之一。和校勘活动密切相关的就是清朝对辞典学的新热情，尤其是对古代字书的注疏。从汉代校勘学发展出来的注疏传统一直延续，清朝学者对主要字书作了重要注疏，但是没有比对《说文》的研究更多的了，有王筠的《说文释例》、桂馥的《说文解字义证》、朱骏声的《说文通训定声》以及最重要的段玉裁的《说文解字注》。这样，对中国知识分子而言比较重要的清朝与汉朝两个朝

---

① Creamer, Thomas B. I. “*Shuowen Jiezi* and Textual Criticism in China” [J]. *International Journal of Lexicography*, 1989, 2 (3): p. 176.

② Creamer, Thomas B. I. “*Shuowen Jiezi* and Textual Criticism in China” [J]. *International Journal of Lexicography*, 1989, 2 (3): p. 177.

代，学者们都在仔细研究文本语言的基础上，分析并试图重构古代文献。因此克里默认为："《说文解字》是汉朝最初校勘研究运动的产品，后来变成无论对校勘学者还是辞书学家都无与伦比的资源。"①

（二）重视数字证据

克里默比较重视数字证据，比如他对《汉语大字典》中"甫"字参考前代字书情况进行了统计②，统计出所有参考共16次，其中参考《说文》共6次，参考其他字书共10次，所有对"甫"的释义全部靠直接参考以前的字书来支持。全部共9条独立义项中，有4条是由引用《说文》或者评注《说文》的著作来支持。

为了说明段玉裁的《说文解字注》为什么最重要也最引人注目，克里默也采用了统计法，他说：

> 段的大量工作可以从他修订的数量上看出。他更正了811个字头的书写形式，改变了3 106个释义中的字，修订了6个部首，改正了文和重文数字系统的83处错误，还订正了201个字条的发音。除了对文本作了校正以外，他还在整个文本中加了详细的注。段重构的精确性在19世纪60年代早期得到了证明，许慎的《说文》原本木部残卷被发现，它和段的版本几乎字字对应。段的《说文解字注》是中国语言研究的里程碑，它自身已经变成众多研究和评注的对象。（Yang，P.，1985）。③

通过克里默给出的这些统计数字，西方读者自然就理解为什么段玉裁的《说文解字注》最重要了。

（三）多用汉字、拼音等辅助手段

为了更好地说明文章的内容，克里默在英文文章中大量使用了汉字和汉语拼音作为辅助手段。与此前其他一些欧美学者不同，克里默用的是简体汉字，说明他接受中国大陆的简化字，与此对应的拼音也是我们所熟悉的现代汉语拼音，而

---

① Creamer，Thomas B. I. "*Shuowen Jiezi* and Textual Criticism in China"［J］. *International Journal of Lexicography*，1989，2（3）：p. 177.

② Creamer，Thomas B. I. "*Shuowen Jiezi* and Textual Criticism in China"［J］. *International Journal of Lexicography*，1989，2（3）：p. 185. 参看插图4.

③ Creamer，Thomas B. I. "*Shuowen Jiezi* and Textual Criticism in China"［J］. *International Journal of Lexicography*，1989，2（3）：p. 183.

没有用欧美流行的威妥玛式拼音。克里默使用汉字和汉语拼音辅助之处可以分为人名，地名，书名、篇名，朝代名以及字词术语等，这种使用保证了介绍的精确性，也更方便于读者。我们在此仅列出其中的汉字，拼音从省，以窥一斑。

人名：许慎（叔重）、许洨长、刘歆、马融、李斯、许冲、孔子、韩非、司马相如、李阳冰、徐锴、徐铉、雍熙、陈第、毛苌、顾炎武、阎若璩、王念孙、郝懿行、钱绎、王筠、桂馥、朱骏声、段玉裁、刘熙、张揖、丁度、顾野王、陈彭年、俞樾、张自烈、梅膺祚、阿祥、高明、洪笃仁、刘叶秋、杨剑桥、姚孝遂、周祖谟等。

地名：洛阳、召陵、汝南、固镇等。

书名、篇名：《说文》《史籀篇》《尔雅》《后汉书》《五经异义》《周礼》《说文系传》《说文解字韵谱》《毛诗古音考》《诗经》《尚书古文疏证》《尚书》《广雅》《广雅疏证》《尔雅疏证》《方言笺证》《说文释例》《说文解字义证》《说文通训定声》《说文解字注》《释名》《集韵》《玉篇》《汉语大字典》《广韵》《正字通》《字汇》《许慎的生平和思想》《说文解字传本考》《东海学报》《说文解字的作者许慎》《辞书研究》《中国字典史略》《〈说文解字〉读若研究》《许慎与说文解字》《说文解字之传本》等。

朝代名：东汉、汉、秦、清、商、周、唐、明、西汉、宋、魏等。

字词术语：今文、古文、五经、功曹、孝廉、洨长、祭酒、太尉、字书、字典、词典、部首、篇、说、文、解、字、六书、指事、上、下、象形、日、月、形声、河、氵、可、会意、武、正、戈、转注、老、考、假借、令、长、县令、县长、长幼、婚、昏、古、读若、读同、反切、（切）上、（切）下、汉学派、文、重、甫、父、大、始、我、敷、圃等。

（四）重视汉语书名、篇名之译介

不少汉学家的著作中出现中国典籍书名或篇名时，有的只写音译，有的只用汉字，或者是汉字加音译，而克里默此文和他们相比有一个特点，那就是所出现的书名、篇名除了出现汉语拼音和汉字以外，全部都有英文翻译，以黑体标出。如下表所示。

音译	中文	英译
Shuowen Jiezi	《说文解字》	*Explaining Pictographic Characters and Analyzing Composite Characters*
Shizhou Pian	《史籀篇》	*Chanted Histories Chapters*

（续上表）

音译	中文	英译
Erya	《尔雅》	*Literally "Approaching Refined"*
无音译	《后汉书》	*History of Later Han Dynasty*
无音译	《五经异义》	*Different Interpretations of the Five Classics*
无音译	《周礼》	*Zhou Rituals*
Shuowen Xichuan	《说文系传》	*Shuowen Past and Present*
Shuowen Jiezi Yunpu	《说文解字韵谱》	*Tonal Patterns in Shuowen Jiezi*
Mao Shi Gu Yin Kao	《毛诗古音考》	*An Investigation into Ancient Rhymes in Mao's Book of Poetry*
Shi Jing	《诗经》	*Book of Songs*
Shang Shu Guwen Shuzheng	《尚书古文疏证》	*Exegetical Evidence of the Book of History Written in Ancient Characters*
Shang Shu	《尚书》	*Book of History*
Guangya	《广雅》	*Extension of (Er) Ya*
Guangya Shuzheng	《广雅疏证》	*Exegetical Evidence for Guangya*
Erya Shuzheng	《尔雅疏证》	*Exegesis of Erya*
Fangyan Jianzheng	《方言笺证》	*Commentary on Fangyan*
Shuowen Shili	《说文释例》	*Explanations with Examples of Shuowen*
Shuowen Jiezi Yizheng	《说文解字义证》	*Semantic Evidence for Shuowen Jiezi*
Shuowen Tongxun Dingsheng	《说文通训定声》	*Shuowen Jiezi Rearranged and Studied According to Semantic and Phonetic Affinities*
Shuowen Jiezizhu	《说文解字注》	*Notes on Shuowen Jiezi*
Shiming	《释名》	*Explanation of Names*
Jiyun	《集韵》	*Collected Rhymes*
Yupian	《玉篇》	*The Jade Chapters*
Hanyu Da Zidian	《汉语大字典》	*Encyclopedic Dictionary of Chinese Characters*
Guangyun	《广韵》	*Extended Rhymes*
Zhengzi Tong	《正字通》	*Authority on Correct Characters*

（续上表）

音译	中文	英译
Zihui	《字汇》	*A Compendium of Characters*
无音译	《许慎的生平和思想》	*The Life and Thought of Xushen*
无音译	《说文解字传本考》	*A Study of Various Editions of Shuowen Jiezi*
无音译	《东海学报》	*Tunghai Journal*
无音译	《说文解字的作者许慎》	*Xushen, the Author of Shuowen Jiezi*
Cishu Yanjiu	《辞书研究》	*Lexicographic Studies*
无音译	《中国字典史略》	*A Brief History of Chinese Lexicography*
无音译	《〈说文解字〉读若研究》	*Duruo in Shuowen Jiezi*
无音译	《许慎与说文解字》	*Xushen and Shuowen Jiezi*
无音译	《说文解字之传本》	*Various Editions of Shuowen Jiezi*

这些英译有些是克里默自己翻译的，有些可能是参考了别人的翻译，这样做的好处是既可以让人准确知道所指的是哪本典籍，又可让不熟悉中国典籍的人对其内容有所了解，也为我们进行典籍翻译提供了参考。

（五）关注新中国大陆学者《说文》研究成果

欧美有些学者不认可新中国大陆学者的《说文》研究，比如我们前面谈到的米勒，就认为新中国以后大陆学者的研究没有什么价值①。尤其是1950—1977年阶段，由于中西的相对隔绝状态，大多数欧美学者也不容易看到新中国大陆学者的研究成果。而克里默的《说文》研究在改革开放之后，他还亲自到过中国参与辞书编纂工作，因此他不但接受简体字和汉语拼音，还十分关注新中国成立以后大陆学者的《说文》研究。《〈说文解字〉与中国的校勘学》文后参考文献共列出19种，其中英语文献8种、汉语文献11种。汉语文献除了台湾学者高明的《说文解字传本考》（1975）1种、传统文献3种、周祖谟在新中国成立前的

---

① Miller, Roy Andrew. "The Dissertation as Handbook: A New Guide to the *Shuo-wen Chieh-tzu*" 一文, p. 457 之 "in sum, the recent boom in SWCT studies in China appears to have added little to what we have known about this text since the mid-1950s".

研究即1935年的《说文解字之传本》1种以外，剩下6种全部是新中国成立后大陆学者的研究成果，它们是阿祥的《许慎的生平和思想》（1981）、《汉语大字典》（1986）、洪笃仁的《说文解字的作者许慎》（1981）、刘叶秋的《中国字典史略》（1983）、杨剑桥的《〈说文解字〉读若研究》（1983）和姚孝遂的《许慎与说文解字》（1983）。这说明克里默与其他一些美国学者不同，他重视新中国大陆学者的《说文》研究。

三、研究意义与价值

此前把《说文》与校勘学联系起来的研究大都是谈对《说文》文本的校勘，或是谈《说文》对校勘其他典籍的意义，且往往是零星散论，而克里默此文则是第一次专门阐释了《说文》与中国校勘学之间的联系。他认为《说文》与中国的校勘学都是今古文之争的产物。今文学派和古文学派基于内容和具有同样重要性的语言而争论经典的真实性，争论的结果就是语言研究和校勘学在汉代作为重要的学术努力而出现。许慎编纂《说文》就有校勘的目的，《说文》传本本身就是不断进行的校勘工作。清代校勘学兴盛，与之相伴随的是对《说文》研究热情高涨，后代字书对《说文》及其所引文本材料的参考引用，也显示了《说文》对校勘学的重要意义，这些都表明了《说文》与中国校勘学之间的种种联系。

克里默从校勘学的角度分析了《说文》在中国字典史上的重要性。他指出："也许没有一本字典能比《说文》被引用得更多，更具权威性。实际上许多中国字典都自豪地宣称它们是在《说文》基础上的。"① 克里默分析《说文》在中国字典史上具有较高重要性的原因是"许多许慎编纂《说文》所用的资料都已经不存在了。从某种意义上说，该字典本身已经取代了这些资料而变成了文献"②。也就是说，《说文》里所保存的资料对校勘学具有重要价值。而同样重要的是，在中国传统中，字典被认为既是权威的参考书又是可引用的文献。《说文》作为中国第一部字典，自然具有无比的权威性和文献价值。西方很多研究《说文》的学者都谈到过《说文》的重要性；而专门从校勘学的角度来谈，克里默则是西方学者中的第一人。

---

① Creamer, Thomas B. I. "*Shuowen Jiezi* and Textual Criticism in China" [J]. *International Journal of Lexicography*, 1989, 2 (3): p. 184.

② Creamer, Thomas B. I. "*Shuowen Jiezi* and Textual Criticism in China" [J]. *International Journal of Lexicography*, 1989, 2 (3): p. 184.

第四节 美国鲍则岳之《〈说文解字〉导读》

鲍则岳，美国学者，1974 年在加利福尼亚大学伯克利分校获得博士学位，其博士学位论文为《古代汉语词族研究》（Studies in Old Chinese Word Families）。他曾经师从我们前面提到的卜弼德，现任华盛顿大学亚洲语言文学系教授，研究领域为古代汉语、语文学、文字、考据学等。

鲍则岳著述颇多，对马王堆帛书、郭店楚简等比较有研究。他比较关心中国早期文字研究，著有《中国书写系统起源和早期发展》（1994）一书①，该书多次出现《说文》，并专门设有“六书与《说文解字》”一节（pp. 143 – 155）。他以《说文》为主题的研究为《〈说文解字〉导读》（1993）一文②，此文 1997 年被王治平翻译成中文③。鲍则岳的《〈说文解字〉导读》是作为英语读者研究中国典籍入门用的，因此主要是译介性的内容，但是该文有一些值得关注的特点，下面我们逐一介绍。

一、文章主要内容

和中国典籍《说文》相关的内容非常庞杂，要想在短短的一篇文章中清晰地介绍绝非易事。鲍则岳把全文分为八个部分对《说文》的基本情况进行了介绍。①作者，时代及编纂情况。主要介绍《说文》作者许慎当时所处的 1 世纪末及 2 世纪初的汉代朝廷的政治、学术环境以及许慎编纂该书的目的。②全书的组织。主要介绍了部首的含义，“文”与“字”的区别，六书的概念，《说文》所收字数等。③文献源流及主要的修订。主要介绍《说文》文献流传情况和李阳冰的修订。④宋代学术。主要介绍了徐锴、徐铉的《说文》研究。⑤清代学术。主要介绍了段玉裁、桂馥、王筠和朱骏声的说文研究。⑥20 世纪研究。主要介绍了丁福保、马宗霍、马叙伦的《说文》研究。⑦研究辅助。介绍重要的《说文》研究及参考资料。⑧索引。主要列举了刘殿爵、陈方正编的《说文解字逐字索引》。

---

① 《中国书写系统起源和早期发展》即“*The Origin and Early Development of the Chinese Writing System*”一书。

② 该文 1993 年发表在英国学者鲁惟一（Michael Loewe，1922— ）主编的《中国古代典籍导读》中，该书有 1997 年李学勤等的中译本。

③ ［英］鲁惟一. 中国古代典籍导读［C］. 李学勤等译. 沈阳：辽宁教育出版社，1997. 455 ~ 470.

二、文章主要特点

（一）利用公式，清晰说明

为了便于西方读者理解许慎的六书说解条例，鲍则岳将《说文》之六书说解归纳为公式予以介绍。

1. 象形字、指事字公式

A，*B* 也……指事（也）；*A*，*B* 也……象形（也）。

A 是被释字，*B* 是释义，指事和象形字都倾向“文”，因此在《说文》中只是评说而没有分析，并在具体字的说解中明确标出。

2. 形声字公式

A……从 *X*，*Y* 声 。

这个公式中最重要的部分是“声”，表明字形构成成分 *Y* 是用来指定 *A* 字的读音的。这个模式偶尔会以变体出现：*A*……从 *X*，*Y* 省声。形声字在《说文》中没有明确标出，却是全书数量最多的汉字类型，公式清晰可辨。

3. 会意字公式

A……从 *X* 从 *Y* 。

会意字不经常标出，通常是以公式化的分析来暗示。

4. 转注和假借无公式

转注和假借不会被标出，也无法从《说文》的说解中辨认出来。它们被包括在许慎《说文解字叙》的六书之中，是因为它们是重要的汉字衍生和运用的原则，但是从结构上说，它们在字典主体中的分析可能会和其他类型是一样的说解公式。转注根据定义是“字”，因此只适用于合体字，而假借原则上既可以是“文”，也可以是“字”，因此适用于任何字的类型。

5. 其他变体公式

上述几个说解公式还有变体，其中最重要的是：*A*……从 *X*，*Y*。这种情况经常是一个形声公式“从 *X*，*Y* 声”的缩减，这里“声”字被删掉了（大多数情况下可能是被徐铉切掉的）。删掉这个词可能的原因是，经过 8 个世纪语音的变化，尽管《说文》中明确说明，10 世纪的编者和学者们已经无法理解 *Y* 如何在 *A* 字中表声。因此他们就把“声”字删掉，在他们看来，这是某种语音异常，是站不住脚和无法解释来源的。

第二个经常遇到的变体是：*A*……从 *X* 从 *Y*，*Y* 亦声。会意兼形声。这种情况下许慎似乎赋予 *Y* 双重作用，这在他纯粹形声字分析中是禁止这样做的，原因不太清楚。

这种公式说解的方式，为这篇短短的导读文章节省了大量笔墨，清晰明了地向西方读者阐明了《说文》六书。

（二）不仅导读，而且导研

为了让西方读者通过该文不仅能入门了解《说文》，而且还可以进一步进行研究，鲍则岳做了大量工作，不仅导读，而且导研。

1. 导读

作为导读，鲍则岳尽可能地介绍了基本信息及重点内容。他重点介绍了《说文》本身的一些情况，用了前面两节的内容把《说文》的作者许慎，当时的政治、学术环境，许慎编纂《说文》之目的，部首的含义，“文”与“字”的区别，六书的概念，字数等都作了比较清楚的介绍。该文一共 14 页，前两节内容就用了整整 6 页，几乎占一半的篇幅。

2. 导研

鲍则岳此文不仅导读，而且导研。

首先，鲍则岳择要介绍了《说文》传统研究。《说文》传统研究浩如烟海，在较短的一篇文章中全部介绍是不可能的，鲍则岳只是择要介绍了李阳冰、徐锴、徐铉、段玉裁、桂馥、王筠、朱骏声等人的传统研究，这些都是研究《说文》者需要掌握的。

其次，鲍则岳特设第 6 部分专门介绍了 20 世纪的《说文》研究。除了前面 5 部分随文介绍的周祖谟、米勒、司礼义等学者的《说文》研究以外，鲍则岳在该部分着重介绍了丁福保的《说文解字诂林》，马宗霍的《说文解字引经考》《说文解字引群书考》《说文解字引通人说考》《说文解字引方言考》，马叙伦的《说文解字研究法》《说文解字六书疏证》。这些也是相对比较重要的，研究《说文》者需要了解。鲍则岳甚至介绍了 20 世纪四五十年代由卫聚贤主办的《说文月刊》，他发现丁福保、马叙伦为该刊撰过稿。不过鲍则岳也指出尽管题目含有“说文”，但该刊的许多文章与《说文》没有直接的联系。《说文月刊》纯以研究学术，发扬文化，提倡纯正思想为宗旨，其所选文章的题材范围包括文学、语言、历史、考古、古钱、文艺及经济问题等。其中以研究文字稿件为主，故取其名为“说文月刊”。该刊与《说文》确实没有直接的联系，但容易让人误以为是专门研究《说文》的刊物，因此特意介绍一下还是有必要的。

再次，鲍则岳在文中把人名、书名和难以理解的字词术语都用汉字及拼音辅助说明。这样可以避免因汉语同音字太多而引起误解，也可以方便感兴趣的读者进一步查找研究。人名如许慎、许冲、安帝、章帝、陈忠、段玉裁、莫友芝、李阳冰、徐锴、徐铉、祁寯藻、毛晋、毛扆、孙星衍、林明波、桂馥、王筠、朱骏声、陆德明、丁福保、马宗霍、马叙伦、卫聚贤、张炳翔、严一萍、白川静、周祖谟等；书名如《说文》、《唐写本说文解字木部笺异》、《说文系传》、《校订说文解字》、《清代许学考》、《说文解字注》（《说文解字读》）、《说文解字义证》、《说文解字句读》、《说文释例》、《说文通训定声》、《说文解字诂林》、《说文解字引经考》、《说文解字引群书考》、《说文解字引通人说考》、《说文解字引方言考》、《说文解字研究法》、《说文解字六书疏证》、《许学丛书》、《百部丛书集成》、《说文新义》、《说文解字逐字索引》、《问学集》等；篇名如《许慎及其〈说文解字〉》《唐本〈说文〉与〈说文〉旧音》《李阳冰篆书考》《徐锴的〈说文〉学》《论段氏〈说文解字注〉》等；期刊名如《说文月刊》；难以理解的字词术语如蘷嵜、尧、古文、孔安国、五行、阴阳、部首、六书、文、字、独体字、合体字、指事、象形、形声、谐声、会意、转注、假借、省声、读若、小篆、籀文、大篆、新附字、重文、小学、反切、形、声、义、经学、甲骨文、金文等。这些都有汉字及拼音辅助说明，以保证信息的准确性。

最后，更重要的是，鲍则岳还在行文中多处推荐相关研究，为感兴趣的读者提供进一步研究的信息。比如，在介绍许慎和历史背景的时候，推荐米勒的《〈说文解字〉研究中的问题》（1953）中的“历史问题”部分；谈到“文”与“字”的区别时，提到卜弼德 1957 年的文章“The Chinese Script: An Essay in Nomenclature (the First Hecaton)”①；介绍转注时，提到司礼义 1957 年的《〈说文〉里的转注研究》；谈到《说文》的“读若”时，指出“读若”研究最好的要数柯蔚南的研究；谈到文献源流及主要修订时，推荐周祖谟的研究；介绍清代《说文》学时，推荐林明波的《清代许学考》（1964）。而且该文最后两节还专门提供了研究辅助，罗列了不少参考资料，如张炳翔的《许学丛书》（1887）等，并且还特别推荐了一个比较全的现代《说文》研究参考书目，见于杨福绵（Paul Fu-mien Yang）的《中国语言学：参考书目选注》（*Chinese Linguistics: A Selected and Annotated Bibliography*）一书中 5.1.1.3 和 12.3.4 两节的内容，因为它包括了 20 世纪 70 年代早期以前的中国、日本和西方的著作。该文最后则为读者介绍了刘殿爵、陈方正编的《说文解字逐字索引》。

三、文章评价

鲍则岳的《〈说文解字〉导读》在西方流传较广，影响较大，对《说文》在西方的传播有一定作用。美国《说文》研究专家米勒在评瑞士学者冬玛轲的

---

① 卜弼德该文主要讨论关于汉字研究的术语，其中 pp. 116 – 117 有对《说文》“文”与“字”的讨论。

《说文》研究时很奇怪冬为什么没有提到鲍则岳的《〈说文解字〉导读》，米勒认为："如果有了这篇文章，要用《说文》的人可以不看冬玛轲的'第一部分'；反过来如果冬玛轲自己参考了这篇文章，也不用做没有必要的重复劳动了。"[①] 可见鲍则岳此文的价值与影响。

不过，鲍则岳此文也有一些不足之处。比如，他对现当代《说文》研究的介绍以西方研究为主，也关注港台、日本的研究，而对中国大陆学者的研究则介绍不多。他在文章中提到了卜弼德、米勒、司礼义、柯蔚南、沈康等西方学者的《说文》研究，并关注台湾学者林明波 1964 年的《清代许学考》，还特别介绍了美籍华人杨福绵（Paul Fu-mien Yang）1974 年的《中国语言学：参考书目选注》之有关《说文》的部分，还提到香港学者刘殿爵、陈方正编的《说文解字逐字索引》。他也关注日本学者的研究，提到白川静的《说文新义》。该文发表于 1993 年，对新中国成立以后大陆学者的研究介绍却不多，仅有周祖谟 1966 年《问学集》下册中的五篇相关文章《许慎及其〈说文解字〉》《唐本〈说文〉与〈说文〉旧音》《李阳冰篆书考》《徐锴的〈说文〉学》《论段氏〈说文解字注〉》。周祖谟该书中还有一篇《说文解字之宋刻本》[②]，不知道为什么没有提到。其实正如我们在本书绪论中谈到的那样，20 世纪 50 年代以后中国大陆有很多学者在《说文》学方面作出了贡献，而他都没有提到，这可能是因为资料所限，也可能是历史政治方面的原因，或者是基于学派的观点。[③]

第五节　法国蒲芳莎之《说文》多方面研究

蒲芳莎，女，法国科研中心——法国高等社会科学院、法国国家科学院东亚语言研究所（CNRS-EHESS，CRLAO）有名的学者，曾于 1997 年获得被称为汉学界诺贝尔奖的"儒莲奖"。她擅长古文字研究，以研究《说文》为主业，被公认为最值得关注的当代西方研究《说文》的学者。我们曾经给很多西方汉学家写信了解西方的《说文》专家，几乎每位学者都会提到蒲芳莎这个名字。国内对蒲芳莎也有报道和提及，比如白谦慎等人的文章《中国书法在西方》："蒲芳莎据古代文字学专著《说文解字》对汉字分类作了深入研究，这不仅有助于中

---

① Miller, Roy Andrew. "The Dissertation as Handbook: A New Guide to the *Shuo-wen Chieh-tzu*" [J]. *Journal of the American Oriental Society*, 1999, 119 (3): p. 457.

② 周祖谟．问学集（下）[M]．北京：中华书局，1966. 760 ~ 800.

③ 鲍则岳也曾经师从卜弼德，我们知道"卜派汉学"的"缺点就是过分抹杀隋唐以后中国人自身对于中国学术的诠释，尤其是否定宋明以后逐渐定型的传承，更认为 20 世纪的中国学者完全不顾祖宗的心法和技术"（参见杨牧《柏克莱精神》"卜弼德先生"部分，第 98 ~ 99 页）。

国书法的实践者和研究者，也有益于关注汉字形成的学者。”① 但是对其《说文》研究著作，学界目前还没有系统研究。蒲芳莎著作有英文的，也有法文的。她围绕《说文》，从多个方面进行了深入研究，并提出了自己的一些独特见解。下面我们对其《说文》研究进行讨论。

一、围绕《说文》，涉面广泛

与其他一些欧美汉学家偶尔作《说文》研究不同，蒲芳莎以《说文》研究为主业，她的《说文》研究涉及《说文》部首系统、《说文》词汇条目、《说文》六书、《说文》中的“文”与“字”、《说文》所述汉字起源与演化历史、《说文》的性质与价值、《说文》研究方法、《说文》译介等多个方面，内容相当广泛。

（一）关于《说文》部首系统

蒲芳莎1994年的博士学位论文为《汉字的语义性及其分类：从“说文解字”到214部系统的汉字分类研究》。② 该文从部首的角度研究汉字分类问题，研究从《说文》首创540部到后来逐渐演变成214部的汉字部首系统。1996年蒲芳莎出版了以该博士学位论文为基础的专著《汉字的语义性及其分类：从〈说文解字〉到〈康熙字典〉以部首整理汉字的系统》③。遗憾的是我们没有找到法文原著，只能通过美国汉学家鲍则岳对该书的书评对其获得一鳞半爪的了解。

该书主要内容分四章。第一章讨论《说文》，包括对《说文解字叙》的仔细分析。第二章研究以《说文》为本的系列字书。第三章讨论作为《说文》/《玉篇》类型和后来字书类型分类系统重要过渡时期唐代的几部字书《五经文字》《新定一切经类音》等。第四章讨论被她称为“佛道”字典的著作④，仔细研究了《龙龛手鉴》和《五音类聚四声篇》。在结语中，她简要回顾了从《说文》到《四声篇》以部首对汉字进行分类之系统的发展。从某种意义上说，这两部字书构成了这个过程中和革新有关的出发点与终止点，前者确立了语义分类的基本概

---

① 白谦慎，邵伟克，劳悟达．中国书法在西方［A］．欧阳中石主编；王世徵，王靖宪，黄惇等著．中国书法艺术［C］．毕斐，黄厚明等译．北京：外文出版社，2007. 498.

② 即 Sémantisme et Classification dans l'Écriture Chinoise：Étude du Classement des Caractères par Clés du “*Shuo Wen Jie Zi*” Jusqu'au Système des 214 Clés.

③ 即 Sémantisme et Classification dans l'Écriture Chinoise：Les Systèmes de Classement des Caractères par Clés du Shuowen Jiezi au Kangxi Zidian.

④ “佛道”字典，称为“佛”和“道”只是因为那些编撰者是和尚或者道士，他们主要关心记录用于他们各自教义的经文。

念，后者确立了用单个笔画作为辅助标准的方案。她认为传统的部首方案有可能限制手写本潜在的“语音主义”（phoneticism）①，字典编纂长期坚持基于语义的汉字分类方案，则有效而长期地保存了汉字书写系统直到现代，尽管在某些方面很不合逻辑。

在蒲芳莎之前，西方已有司礼义的《论〈说文解字〉的部首系统》（1984），不过司氏主要是对《说文》540 部首字解释的逐一翻译和简短评注，而蒲芳莎的目的则主要在于寻找《说文》部首系统背后的思想和信念。她想表明，通常认为从《说文》540 部到梅膺祚《字汇》214 部是一条直线发展的认识是严重误导读者的。这种认识“错过了一千五百多年来所有促成这种发展模式背后的各种各样的动机”②。蒲芳莎比较了《玉篇》和《说文》的部首分部情况，为的是“根据二者之间的不同，看能否得出关于每个方案背后思想的什么推论来”③。她还把反映通俗口语的、基于词义分类的五个敦煌手写本词表和《说文》分类系统进行了对比，并认为这些词表都是和通俗语言有关，而不是和经典有关的，因此它们“倾向于避开《说文》和《玉篇》高深的正字法分类方案，而更青睐于以语言为基础的即基于词汇的分类”④。她也分析了唐代作为《说文》字形分类系统和后来字书语义成分分类系统之非常重要过渡时期的原因：一是在唐代，《说文》变成国家公务员考试的必考科目；二是为了应对日益增长的异体字的威胁，试图确立正确书写标准的规范性著作开始出现。可见蒲芳莎将《说文》部首研究与东汉及其后来发展的思想史联系起来，也同中国的辞书发展史联系起来。

美国著名汉学家鲍则岳 2000 年发表的文章对此书给予了高度评价。他认为《说文》分部之选择和顺序背后隐含的理性和逻辑一直都是一个严肃的研究话题，而蒲芳莎的研究是“最新的，也肯定是此类研究中最彻底和最周全者之一”⑤，把她的工作和其他《说文》部首系统研究区别开来的是“她把研究扩展

---

① “语音主义”即语音拼字法。

② Boltz, William G. “Review: *Sémantisme et Classification dans l'Écriture Chinoise*: *Les Systèmes de Classement des Caractères par Clés du Shuowen Jiezi au Kangxi Zidian*” [J]. Journal of the American Oriental Society, 2000, 120 (3): *p.* 474.

③ Boltz, William G. “Review: *Sémantisme et Classification dans l'Écriture Chinoise*: *Les Systèmes de Classement des Caractères par Clés du Shuowen Jiezi au Kangxi Zidian*” [J]. Journal of the American Oriental Society, 2000, 120 (3): *p.* 472.

④ Boltz, William G. “Review: *Sémantisme et Classification dans l'Écriture Chinoise*: *Les Systèmes de Classement des Caractères par Clés du Shuowen Jiezi au Kangxi Zidian*” [J]. Journal of the American Oriental Society, 2000, 120 (3): *p.* 472.

⑤ Boltz, William G. “Review: *Sémantisme et Classification dans l'Écriture Chinoise*: *Les Systèmes de Classement des Caractères par Clés du Shuowen Jiezi au Kangxi Zidian*” [J]. Journal of the American Oriental Society, 2000, 120 (3): *p.* 471.

出《说文》之外，调查了从《说文》到《康熙字典》之间受《说文》启发的所有其他重要字书的分部方案”①，并且认为“这部著作非常详细且文献丰富，可被视为对中国辞书发展史语文学严谨精细学识的典范”②。

蒲芳莎还曾在《文字统一和辞书编纂》一文的第三部分“按部首编排的字书”中详细讨论了《说文》、与《说文》一脉相承的字书《玉篇》以及后人对《说文》部首概念的改革。③ 她认为汉字的部首系统不仅仅是汉字的一种简单的编排方法，它同时也揭示了人的一种世界观，这种世界观的形成是和部首系统产生的思维不可分割的，是对知识归类的一个显著例证。④ 这种归类在拼音文字系统中是难以想象的。她说：“汉字的义符和中国文化以及中国的某种世界观之间有着千丝万缕的联系，许慎的著述则是对这一关系的揭示。”⑤ 由此可见她对《说文》部首的研究是比较深入的。

（二）关于《说文》词汇条目

蒲芳莎在2009年12月发表了《重审〈说文解字〉词汇条目》（Shuōwén Jiězì Lexical Entries Revisited）一文⑥，讨论了《说文》词汇条目的问题。另外她还在2012年8月25日于韩国济州岛济州大学召开的“第四届韩中日汉字文化国际论坛”中作了《再论〈说文解字〉词汇条目》的主题演讲⑦。

（三）关于《说文》六书

1. 探讨六书性质

蒲芳莎在《“六书”作为文字学理论献疑》一文中对将六书作为文字学理论

---

① Boltz, William G. “Review: *Sémantisme et Classification dans l'Écriture Chinoise*: *Les Systèmes de Classement des Caractères par Clés du Shuowen Jiezi au Kangxi Zidian*” [*J*]. Journal of the American Oriental Society, 2000, 120 (3): *p*. 471.

② Boltz, William G. “Review: *Sémantisme et Classification dans l'Écriture Chinoise*: *Les Systèmes de Classement des Caractères par Clés du Shuowen Jiezi au Kangxi Zidian*” [*J*]. Journal of the American Oriental Society, 2000, 120 (3): *p*. 474.

③ 见该文第56~64页。来自《法国汉学·第六辑》，第51页到67页。

④ 见该文第56页。

⑤ 见该文第60页。

⑥ “*Shuōwén Jiězì* Lexical Entries Revisited” 2009年12月发表在《韩国汉字研究·第一辑》上，第111~120页；《“六书”作为文字学理论献疑》发表在《中国文字博物馆》2009年第2期上，第263~272页。

⑦ 王平. “第四届韩中日汉字文化国际论坛”在韩国召开[2012-09-25] http://www.zjww.gov.cn/news/2012-09-25/618526902.shtml.

提出了疑问。[①] 她在《〈说文解字〉与中国的人文科学》一文中也谈到六书性质。[②] 关于六书性质传统说法有“造字之本”“四体二用”等，而该文认为，许慎各种对“书”的描述是动词性的而不是名词性的，并把六书翻译为“Six (Categories of) Scribal Acts”（六类书写行为范畴），即“创造一个字所涉及的行为类型”[③]，并全部用动词表达式来翻译具体的六书[④]。对许慎六书中如转注、假借描述不清楚的问题，作者认为“在这一点上没有必要去涉及关于六书的争论性细节”[⑤]，六书从来没有机械地甚或偶然地强加于字典本身，传统所说的假借，许慎在字典主体中完全不关心这些，他所解释的只是非借来源的字的本义。

2. 讨论六书顺序

蒲芳莎1998年在《东亚语言学报》(*Cahiers de Linguistique Asie Orientale*，简称CLAO）第27卷第2期上发表了《许慎六书表述中的文字观》（La Vision de l'Écriture de Xu Shen à Partir de Sa Présentationdes Liushu）一文，谈到许慎是第一个给出六书定义的人，奇怪的是他的术语被接受，但是他的六书顺序没有被采纳，而班固的顺序成了标准。蒲芳莎在文中对比了许慎、班固和郑众的六书顺序，她认为仔细分析会发现实际上许慎的六书顺序揭示了他的文字发展观，而不是专用于分析汉字的。

3. 分析六书字例

1996年蒲芳莎发表文章对鲍则岳的《中国书写系统的起源和早期发展》一书进行评介，在谈到鲍则岳对会意字的处理不当时，分析了《说文》会意字字例之一“信”字，提出了自己的见解：

> 许慎公元1世纪在他的《说文解字》一书中给出的两个例子之一确实有问题，鲍则岳说“信”字形结构中有表音成分是对的。但是根据白一平（Baxter）和裘锡圭的构拟，表音的不是构字成分“言”，而是

---

① 参见蒲芳莎．“六书”作为文字学理论献疑［J］．中国文字博物馆，2009（2）：263~272.

② 见Bottéro, Françoise and Harbsmeier, Christoph. “The *Shuowen Jiezi* Dictionary and the Human Sciences in China”［J］. *AM* (third series), 2008, 21 (1). pp. 252－254。该文是蒲芳莎与挪威汉学家何莫邪(Christoph Harbsmeier）合作发表的，蒲芳莎为第一作者。

③ Boodberg, Peter A. “‘Ideography’ or Iconolatry?”［J］. *T'oung Pao*, Second Series, 1940, 35 (4): p. 252.

④ 这让人联想到国内的六书写词法观点（参见孙常叙、王凤阳、王梦华等学者的著述，以及王彦坤等的《古代汉语教程》，第1~17页），事实上该文此处还有个注释说蒲芳莎还有一篇文章《六书汉字写词法中的新观点》（A New Perspective in the Six Ways of Graphically Representing Words）将要发表。见“The *Shuowen Jiezi* Dictionary and the Human Sciences in China”一文，p. 252.

⑤ Boodberg, Peter A. “‘Ideography’ or Iconolatry?”［J］. *T'oung Pao*, Second Series, 1940, 35 (4): p. 253.

“人”。

信 xin〈 sinH〈 ＊snjins，‘trust’

人 ren〈 nyin〈 ＊njin‘man’

言 yan〈 ngjon〈 ＊ngjan‘speech’

极有可能在许慎的时代，“信”和“人”之间语音上的亲缘关系已经不再明显，前缀 s-给“信”一个清擦音，而在“人”这个情形下则保留了鼻音声母。这可能就是为什么许慎把信看成是一个真正的会意字，即由语义构建的字，而不是形声字的原因。[①]

（四）关于《说文》中的“文”与“字”

在2001年8月23—25日南开大学主办的首届中国文字学国际学术研讨会上，蒲芳莎提交的论文是《〈说文解字〉中“文”与“字”两个概念的检析》[②]，她“将《说文解字叙》中出现的‘文’、‘字’和‘文字’一一检出，并逐个考察它们所表示的意义，从而认为传统的‘独体为文，合体为字’的说法，是难以成立的”[③]。2002年蒲芳莎在《远东古物博物馆学报》（*BMFEA*）上发表《重审“文”与“字”：最大的汉字骗局》一文[④]，表达了同样的看法。该文分析独到深刻，我们将在“见解独特，钻研深入”部分再对此文进行详细讨论。

（五）关于《说文》所述中国文字发明过程

蒲芳莎研究《说文》所述中国文字发明过程主要见于其《仓颉和文字发明：对一个传奇阐述的反思》（2006）与《中国文字：古代本土视角》（2007）两篇文章。二者有重复的部分，不过侧重点有所不同：前者主要讨论许慎如何理解涉及文字起源的仓颉造字传说，后者则关注许慎如何理解汉字演化过程以及这一认识对其汉字分类与汉字分析的影响。

1.《说文》所述仓颉造字传说

蒲芳莎的《仓颉和文字发明：对一个传奇阐述的反思》一文[⑤]，通过追溯仓

---

① Bottéro, Françoise. “Review: *The Origin and Early Development of the Chinese Writing System* by William G. Boltz” [J]. *Journal of the American Oriental Society*, 1996, 116 (3): p. 576.

② 英文：A New Etymological Investigation of Wen 文 versus Zi 字：“Graph” versus “(Written) Word”.

③ 黎千驹. 中国文字学研究的新进展——首届中国文字学国际学术研讨会论文述评 [J]. 安徽广播电视大学学报，2001 (4)：69.

④ 即“Revisiting the wén and the zì: The Great Chinese Characters Hoax”.

⑤ 即“Cang Jie and the Invention of Writing: Reflections on the Elaboration of a Legend”.

颉造字传说的历史，主要讨论了仓颉造字的传说是如何构建和确立的，以及古代中国学者是怎样认识它的重要性并且如何在自己的思想框架内利用和阐释它的，其中涉及许慎对仓颉造字传说的理解。

《荀子》《吕氏春秋》《淮南子》《世本》《论衡》等众多古籍中都记载了造字的传说，不同的学派把文字发明者归为不同的人：仓颉、史皇、沮诵。许慎只保留了仓颉。蒲芳莎认为，许慎筛选了这些不同的版本，然后选择他想保留的元素，展现出一种合理性。通过重新组织仓颉的传说使它适应汉朝时其他传说的语境，而且也让它更连贯和可信。在整理古文方面，许慎从某种程度上扮演了一个与刘向和刘歆差不多的角色。通过这种方式他一次性永远地确立和加强了这个传说。在《说文》中，仓颉被确定为黄帝的史官，许慎把他编入一个划分得非常好的历史顺序中。先是伏羲作八卦，然后是神农时代的结绳，接着就是仓颉发明文字。尽管第一段是取自《易经·系辞》，但是许慎用自己的方式来阐释这个故事。在《易经·系辞》中，是包牺氏发明结绳作网狩猎捕鱼，是神农用结绳来统治，是圣人易之以书契。《易经·系辞》中并没有明确是哪一位圣人易之以书契，但是许慎宣称就是仓颉——黄帝的史官——发明了文字。而且许慎接着解释仓颉是如何产生文字观念的：伏羲受鸟兽之文启发而创造八卦，仓颉则是受鸟兽留在地上的踪迹的启发。也就是说，许慎在他的叙中表明仓颉发明文字是效法伏羲，正像八卦和结绳一样，文字是用来统治的。就像对《易经·系辞》中所有发明的变形，文字受到《周易·夬卦》的启发。许慎坚持所有文化重要发明根源在于《易经》的观点，他采取了《易经·系辞》的传统，但是用自己的方式来阐释文字的起源，因为关于这一点《易经·系辞》说得很少。就像《淮南子》、《易经·系辞》和《汉书》所说的那样，许慎肯定了文字让管理变得可能的观点，同时坚持“文”能宣教明化，以及有助于道德的培养。这表明他对“文”的传递性有很强的信心。

蒲芳莎指出，和前面的学者相比，许慎的创新之处在于他更进一步把文字的概念定义为踪迹，包括以前的踪迹和将来的踪迹：“盖文字者，经艺之本，王政之始。前人所以垂后，后人所以识古。”而更为重要的是他在《说文解字叙》中描述了“字”的历史发展过程：“仓颉之初作书，盖依类象形，故谓之文；其后形声相益，即谓之字。”这段非常重要的文字通常没有被好好地阐释。许慎解释说，在文字记录语言之前，有简单的文字画。也就是说，文字画对现实的描摹要早于文字词对现实的描绘，正是通过把口语中的词和每个形象相联系，文字才开始记录语言。

2.《说文》所述汉字演化历史

在北京大学2007年10月5—7日“早期文字体系起源”国际学术研讨会上，

蒲芳莎通过《中国文字：古代本土视角》一文①，考察了古代中国人是如何反思自己的文字系统的，其中涉及对《说文》所述汉字演化历史的认识。

蒲芳莎提出反思中国文字起源有两点很重要：一是个人的书写行为，二是文字在社会和政府中的作用。所以法家代表人物最早反思中国文字起源绝对不是偶然，后来《说文》作者许慎也发展出文字和政府职能相辅相成的观点。许慎作为1世纪汉朝学者，在《说文解字叙》里对文字演化历史和相关理论进行了反思。先是伏羲受自然启发作八卦，然后是神农结绳而治，再到黄帝史官仓颉初造书契，在许慎看来文字的发明是一个逐渐发展的过程："仓颉之初作书，盖依类象形，故谓之文；其后形声相益，即谓之字。"蒲芳莎由此总结出许慎所述之文字产生过程：八卦发明，代表现实，用来理解世界；发明描摹自然的图画，即"文"；把图画与词和发音联系起来，即"字"。

蒲芳莎还对许慎、班固、郑众的汉字六书分类理论作了比较，认为三者顺序的不同说明在1世纪时人们对文字起源有了不同看法：许慎认为开始于抽象符号，班固和郑众认为始于象形符号。她认为许慎的排列顺序和他《说文解字叙》中谈到的文字发明过程相对应。指事与八卦对应，象形与描摹自然对应，形声与给图画加声相对应。许慎与文字发明相对应的六书理论已经认识到字的语音层面，受此影响，在他的字典中分解汉字时率先把字分析成语义成分和语音成分。而在古代文献中，分析字的构成成分从没有提到语音成分，比如我们看到的《左传》《史记》中的例子都是语义性的。因此与传统的汉字分析法相比，这是一种全新的方法。

（六）关于《说文》的性质与价值

蒲芳莎与挪威汉学家何莫邪合作的《〈说文解字〉与中国的人文科学》一文试图重构《说文》成书的历史过程，目标是确立《说文》在中国科学思想史上的重要地位。其研究不是解释现成文本，而是解释产生文本的过程，作者打比方说"就像威廉·冯·洪堡特一样，我们不仅对产品（ergon）也对其创造活动（energeia）感兴趣"②。文章通过具体讨论《说文》的性质和特点、许慎的说解体例、六书、字头为小篆字体的重要性、部首、许慎注释的语义性、《说文》的语音等，试图重构《说文》成书过程，并且讨论了《说文》语音构拟中的问题，

---

① "Chinese Writing: Ancient Autochthonous Perspective"，也译为《考察中国文字的传统视角》。见唐均．北京大学"早期文字体系起源"国际学术研讨会综述［EB/OL］．（2007－12－24）［2010－12－26］http：//www.eastlit.pku.edu.cn/show.php？id＝6276.

② Bottéro, Françoise & Harbsmeier, Christoph. "The *Shuowen Jiezi* Dictionary & the Human Sciences in China"［J］. *AM*（third series），2008，21（1）：p. 249.

然后给出翻译《说文》的忠告，最后指出《说文》在科学历史上很重要，不仅因为是它自身包含了大量科学知识，还有一个同等重要的原因就是其“前后一致的规程和透明的分析性术语系统带给我们定义明确的一门重要学科”①。科学不仅仅是信息，也是符合逻辑的连贯系统分析。因此，《说文》不仅仅是自然科学史学家重要的资源，它“自身是科学研究的一座丰碑，而且科学的历史不能仅仅简化为自然科学的历史”②。

《〈说文解字〉与中国的人文科学》一文认为“《说文》不是一本关于词的基本意义的词典。它是关于字源的词典，并且字源需要和字义分析仔细区分开来。《说文》只提供与用来记词的字形解释有关的意义。同样，《说文》提到字音的范围是它们和字的读音成分解释有关”③。作者分析，许慎为所解释的字加另外一个读音或另外一个意义时，它们都被解释为原则上与字形相关。这些从来都不是试图给出词的不同意义全面纵览。许慎注释中所给出的意义经常不是相关词的基本意义，而是他认为最适合解释字形结构的意义。比如，“所”字，《说文》：“伐木声也”，许慎肯定知道这对此字在文章中的理解帮助不大，但他愿意坚持字形得到最好理解的那个意义。作者的这个看法是很有道理的。

《〈说文解字〉与中国的人文科学》一文认为《说文》的每个字条都是根据一定规则来编纂的，在编写字典的过程中，许慎继承了中国的注释传统。《说文》中数不胜数的规范和不规范的引文提供了充足的历史联系。然而，作者认为，许慎的字典是关于字的而不是关于具体上下文中的字的。用现代术语来说，“许慎关心的是语言的系统而不是具体的言语”④。他的兴趣是语言的书写系统，而不是如注释传统中的在具体上下文中出现的每一个字。我们认为这个认识比较恰当地说明了许慎《说文》说解条例的语言学价值。

另外，2010 年 10 月 27 日，在第二届许慎文化国际研讨会上，蒲芳莎还作了题为“翻译和研究《说文解字》的一个新思路”的报告⑤，提出：“今天人们通常把《说文解字》看成一部汉代和汉代以前的语言字典，并常常把它作为现代

---

① Bottéro, Françoise & Harbsmeier, Christoph. “The *Shuowen Jiezi* Dictionary and the Human Sciences in China” [J]. *AM* (third series), 2008, 21 (1): p. 271.

② Bottéro, Françoise & Harbsmeier, Christoph. “The *Shuowen Jiezi* Dictionary and the Human Sciences in China” [J]. *AM* (third series), 2008, 21 (1): p. 271.

③ Bottéro, Françoise & Harbsmeier, Christoph. “The *Shuowen Jiezi* Dictionary and the Human Sciences in China” [J]. *AM* (third series), 2008, 21 (1): p. 249.

④ Bottéro, Françoise & Harbsmeier, Christoph. “The *Shuowen Jiezi* Dictionary and the Human Sciences in China” [J]. *AM* (third series), 2008, 21 (1): p. 251.

⑤ 早在 2007 年蒲芳莎就以“研究和翻译《说文解字》的一个新思路”为题做过演讲。见语言所科研处 . 语言学沙龙第 253 次 . [2007 - 10 - 15] http: //ling. cass. cn/publishinf/showinf. asp? nam = 701.

意义上的字典来引用。但事实上，《说文》虽然是中国字典的鼻祖，它本身却是一部汉代关于字形的字源字典。许慎只是对字形的来源进行解释，不一定是对代表词的字进行解释；而他对字形来源的解释有时还带有一些主观因素。”①

（七）关于《说文》的翻译

蒲芳莎还比较关注《说文》的翻译问题，她曾在其博士学位论文中给出带有详细注释的《说文解字叙》法语翻译。② 她在《〈说文解字〉与中国的人文科学》一文中还就《说文》翻译提出了意见。③ 中国典籍文中的句子经常需要在上下文的基础上消除歧义，而《说文》释义脱离上下文，因此《说文》翻译一直让人不得不在没有充足的上下文的帮助下补充意义，结果使《说文》翻译变得更加证据不足。然而，作者认为经过仔细注解的《说文》翻译还是有巨大价值的。

二、见解独特，钻研深入

蒲芳莎的《说文》研究不但涉及面广，而且钻研比较深入，能够提出自己独到的见解。这里我们仅以她2002年在《远东古物博物馆学报》（*BMFEA*）上发表的《重审“文”与“字”：最大的汉字骗局》一文为例进行分析。

蒲芳莎此文主要目的是要弄清《说文》如何看待言语与文字的关系。她先破后立，批判了传统认为许慎的“文”与“字”为“独体字”与“合体字”区别的看法，然后提出自己的新解释，最后展示了许慎文字观的独创性。全文结构逻辑清晰，分为四部分：①《说文》之前的字形解释。讨论《说文》之前某些典籍中对汉字的解释，对比了今文学派的分析和许慎的分析、纬书的字形分析和许慎的字形分析。②许慎眼中的文言关系演化。通过分析《说文》中的“文”与“字”来展示许慎对文字和写下来的词之间关系的理解。③《说文》展示的许慎文字观的独创性。④结论。蒲芳莎在最后的结论中认为从来没有证据表明许慎用“文”和“字”来分别指代“独体字”和“合体字”。许慎作品中“文”和“字”的用法揭示了字形结构和书写系统之间的基本区别。

---

① 潘丽亚．第二届许慎文化国际研讨会主题报告会［EB/OL］．（2010－10－28）［2010－12－10］http：//www.rootinhenan.com/area_show.asp?findid=%7C0%7C1%7C7%7C&cp_findid=%7C0%7C2%7C14%7C&infoid=92788.

② Boltz, William G. “Review: *Sémantisme et Classification dans l'Écriture Chinoise: Les Systèmes de Classement des Caractères par Clés du Shuowen Jiezi au Kangxi Zidian*” [J]. *Journal of the American Oriental Society*, 2000, 120 (3): p. 471.

③ Bottéro, Françoise & Harbsmeier, Christoph. “The *Shuowen Jiezi* Dictionary and the Human Sciences in China” [J]. *AM* (third series), 2008, 21 (1): pp. 270－271.

（一）对“文”与“字”之独特理解

《说文解字叙》：“仓颉之初作书，盖依类象形，故谓之文；其后形声相益，即谓之字。字者，言孳乳而浸多也。”段玉裁将其概括为：“析言之，独体曰文，合体曰字。”段氏对于《说文解字叙》中“文”、“字”之理解，得到中国大多数学者的赞同，也被很多西方学者所接受，比如我们前面提到的鲍则岳在《剑桥中国先秦史·语言文字》中对《说文》“文”与“字”的介绍采用的正是段玉裁的注解。①

但蒲芳莎认为“文”与“字”这个区别对《说文》无效。她认为关于独体字和合体字的区别，实际上在《说文》之前，包括序文在内的整个《说文》标准文本中，以及东汉其他与此直接相关的文献资料里都没有证据。蒲芳莎在文中给出了自己的依据。

1. 文＝独体字的等式在《说文》之前不存在

蒲芳莎认为在《说文》之前没有显示出“文”与“字”是一个对立的概念，这两个字可能有不同的外延，但所指的都是同一事物，即汉字。她给出例子“夫文，止戈为武”（《左传·宣公十二年》）、“故文，反正为乏”（《左传·宣公十五年》）、“于文，皿虫为蛊”（《左传·昭公元年》）等，这里武、蛊都不是独体字。

2.《说文》正文对“文”与“字”的说解无此区别

《说文》正文：“文，错画也。象交文。”“字，乳也。从子在宀下，子亦声。”蒲芳莎分析许慎的释义“文”与“字”都没有汉字的意思，更没有谈到“独体字”与“合体字”的区别。然而实际上，“字”确实是一个合体字，“文”是一个独体字。蒲芳莎解释说，她不是要否认汉字有独体字与合体字之分，她只是要质疑“许慎在整本字典中都是这样定义这两个字，并且用作‘文’与‘字’之间的术语区分的基础”② 这种假设。她认为，事实证明，《说文》正文中没有这样的区别。

3.《说文解字叙》中也无此区别

《说文解字叙》中，“仓颉之初作书，盖依类象形，故谓之文；其后形声相益，即谓之字”一句，蒲芳莎分析认为其虽然表面看起来作了“文”与“字”

---

① Boltz, William G. “Language and Writing” [A]. Loewe, Michael & Shaughnessy, Edward L., ed. *The Cambridge History of Ancient China: From the Origins of Civilization to 221 B. C.* [C]. Cambridge: Cambridge University Press, 1999. p. 122. Note 82.

② Bottéro, Françoise. “Revisiting the wén and the zì: The Great Chinese Characters Hoax” [J]. *BMFEA*, 2002 (74): P. 22.

的区别，但是实际上，此句说的并不是独体字与合体字的区别，而是“仅基于事物之形的汉字”与“形声相益”的汉字之间的区别。如果把“形声相益”理解为像“形声字”那样在形旁上加声旁，那就意味着只有“形声字”才能算作“字”，而在整本《说文》中从来没有说字只指“形声字”。“形声相益”在许慎的文字发展系谱上，意思是给字形赋予读音，而不是给每个字形加上明确的声旁。它是要确立在表形的“文”和汉语口说辞之间的一个普遍必需的联系。文是“形”，而“字”是口说词的形化。确实，在形声字中，这种形与词的联系及其发音很明确，但一个汉字并不一定非得包含一个明确的非表义的声旁才能代表汉语中的一个词。实际上在许慎的系统中，非合体字与含有声旁的合体字一样，都毫无疑问是字。当然，结果就是基于事物形象的汉字可能是非合体字，也可能是合体字。蒲芳莎认为许慎的定义并不提供任何独体字与合体字的区别，而在于区别是写汉语词还是没有写汉语词。

蒲芳莎还统计出《说文解字叙》中“文”出现了10次（不包括古文和篆文这样的表达方式），“字”11次（+1奇字），而“文字”提到了3次，并对这24个相关例子全部进行了详细分析，认为都没有体现独体字与合体字的区别。

蒲芳莎根据例子分析总结出：“文”本质上是图画性的，模拟性的，视觉性的；而“字”代表的是词与语音联系，体现了文字和语言的关系。二者总体上都可以指“字符”，但角度不同。她提出了一个可以很好地表明二者区别的方法，就是把字翻译为“character”或“written words”（字符或者书面词），把“文”翻译为“graph”（图），复合词“文字”（writing）则在有口说语言的语境下与“言语”（spoken language，speech，talk）相对。

（二）对许慎文字观之独特分析

蒲芳莎认为：“（《说文》）作为第一部关于书面词的系统著作，含有丰富的关于当时如何看待口说语言以及文字的信息的矿藏。”① 她注意到《说文》之前典籍所存分析古字的材料大都是对象形字或者会意字的分析，而很少有对形声字的分析，许慎的汉字分析则加入了对“声”的考虑。许慎把所有汉字分为540部首是一个创新，分析了汉字的语音成分也同样具有重要意义。蒲芳莎认为今天不少研究《说文》的人仍旧把自己局限在字形分析中，而没有意识到许慎对文字与所记词之间关系的理解。

蒲芳莎指出中国很多典籍的书名并不是由作者所定，而《说文》题目由许

---

① Bottéro, Françoise. “Revisiting the wén and the zì: The Great Chinese Characters Hoax” [J]. *BMFEA*, 2002 (74): p. 15.

慎儿子的上书表可以确定就是许慎自己定的书名，因此书名中这两个术语在解释他这部著作的目的时就具有至关重要的作用。蒲芳莎统计，许慎之前的著作没有用这个术语作书名的，《汉书·艺文志》记录了一本《别字》早已亡佚；而在许慎之后，至少有7本书书名含有“文字”，不少于40本含有“字”，许慎对这两个术语使用的影响由此可见。① 她认为“文”与“字”表达了文字和语言的某种关系，而不受限于字形结构。这对理解文字理论以及文字与语言关系都很重要。

蒲芳莎认为在中国并不是只有一种文字理论，而是有两个互相竞争的阐释文字方式：玄学的符号分析法和语言学分析法。许慎的独创性就是他在字典中把两种传统的阐释文字方法联合到一起。一方面，一种古代的方法是把标记视为现实的象征符号，这可以追溯到通过兽骨和龟甲的裂纹来占卜；另一方面，“语言学”的文字观，这是由文字的记录口语功能加给它的。

蒲芳莎分析了许慎是如何把两种方法融合在一起的。她说，受现代语言学的影响，似乎有一个悖论：只要记录词的字符，就会自然而然地把它看作是记录语言的，而不是现实的象征。但是我们可以看出，许慎自如地游走于形声和会意之间，甚至把两者合在一起。比如“字”，许慎指出其构成成分“子”在“字”中身兼两职，既表意又表声。说它表意，那么“字”就是会意，就是象征现实的符号；说它表声，那么“字”就是形声，自然就跟一个口语词联系在一起。在许多情况下，许慎使字形结构成为形声兼会意，这样就把玄学的符号分析叠加在他的语言学分析上。蒲芳莎认为这也可在许慎《说文解字叙》六书排序中得到印证。许慎把会意排在形声之后，在许慎看来，会意是汉字发展最高类型的汉字，不像形声只能识半边，由于意义可以在其所有构成成分的基础上被理解，因此可以更好地代表或者翻译现实世界。在《说文解字叙》中对宇宙形式的模仿是文字发明的基石。《说文解字叙》暗示古代人在会写之前就已经会读，因此从许慎的观点来说，揭示真相、“解读”文字的能力就变得非常重要。

蒲芳莎从语言学史角度对许慎给予了高度评价。她认为许慎《说文解字叙》中描述了汉字发展历史，并提出“仓颉之初作书，盖依类象形，故谓之文；其后形声相益，即谓之字”的观点具有重要意义。她分析，仓颉开始是“依类象形”，在这个阶段他不是在记录语言的词，他只是通过象征符号来表达事物。后来出现新的发展——仓颉通过加上语音的维度把他的“形”用于表达口说的词的发展，那么从“文”到“字”的发展，指的就是从描绘现实到记录描绘现实的词。那么许慎就不仅是在重构汉字类型的历史发展，而是在描述文字记录语言

---

① Bottéro, Françoise. “Revisiting the wén and the zì: The Great Chinese Characters Hoax” [J]. *BMFEA*, 2002 (74): p. 21.

创世纪的过程。因此许慎“就不仅仅是汉字的分类者，而是文字起源方面的哲学历史学家”①。鉴于许慎的功绩不仅仅是汉字分类，而且对文字起源的描述有杰出贡献，因此她提到该论文另外一个目的是为了“公正评价语言学历史上一个伟大知识功绩”②。蒲芳莎认为许慎能够通过“文”和“字”作出字形结构和书写系统的区别，这种区别构成了“中国语言学发展基本的一步”③。

蒲芳莎最后还指出许慎虽然在理论上对字形结构与文字系统作了重要区分，并在其书名中加以强调，但是他还是持续关注玄学符号分析，而不是汉语词汇的语言学方面。因此在许慎的著作中，并没有把语言学与玄学、哲学明显分开。实际上，作为一个语言学和辞书学历史的现代观察者，应该想一想把这些学科专业化地分开是否就真的令人满意。作为一个西方学者，蒲芳莎提出的这个问题也值得我们反思。

综上所述，蒲芳莎确实堪称当代西方的《说文》专家。她围绕《说文》进行了多方面研究，并且研究得十分深入，有自己独特的观点。她所作《说文》研究视野开阔，重视各国学人的研究成果，涵盖了来自中国、日本、欧美相关的资料，材料十分丰富，信手拈来，运用得十分熟练。阅读其文章还可以感觉到她对中国古代典籍非常熟悉，引用起来得心应手。她不但自己的《说文》研究分析深入，理据充分，观点新颖，而且还很擅长和别的学者合作，比如与挪威学者何莫邪合作写《〈说文解字〉与中国的人文科学》。总之，蒲芳莎可算得上是一位多产的欧美《说文》研究学者。她现在仍在孜孜不倦地进行《说文》研究，相信将来会有更多《说文》研究成果呈现给我们。

第六节　瑞士冬玛轲之《〈说文解字〉使用手册》

冬玛轲，瑞士汉学家，在《说文》方面有较深的造诣，在瑞士苏黎世大学（University of Zürich）获得博士学位。他曾经在中国学习六年④，在南京大学留过学。1990 年他作为“南京大学外国学者和留学生研修部”高班生，曾得到中

---

① Bottéro, Françoise. “Revisiting the wén and the zì: The Great Chinese Characters Hoax” [J]. *BMFEA*, 2002 (74): p. 24.

② Bottéro, Françoise. “Revisiting the wén and the zì: The Great Chinese Characters Hoax” [J]. *BMFEA*, 2002 (74): p. 24.

③ Bottéro, Françoise. “Revisiting the wén and the zì: The Great Chinese Characters Hoax” [J]. *BMFEA*, 2002 (74): p. 31.

④ Miller, Roy Andrew. “Problems in the Study of *Shuo-wen Chieh-tzu*” [D]. Ph. D. , Columbia University, 1953. p. 457.

国著名训诂学家徐复的指导[①]，研究课题是“说文解字部首阐释”[②]。他1996年的博士学位论文是《“... 仓颉造字”:〈说文解字〉使用手册》[③]，导师是瑞士汉学家高斯曼（Robert Gassmann）教授。此博士学位论文于1998年公开出版。他在1998年第三届国际古汉语语法研讨会上[④]，提交了论文《〈说文〉部首系统：对汉文字主观解释的开始》。2000年冬玛轲参加徐复教授九十寿辰学术讨论会暨中国训诂学研究会年会时提交了论文，题目是“从历史、哲学的高度论述《说文》及清代的声训，探索其流行和衰落的内部原因（同一字声训纷繁，失去科学性）和外部原因（印度文化及梵语的传入和影响）”[⑤]。2010年6月他作为德国弗莱堡大学教授参加了在江苏金坛举行的“段玉裁与清代学术”国际研讨会并称赞段玉裁的《说文解字注》是“世界上最好的解字书”[⑥]。

此处我们主要介绍冬玛轲1998年在其博士论文基础上出版的《“... 仓颉造字”:〈说文解字〉使用手册》（以下简称《手册》）一书。这本著作是用德文写成的，很遗憾没有找到德语版原书，不过我们找到了中国学者徐复及其弟子汤大民、奥地利学者傅熊、美国学者米勒以及德国学者叶翰对这本著作的不同介绍和评价，根据这些材料，我们可以了解其大体情况。

一、《手册》主要内容

冬玛轲《手册》一书的目的是“帮助其他学生走出《说文》神秘的‘光环’，理解这本书‘真正的成就’和‘它的缺点’”[⑦]。“此书以《说文》540部首为纲，对中国古文字的渊源及构成，形、音、义的组合特征等作了详尽的解析和论述，并用西方文化理念加以独特的观照，引用汉文书籍达200多种，其中传统小学经典《尔雅》《说文》《释名》等100多种，并多处引用徐复老师的创见。

① 徐复《我与外国高级访问学者》一文第65页谈到，冬玛轲去年九月来宁，说他的研究课题是“说文解字部首阐释”，现在已开始撰写博士学位论文，征得导师同意，要我担任指导。他告诉我，论文的内容是用西方语言学的理论来分析中国汉代许慎《说文》对词典学的贡献。

② 吴金华．徐复先生学术纪年初稿［J］．文教资料，1995（6）：19.

③ 即“... Und Cang Jie Erfand die Schrift”：Ein Handbuch für den Gebrauch des *Shuo Wen Jie Zi*（1996）。

④ 该会议于1998年6月22日至24日在法国巴黎召开，由巴黎法国高等社会科学院东亚语言研究所与挪威奥斯陆大学东亚研究系联合主办。

⑤ 白兆麟．徐复教授九十寿辰学术讨论会暨中国训诂学研究会年会述要［J］．高校社科信息，2000（4）：23.

⑥ 参见 http：//www. jintannet. com/ReadNews. asp？NewsID =9541，2010年6月22日。

⑦ Ess，Hans van. “Marc Winter，‘... *Und Cang Jie Erfand die Schrift*’：*Ein Handbuch für Den Gebrauch des Shuo Wen Jie Zi*（‘... *And Cang Jie Invented Writing*’：*A Handbook for the Use of the Shuowen Jiezi*）”［J］. *China Review International*，1999，6（1）：p. 283.

煌煌达 700 页。”[1] 该书主要分成两部分[2]：第一部分（pp. 13 – 234）是术语、历史分析（Lexicological-historical Analysis），该部分又可分为五个小部分：简介，资料分析，术语分析，《说文》历史背景分析，术数、阴阳五行对部首安排的影响。第二部分（pp. 235 – 556）是对 540 部首的新翻译，冬玛轲的翻译以段玉裁的《说文解字注》为基础，还参考了高本汉的《汉文典》（1957）。读音音值基于白一平（William H. Baxter）和蒲立本的构拟。该书还提供了与《说文》紧密相关的文本的注译（pp. 557 – 586）。冬玛轲提供了一个德语版许慎的叙，还有许慎儿子许冲的《进〈说文〉表》，并且讨论了米勒（Roy Andrew Miller）、沈康（K. L. Thern）和马悦然（Göran Malmquist）以前对《说文解字叙》的翻译。冬玛轲的翻译是基于向夏的《说文解字叙讲疏》（1986）所给出的解释的。最后（pp. 587 – 610）是参考书目、简短的传记资料和索引。

二、对《手册》肯定的意见

冬玛轲这本《说文》研究著作得到一些学者好评，比如奥地利学者傅熊说它是“一个很好的纲要和对《说文解字》根据充分的研究”[3]。德国学者叶翰说：“冬的《手册》肯定是今天所能提供的西方对《说文解字》术语和问题的最好介绍。作者应该因其二次文献的广博知识和清晰的语言而受到赞扬。他已经生产出一部应该在每位对古代汉语词典编纂感兴趣的学者书架上于《说文解字》旁边有一个位置的作品。”[4] 中国学者汤大民评价说：“这部巨著也是第一部向瑞士及德语国家介绍中国文字学的开山之作。”[5] 根据资料，冬玛轲著作的优点可总结如下：

（一）信息丰富，使用方便

冬玛轲《手册》的目标是要指导帮助别人使用《说文》，减轻汉学家的负担，让他们不用变成辞书学家也可以利用《说文》，为西方研究《说文》的学者

---

① 汤大民．走近鸣谦室［J］．紫金岁月，2000（9）：13.

② 根据傅熊和叶翰以及米勒的介绍，其中主要根据傅熊的文章：“Review：‘... *Und Cang Jie Erfand die Schrift*’：*Ein Handbuch für den Gebrauch des Shuo Wen Jie Zie by Marc Winter*”［J］．*Bulletin of the School of Oriental and African Studies*，1999，62（2）：pp. 389 – 390.

③ Füehrer，Bernhard. “Review：‘... *Und Cang Jie Erfand die Schrift*’：*Ein Handbuch für den Gebrauch des Shuo Wen Jie Zie* by Marc Winter” ［J］．*Bulletin of the School of Oriental and African Studies*，1999，62（2）：p. 389.

④ Ess，Hans van. “Marc Winter，‘... *Und Cang Jie Erfand die Schrift*’：*Ein Handbuch für den Gebrauch des Shuo Wen Jie Zi*（‘... *And Cang Jie Invented Writing*’：*A Handbook for the Use of the Shuowen Jiezi*）”［J］．*China Review International*，1999，6（1）：p. 286.

⑤ 汤大民．走近鸣谦室［J］．紫金岁月，2000（9）：13.

提供方便。冬玛轲对传统汉语文献资料比较熟悉，他在《手册》中对《说文》相关信息进行了详细介绍，对《说文》540部首及其重要相关文献提供了德语翻译，对前代研究和注释进行充分讨论，这一切让奥地利学者傅熊认为“这部作品提供了一个对《说文》有根据的令人鼓舞的指导”①，并提出“作者在这一领域有洞察力的贡献值得祝贺，他为我们提供了这个方便的手册，可以丰富学者几乎每日都用的《说文》资源，帮助查找有用的解释，值得感谢”②。

冬玛轲之前，美国学者司礼义已经在《论〈说文解字〉中的部首系统》一文中对《说文》540部首作了英文翻译③，但冬玛轲的德文翻译和司礼义1984年的英文翻译不同。首先，冬玛轲在翻译之中编入了各种各样信息丰富的评注，大量引用相关《说文》研究知识。其次，冬玛轲解释了具体部首下面所属的字。再次，冬玛轲说明了相关汉字在《说文解字注》、《汉语大字典》、《汉语大词典》以及高本汉的《汉文典》等著作里面的具体位置，有必要的话，再加上白一平的构拟。这些特点让德国学者叶翰认为该书名副其实，确实是一本好的《说文》使用“手册”④。

就是对冬玛轲此书持批评态度的美国学者米勒也承认，也许在某些方面冬玛轲的这本书能够为需要参考《说文》的人提供帮助，尤其是他的第一部分——“分析”。在这里，学习《说文》的学生会找到关于《说文》作者和该书结构的描述、关于《说文》与汉字六书理论的研究、《说文》与“今古文之争”关系的讨论等。⑤

（二）通俗易懂，详释术语

通过研究冬玛轲所描述的主题、论文的结构、论文的方法、对早期有关《说文》学问的处理等问题，叶翰认为尤其值得赞扬的是“冬氏不但大量运用了语

---

① Füehrer, Bernhard. “ Review: ‘... *Und Cang Jie Erfand die Schrift*’: *Ein Handbuch für den Gebrauch des Shuo Wen Jie Zie* by Marc Winter” [J]. *Bulletin of the School of Oriental and African Studies*, 1999, 62 (2): p. 390.

② Füehrer, Bernhard. “ Review: ‘... *Und Cang Jie Erfand die Schrift*’: *Ein Handbuch für den Gebrauch des Shuo Wen Jie Zie* by Marc Winter” [J]. *Bulletin of the School of Oriental and African Studies*, 1999, 62 (2): p. 390.

③ Serruys, Paul L-M. “ On the System of the Pu Shou（部首）in the *Shuo-wen Chieh-tzu*（说文解字）” [J]. *BIHP*, 1984, 55 (4): pp. 651 ~754.

④ Ess, Hans van. “Marc Winter, ‘... *Und Cang Jie Erfand die Schrift*’: *Ein Handbuch für Den Gebrauch Des Shuo Wen Jie Zi* (‘... *And Cang Jie Invented Writing*’: *A Handbook for the Use of the Shuowen Jiezi*)” [J]. *China Review International*, 1999, 6 (1): p. 284.

⑤ Miller, Roy Andrew. “Problems in the Study of *Shuo-wen Chieh-tzu*” [D]. Ph. D., Columbia University, 1953. p. 457.

言学理论和术语，而且运用得让没有受过语言学训练的汉学家也能够理解”[①]。比如，冬玛轲明晰地描述了《说文》中大量存在的声训现象。为了使西方读者更好地理解这个术语，他给出了假设的德语例子，很好地解释了这个现象。这个现象对研究汉语的专家来说当然是人人皆知，却很难向外行解释。冬玛轲描述了《说文》特点，包括对许多细节进行了详细注释，对《说文》读者一开始遇到的问题具有很大帮助，是“极富学识有价值的介绍”[②]。冬玛轲的《手册》确实有助于西方读者使用《说文》。

冬玛轲用了较长篇幅介绍了许慎划分汉字的六书，为读者提供了最新的关于这个方面的中国学术概观，对这些术语进行了分析和翻译。冬玛轲非常重视《说文》中的部首系统，他“切实地把一大部《说文诂林》中有关部首的众解认真研读了一遍”[③]，说：“部首像一棵树一样，它下面的字像叶子一样，用这个比喻，希望能引起西方学者明白《说文》的部首系统。”[④] 在当代很多中国学者都读不懂《说文》的情况下，冬玛轲作为西方人，热情关注《说文》，写出如此一部巨著，可谓难能可贵。在术语讨论部分，在其他权威批评这个术语的情况下，冬玛轲坚持用“radical”（基础，根本）来表示《说文》中的部首是有道理的，因为“许慎不是为了查字方便而以部首为序安排他的字典（康熙的 214 部首确实是为了查字方便），而是因为部首确实具有语言学意义”[⑤]。

三、对《手册》批评的意见

该书也存在一些缺点，并遭到一些学者的批评。比如美国学者米勒在《作为手册的博士论文：〈说文解字〉新指南》一文中对冬玛轲提出了非常尖锐的批评[⑥]。

---

① Ess, Hans van. “Marc Winter, ‘... *Und Cang Jie Erfand die Schrift*’: *Ein Handbuch für den Gebrauch des Shuo Wen Jie Zi* (‘... *And Cang Jie Invented Writing*’: *A Handbook for the Use of the Shuowen Jiezi*)” [J]. *China Review International*, 1999, 6 (1): p. 283.

② Ess, Hans van. “Marc Winter, ‘... *Und Cang Jie Erfand die Schrift*’: *Ein Handbuch für den Gebrauch des Shuo Wen Jie Zi* (‘... *And Cang Jie Invented Writing*’: *A Handbook for the Use of the Shuowen Jiezi*)” [J]. *China Review International*, 1999, 6 (1): p. 285.

③ 徐复. 我与外国高级访问学者 [J]. 文教资料, 1995 (6): 65.

④ 徐复. 我与外国高级访问学者 [J]. 文教资料, 1995 (6): 65.

⑤ Ess, Hans van. “Marc Winter, ‘... *Und Cang Jie Erfand die Schrift*’: *Ein Handbuch für den Gebrauch des Shuo Wen Jie Zi* (‘... *And Cang Jie Invented Writing*’: *A Handbook for the Use of the Shuowen Jiezi*)” [J]. *China Review International*, 1999, 6 (1): pp. 284 – 285.

⑥ Miller, Roy Andrew. The Dissertation as Handbook: A New Guide to the *Shuo-wen Chieh-tzu* [J]. *Journal of the American Oriental Society*, 1999, 119 (3): pp. 457 – 465.

德国学者叶翰也指出了冬玛轲的一些“小问题”。[①] 现在将这些问题总结如下：

(一)《说文》性质认识问题

冬玛轲认为《说文》可以被定义为词典，因为正如现代语言学对“词典”定义所要求的那样，它的词条包含了词的语音、形态和意义。德国学者叶翰则认为冬玛轲此说不妥。他指出，冬玛轲对“morphological”一词的理解有一个小小的诡辩。尽管许慎在分析字的形和义的同时，暗示了字的“形态”（morphological）结构，可也正是这个原因，其他一些权威不愿意称《说文》为词典。虽然确实有些学者认为汉语词有形态，但许慎并没有明确说过。其实，许慎关于语言书写方式的“形态”解释，也正可以让人得出结论说这是一本字典而不是词典。叶翰的批评是有道理的，《说文》正如大多数学者所认为的那样应该是一本字典而不是词典。

冬玛轲描述《说文》历史背景的时候，认为正如许慎在《五经异义》中试图通过对典籍的比较结束“今古文之争”一样，《说文》也不仅仅是出于正字的理由而编纂的，而是许慎结束这场纷争的第二次努力。为了验证这个假设的正确性，他通过许慎对一些重要术语的解释来展示许慎对这场纷争的立场，还比较了许慎《五经异义》和《说文》里面的部分词条。德国学者叶翰认为这没什么用，因为尽管《说文》解释了1世纪论争学派所用的一些关键词，但是一点也没有涉及《五经异义》中所收集的问题和争论。叶翰指出，冬玛轲“没有意识到，字典是一种和经典评论注释著作完全不同的媒介。比较《说文》和《五经异义》，就好像比较苹果和橘子”[②]。冬玛轲这个问题，也属于对《说文》性质认识不当。

(二) 参考资料问题

由于冬玛轲在中国学习过六年，在第一部分他引用了不少中国新近的相关研究。米勒认为，虽然这些研究题目诱人，但从冬玛轲的节选看来，很少有几个能和题目相称。中国新近研究《说文》的热潮看起来好像并没有使西方人所已经了解到的50年代中期的知识增加多少。我们认为米勒这个批评对新中国的《说文》研究是有偏见的。新中国成立以后，《说文》研究水平虽然参差不齐，但也

---

① Ess, Hans van. “Marc Winter, ‘... *Und Cang Jie Erfand die Schrift*’: *Ein Handbuch für den Gebrauch des Shuo Wen Jie Zi* (‘... *And Cang Jie Invented Writing*’: *A Handbook for the Use of the Shuowen Jiezi*)” [J]. *China Review International*, 1999, 6 (1): p. 285.

② Ess, Hans van. “Marc Winter, ‘... *Und Cang Jie Erfand die Schrift*’: *Ein Handbuch für den Gebrauch des Shuo Wen Jie Zi* (‘... *And Cang Jie Invented Writing*’: *A Handbook for the Use of the Shuowen Jiezi*)” [J]. *China Review International*, 1999, 6 (1): p. 286.

取得了不少成就，这一点我们在第一章绪论中已经谈过。

冬玛轲《手册》里绪论部分忽略了美国汉学家鲍则岳《〈说文解字〉导读》。[①] 米勒认为如果有了鲍则岳这篇文章，要用《说文》的人可以不看冬玛轲的第一部分；反过来如果冬玛轲自己参考了这篇文章，也不用做没有必要的重复劳动了。我们认为这也有点过了，鲍则岳的《〈说文解字〉导读》确实不错，但要说冬玛轲对《说文》的介绍毫无必要也未免太绝对，比如冬玛轲《手册》里介绍的法国学者戴遂良的《说文》研究、《说文》对高本汉《汉文典》的影响、美国学者顾立雅对《说文》的看法等[②]，鲍则岳的文章就没有提到。

冬玛轲试图翻译许慎的540部首，注释并用文献证明，但是这项使人畏惧的任务，米勒认为很显然已经超出了冬玛轲的掌控。《说文》关于540部首的许多字条都充满了难题，需要详细阐述，需要更加深入地了解汉学文献资料，这些冬玛轲都无法做到。一个字条不是简单的翻译和注释问题。想让翻译真正有用，在之前需要深入钻研典籍，广泛阅读清朝注解者们的著作，但冬玛轲仅满足于主要参考段注。段注确实是最有用的资料，但如果进一步阅读其他评注者的著作，就会找到更多的问题答案。比如，《说文》："有，不宜有也。《春秋传》曰：'日月有食之。'"冬玛轲只按字面意思翻译过去，而不能或者至少他没有解释前一部分和后一部分的联系。更重要的是他对许慎为什么表面上用假定的反义"不宜有"来解释"有"这个问题保持沉默。段玉裁的注在这里没有什么帮助，冬玛轲没有超出这个材料资源。但王筠两个被收入《说文解字诂林》的注解，已经扫清了这个障碍。我们认为米勒这条批评是很中肯的，应该尽可能多地参考资料，深入研究每一个问题。不过《说文》相关资料浩如烟海，要想做到全部参考确实也是挺困难的。

（三）术语翻译问题

虽然冬玛轲提醒读者注意司礼义的540部首翻译有失误，但是他自己的翻译也有很多问题。比如，解释"日"的"不亏"[③]，是和月亮的"阙"相对而言的[④]，冬玛轲翻译成"ohne Fehl"（德语，没有瑕疵缺陷），米勒认为这在语义上

---

① M. Loewe. *Early Chinese Texts: A Bibliographic Guide* [M]. Berkeley: Society for the Study of Early China, 1993. pp. 428 – 442.

② Füehrer, Bernhard. " Review: '... *Und Cang Jie Erfand die Schrift*': *Ein Handbuch für den Gebrauch des Shuo Wen Jie Zie* by Marc Winter" [J]. *Bulletin of the School of Oriental and African Studies*, 1999, 62 (2): p. 389.

③ 《说文·日部》："日，实也。太阳之精不亏。从囗一。象形。"

④ 《说文·月部》："月，阙也。太阴之精。象形。"

和词法上都令人困惑。《说文》:“巫,祝也。女能事无形,以舞降神者也。”这里“事”字在传统宗教事务描述中只是简单地表示“侍奉”,而冬玛轲的解释,“我没有把‘shi...’翻译为‘侍奉’,因为我认为萨满教不是一个巫师和一个空想的权利之间的主仆关系”①,米勒认为不正确。

(四)《说文》声训问题处理不当

《说文》中的声训具有重要意义。米勒认为冬玛轲对《说文》中声训的历史语言学问题介绍没有条理,而且基本上没有什么新意,主要是因为他没有把汉代声训现象和中国宇宙哲学论假设以及中国对语言性质的总体观念联系起来。许慎的声训同样也牵扯到复杂的汉代学术典籍,如果不关注汉语音韵学就无法讨论。米勒告诫说,在这方面冬玛轲大多数的注释和评价也会误导《手册》的使用者。

冬玛轲对段玉裁有关声训的仔细区分和有层次的元语言也没有好好处理。比如段注对“叠韵”这种韵律关系使用了“以叠韵为训”“以叠韵为名”“以叠韵释之”“叠韵互训”等形式,段氏用了这么多不同的变体和表达方式,在每种情况下,很显然都是有理由的。冬玛轲完全忽视这种元语言的精确性。比如,段氏把许慎《说文》解释“日”为“实”归为他感觉是叠韵的一类,在接下来的“太阳之精不亏”之后,段氏加上“故曰实”,但是这一重要的元语言话语在冬玛轲的评注里没有提及,他的翻译也不合格。冬玛轲也没有提到在段注《说文》部首“八”处清晰地定义:“八,别也。此以双声叠韵说其义。”如此明显的对声训的承认冬玛轲却没有提到。换句话说,当提到段氏关于声训的注时,冬的解释总是太过笼统,以致没什么用处。冬玛轲也没有更加广泛地参考清朝其他学者关于《说文》声训的研究。比如“卜”字,许慎定义为“灼剥龟也”,段注为“灼双声,剥叠韵”,冬玛轲只参考了段注,而没有注意到王筠还有另一个注“卜剥叠韵,而其义未详”。

冬玛轲没有意识到他用以构拟早期汉语语音的高本汉、蒲立本和白一平材料的来源是三个尖锐对立并且互相不可调和的系统。相反他误解为三位的构拟任何一部分都随时可以和另外一部分互换。冬玛轲没有回答这些构拟形式对他如何解释《说文》的文本及其声训的问题有什么价值。关于声训的一些辅助材料冬玛轲也没有把握好。柯蔚南的《东汉音注手册》里面包含了对《说文》所有声训的完整总结和处理。冬玛轲知道这本书,但只是以极其微小的联系来引用它,从

---

① Miller, Roy Andrew. “Problems in the Study of *Shuo-wen Chieh-tzu*” [D]. Ph. D., Columbia University, 1953. p. 464.

来没有一次是用它处理《说文》音训证据的细节。[①] 冬玛轲对包拟古的《〈释名〉语言学研究》也忽略了。他没有把他的评注建立在知名学者研究成果之上，反而令读者困惑地引用了数百条来自司礼义《论〈说文解字〉中的部首系统》中的循环论证构拟。[②] 这些构拟形式有问题，因为它们试图通过假设完全只是为了解释《说文》声训而作的专门构拟来解释《说文》的声训；它们还预设生活在100年的许慎知晓汉语历史数千年的语音资料，这显然是不可能的。司礼义《说文》构拟里的自败循环论证和逻辑矛盾，比如 * tsgwjiidh（p. 393）和 * skhjagx ~ * sthjagx（p. 398）早就在其他同类研究文献中被指出，冬玛轲却全部忽视了。米勒认为冬玛轲缺乏对中国历史语言学西方研究文献的熟悉导致他赋予司礼义无限延展的循环论证构拟不应该有的新价值。我们认为米勒对冬玛轲声训问题处理不当的批评是深刻而有理据的。

（五）草率粗心

冬玛轲在抄写语音符号的时候犯了很多粗心的错误。比如在复制蒲立本中古汉语对“介”和“蔡”的构拟时，三次把原文的上标字母“h”抄印成“n”。对克鲁斯（D. A. Cruse）《词汇语义学》的大段引文是离题的[③]，关于汉字历史新术语“zodiograph”的创制和运用的荣誉给错了人（p. 36，note 6）。*Dai Kanwa Jiten*（《大汉和辞典》）就引用了一次，结果错用成 *Dai Hanwa Jiten*（p. 24，note 7）；而且它的主编 Morohashi Tetsuji（诸桥辙次）印错了，看起来像是书名（p. 622）。从头到尾引文中的时间是冬玛轲所用版本的时间（通常是最新的），而不是最初出版的时间，因此就出现“J. Legge 1991”和“L. Wieger 1965”，更不用说看起来范晔写《后汉书》的时间好像是1965年，司马迁写《史记》是1982年。参考书目（pp. 587 - 610）有太多的小错误（例如，把“Endkonsonanten”写成“Konsonanten”，p. 602；“Søren”写成“Sören”，p. 600；“Studies on China”写成“Studies in China”，p. 596）。除此以外，还有输入汉字不统一的问题，有些作者和头衔都提供，但有一些的却用“???”来表示。冬玛轲在整本专著中对大家都熟知的名字、头衔，还有一些词不厌其烦地提供汉字，相反在翻译和评注之后绝对需要提供汉字的时候却常常省略了。这些都被米勒一一指出。

冬玛轲的草率粗心，德国学者叶翰也指出一些，比如第49页，冬玛轲说他没有参考日本的学术成就，因为他不会日语，可是又暗示说，在这个特别的领

① Coblin, W. S. *A Linguistic Study of the Shih Ming* [M]. Cambridge, Mass.: Harvard University Press, 1954.

② 《论〈说文解字〉中的部首系统》，即“On the System of the pu shou in the *Shuo-wen Chieh-tzu*”。

③ Cruse, D. A. *Lexical Semantics* [M]. Cambridge: Cambridge University Press, 1986.

域，也没有太多相关的日本学术成就。在第89页注释47，他承认参考包拟古1954年关于《释名》的一部著作很重要，很不幸，他收到得太晚了。虽然冬氏的诚实让人欣赏，但是对这样一个重要的出版物，在交给出版商之前应该投入时间参考相关资料。叶翰对此表示遗憾。

米勒和叶翰指出的冬玛轲这些草率粗心的错误，是不可否认的事实，这些问题也是所有研究《说文》的学者应该引以为戒的。

总之，冬玛轲的这部著作，既得到了中国学者的指导，也得到西方学者的指导，可谓中西合璧的产物。《手册》于1998年出版，1999年就有3位西方著名学者的评论文章在知名汉学杂志上发表，虽然评价不一——奥地利学者傅熊高度赞扬、美国学者米勒严厉批评、德国学者叶翰则有褒有贬，但不管怎样，都说明该著作在西方汉学界引起了关注，有一定影响力。因此冬玛轲的《手册》尽管存在某些问题，但它将在欧美《说文》学中占有一席之地，这是不可否认的。

第七节　美国曲理查之《说文》电子化研究

曲理查[①]，美国学者，学习过古典希腊语、拉丁语、盎格鲁－撒克逊语、俄语和汉语，还学习过仪器语音学和音系学、计算语言学。1993—1994年曾经在中国做过教师；1998年起在美国加州大学伯克利分校语言学系工作；2002年起在国际计算机科学研究院人工智能组工作[②]；2003年在美国加州大学伯克利分校获得语言哲学博士学位。曲理查比较关注《说文》电子化问题，其博士学位论文《说文解字·电子版》[③]，集中展现了他的《说文》电子化研究成果。下面我们对其《说文》电子化研究进行讨论。

一、曲理查《说文》电子化研究缘起及前期研究

曲理查《说文》电子化研究起源于他在哥伦比亚大学（Columbia University）本科学习时的经历，那时他第一次学习中国古典文献。不是由于专业的学习，而是一次课外活动，曲理查去拜访狄百瑞（William Theodre de Bary）教授，向他请教一个牵扯到词源学《周易》卦名的问题，希望他能给自己推荐一些阅读材料，结果教授建议曲理查先花十年工夫学习中国古代文献后再去见他。曲理查记在心

---

① 也译作曲理察。

② 国际计算机科学研究院人工智能组即 International Computer Science Institute（ICSI），Artificial Intelligence Group。

③ Cook，Richard Sterling Jr. “*Shuo Wen Jie Zi-Dianzi Ban*：Digital Recension of the Eastern Han Chinese Grammaticon”［D］. Ph. D.，University of California，2003.

里，真的去研究中国古代文献，于是有了掌握第一手材料的需要。另外，曲理查参与了马提索夫领导的美国加州大学伯克利分校的“汉藏语词源词典及宝藏”（STEDT，the Sino-Tibetan Etymological Dictionary and Thesaurus）项目，而《说文》电子化对此项目研究也有重要意义。因此，曲理查做《说文》电子化研究，一方面是出于自己研究工作的需要，另一方面是为了填补这方面的学术空白，为学生研究古代传统的某些元素提供一个比较容易的途径。

在撰写博士学位论文之前，曲理查就已经在《说文》电子化研究方面做了不少工作。他从20世纪90年代早期就开始考虑《说文》电子化的问题，最初想找一个清代出版的徐铉本《说文》逐字输入，但存在以下问题：当时楷体的中文编码无法完成这一任务；没有合适的小篆字体与重文字体；电子化过程中会遇到文中字体的细微变化，很难确定哪些是有区别性的变体。后来曲理查决定以段玉裁的《说文解字注》为出发点，他选的底本是段注1989年上海版。曲理查探索了各种技术问题，实验了各种扫描仪，以各种分辨率对原本进行各种尺寸的扫描，最终确定了合适的扫描仪和适合自己需要的分辨率，并且购买了必要的硬件设备。

曲理查先扫描段注附录540部首，抽取出每个字作为字体设计工具Fontographer手绘的样板，克服困难，在1996年制成了名为“SWJZZXiaoZhuanBuShou”的字体。然后曲理查开始扫描段注全书，每天几页，用了近一年的时间，抽取所有正文和重文字形，输入字体设计工具Fontographer作为字体样板。他制作的索引，不但能定位文本里的每一个字，而且可以大体区分主字/变体类型。

曲理查1998年在技术人士的帮助下第一次成功地作出了bigCIDFont，这是double-byte版的540部首字，又于1999年1月生成了第一个double-byte版的完整字符集。这种字体有11 341个字，被命名为SWJZZ字体。伴随着制作字体的过程，用几种方式对资料进行索引编码，在每个字都基于在段注中的位置被赋予唯一的索引序号以后，就可以把SWJZZ字体与实际的文本图像联系起来了。1999年曲理查得到了基于Big5的《说文解字·附检字》电子版，2000年秋天曲理查又得到了北京师范大学基于沙青岩的书制作的《说文》字体，这样可以进行对照修改，各种资源合在一起构成了电子化环境的《说文》资料库。

曲理查在2000年第33届国际汉藏语言及语言学会议上提交的论文就提到已将其《说文》电子文本用于研究。[①] 2001年他向第18届统一码国际研讨会（In-

① Cook, Richard S. “Making Waves in Proto-Sino-Tibetan: Ripples of PST (WAVE)” [A]. *The 33rd International Conference on Sino-Tibetan Languages and Linguistics* [C]. Bangkok, Thailand. Ramkhamhaeng University, 2000. p. 5. “as my computerized concordance of the SW text reveals” 和 p. 8 “my electronic *Shuowenjiezi* 说文解字”。

ternational Unicode Conference）提交论文《复杂印刷之极致：东汉〈说文〉字库之电脑化》①，探讨《说文》全书电脑化之程序。他特别强调《说文》电子化不能仅局限于某个版本，而要综合考虑各个版本②，多个文本电子化以后还要建立映射，把它们都联系起来。在第19届统一码国际研讨会上曲理查提到了其《说文》数据库以及他把几个《说文》版本电子化工作的进展。③ 这些也是其博士学位论文所要讨论解决的问题。

二、曲理查《说文解字·电子版》主要内容

曲理查的博士学位论文《说文解字·电子版》提出了对重要文本进行数字化描述的具体应用框架内的总体理论问题。该文讨论了《说文》总的历史背景，并特别关注了段玉裁的文本传送情况。接着是关于传统和现代汉字分类与内部构成分析的补说。然后列出了用量化的方法来确定每个字条的距离，以具体的传统文本和现代正字标准的具体版本为基础，并且用五个例子来描述文本内部和文本之间的映射构建。为了可以记录文本所有变化细节，研究检查了当前修订的细节。这里给出的语音研究把汉字发音描述看作是一个连续的嵌入，还对《说文》成分分析基础上的925个语根作了树形结构分析。最后是统计材料、术语表以及各种索引。

具体说来，论文一共分为绪论和正文十二章：0绪论，分七节：0.1总体背景；0.2历史背景，介绍了许慎、徐铉、徐锴和段玉裁对《说文》所做的工作；0.3案例研究，介绍了四处修订；0.4三条传送线，介绍四条修订原则，该书的贡献；0.5文本的重要性；0.6目标（总结），介绍了许慎的目标，徐氏兄弟的目标，段玉裁的目标，文本传送的偏差和当前研究的目标；0.7标准和惯例，介绍许慎叙的结尾，翻译的工具。第1章：文本传送，分三节：1.1序言；1.2段玉裁的汲古阁·说文·订；1.3汲古阁·说文·订·序·注。第2章汉字：2.1序言；2.2汉字分类，2.3字体及其变体；2.4字体构成成分；2.5各种编码及其区别特征；2.6量化方法：映射和国际统一码。第3章文本：3.1文本内部和文本之间的映射；3.2映射举例；3.3总结。第4章校订：4.1序言；4.2校订注。第5章

---

① 即“The Extreme of Typographic Complexity：Character Set Issues Relating to Computerization of the Eastern Han Chinese Lexicon *Shuo Wen Jie Zi*”。

② 见Cook，Richard Sterling，Jr.“The Extreme of Typographic Complexity：Character Set Issues Relating to Computerization of the Eastern Han Chinese Lexicon *Shuo Wen Jie Zi.*”［A］. Hong Kong：Paper presented at the 18th International Unicode Conference. 2001. p. 9.

③ 参见其“Typological Encoding of Chinese：Characters，Not Glyphs”一文第4页注释1和第8页最后一段“I have been working for some time to digitize several editions of the Eastern Han Dynasty dictionary *Shuo Wen Jie Zi*，...”部分。

表音符号：5.1 序言；5.2 表音符号的类型；5.3 读若；5.4 语根类别。第 6 章统计：6.1 有助于和谐领域的资料库；6.2《说文解字·电子版》资料库中的字频；6.3 语根类别的相对频率；6.4 部首的相对频率。第 7 章：《说文解字·电子版》和谐：7.1 范例和序；7.2《说文解字·电子版》和谐。第 8 章总结：8.1 回顾；8.2 内察；8.3 内容说明。第 9 章词汇：9.1 序言；9.2 符号；9.3 术语和缩写。第 10 章索引：10.1《说文》顺序 540 部首；10.2 小篆笔画顺序 540 部首；10.3 汉语拼音索引。第 11 章附录：11.1 含有“读若”字条清单；11.2 说文解字注 CMap；11.3 从 USV 到 UTF－8；11.4 UTF－8 正则表达式；11.5 软件和硬件注释。第 12 章参考文献：12.1 范例；12.2 作者作品；最后还有插图列表和表格列表。

三、曲理查《说文解字·电子版》所解决的问题以及功用

《说文解字·电子版》主要探讨了如何建立基于清朝段玉裁校订本《说文》电子图像的新电子文本。曲理查的目标是为研究段玉裁的《说文解字注》提供工具，不仅提供其本身的电子文本，而且提供工具联系段注与其他文本。他试图做的是把段注与所有使《说文》的存在有价值，能带给人乐趣、知识与理解的传统要素重新联系起来。①

曲理查拟通过三个步骤实现这个目标：第一步是准备比较精确的电子化文本；第二步是把这个文本的表述与其他文本更加标准的表述联系起来；第三步是在文本之间建立联系，让文本之间互相沟通。文本之间可以沟通的时候，想法和信息就可以互换。一个文本中的信息可以用来解释另一个文本，反之亦如此。例如在《说文》和《广韵》两部巨著之间建立可靠永久的联系，就有可能对整个《说文》实现语音描述。当两个文本都被电子化以后，文本之间的比较也更加方便，能够以前代从未想过的方式来探索资料库中的音系模式及其他模式。

四、曲理查《说文解字·电子版》处理问题的原则与方法

曲理查在《说文解字·电子版》研究过程中面临许多问题，我们讨论一下他是如何解决这些问题的。

（一）保证忠实原书

曲理查要给段注《说文》一个忠实精确的电子版面临许多问题，包括用到

---

① Cook, Richard Sterling, Jr. “*Shuo Wen Jie Zi-Dianzi Ban*: Digital Recension of the Eastern Han Chinese Grammaticon” [D]. Ph. D., University of California, 2003. p. 39.

的文本（没有用到的）、字体的形式和注释的形式。

曲理查把每一个文本作为独立的个体来对待，提供一个永久的方法来恢复以前在传递过程中丢失的元素。通过映射表和电子图像的方式来对《说文》及其他材料力求精确地描述每个细节，在传输的过程中如有任何方面的变形，这个变形会被记录下来。

曲理查对原文很少改动，“文本注释修订中没有插入自己的推论，也没有偏离段玉裁的文本。在段玉裁只是建议而没有亲自修改文本时，也没有寻求把段玉裁的建议应用于实践，除非有必要”①。曲理查对段玉裁原文作的所有改动在第四章第 175～194 页修订注释中列有一个清单，让读者一目了然。

（二）确保汉字新旧关系流畅

电子化古文字写成的古书一方面要忠实于原来的实际形式，另一方面又要让现代的技术能辨识出来。这样电子化的文本就像两面神的两张脸，既要向前看又要向后看。新旧之间的关系必须流畅有活力，如果在发现的过程中需要保留重要区别的话，必须可修改。如果只用简单的等式说“古字 *X* 在任何情况下都等于现代字 *Y*”，缺少 *X* 和 *Y* 同时出现的语境，重要的信息就有可能丢失。

需要考虑汉字的显著区别特征集，系统地解决编码及语言学问题，曲理查考虑了异体字、重文等情况，采用了三种汉字描写语言：一是台湾“中央”研究院开发的以 Big5 为基础的 CDP 系统，二是 Unicode Standard 的 IDS 系统，三是曲理查参与并认为是最先进的 Wenlin Software 开发的基于笔画字形分析基础的 CDL。

（三）争取文本之间信息交换

曲理查并不只是建立一个电子文本就了事，而是通过各种办法建立了电子化环境的《说文》资料库以后，再通过构建包括文本内部和文本之间的映射把不同材料联系起来。通过内部映射可以把文本中出现在一处的特殊语言学形式与另一处出现的同样形式联系起来；通过文本之间的映射可以达到文本之间的信息交换。他利用基于电子图像数字化系统框架（framework）来辨识和索引用于绘制现代汉字条目的显著特征，在这个机制内，给每个汉字条目和出现在条目内的文本作出数字化表述。中文文本的描述用“汉字描写语言”（CDL）可以保证精确的文本内部和文本之间的映射，从而大大有助于提高文本之间的信息交换。

---

① Cook, Richard Sterling, Jr. “*Shuo Wen Jie Zi-Dianzi Ban*: Digital Recension of the Eastern Han Chinese Grammaticon” [D]. Ph. D., University of California, 2003. p. 31.

曲理查讨论了建立文本之间映射的有助于理解《说文》文本的其他五个文本，它们分别是《说文解字·附检字》《说文解字·诂林及补遗》《汉语大字典》《新校互注·宋本广韵》《中日汉字形声再论》。而且，为了获取相关的文本注释的材料，其他的一些文献也被电子化（在不同程度上）。通过汉字变量表的方式，每个条目都带有精确索引的中古汉语文献。许多汉字条目还包括现代汉语文献，古文献也被包括，只要资源里有的。所有的汉字都有很多外部索引，通过汉字变量表带入文献中。这些表自身用 CDL 构造，而且有助于国际统一码标准的发展，可以提供永久长期地获取这些资料的途径。

（四）以大量资料储备为基础

曲理查的博士学位论文《说文解字·电子版》篇幅长达 1 700 多页，其中正文 452 页，另外的 1 000 多页是对每个汉字条目和出现在条目内的文本作出的数字化表述。整篇论文有大量的统计材料、术语表、索引，还有 7 张图片以及 90 个表格。这需要大量的资料来支撑。曲理查的资料准备详细充实，一部分是关于《说文》的，包括不同版本和各类专门研究；另外一些是关于语言学、历史学和计算机科学的。

关于《说文》的资料，除了研究《说文》的学者所熟知的徐铉、徐锴、段玉裁、朱骏声、桂馥、王筠、丁福保、黄侃等人的著作以外，曲理查还参考了郑珍、戴侗、戴震、冯桂芬、莫友芝、钮树玉、沙青岩、严可均、朱珔等学者的相关研究。对于新中国成立以后的大陆《说文》研究成就曲理查也相当关注，如崔枢华、洪文涛、蒋人杰、焦传声、雷汉卿、李恩江、李行杰、梁光华、陆宗达、马叙伦、商承祚、汤可敬、姚孝遂、余行达、臧克和、张舜徽[①]、赵平安、周祖谟、祝敏申等学者的《说文》研究，都在其资料储备之列。

曲理查还比较关注港台的《说文》研究，比如台湾的蔡纯华、蔡信发、陈飞龙、陈梅香、林庆勋、汪仁寿、王峙渊、吴世畯、章季涛，以及香港的李雄溪[②]、何添等学者的相关《说文》研究，还有美籍华人杨福绵等学者的相关研究。

作为西方学者，曲理查当然也十分关注鲍则岳、卜弼德、蒲芳莎、柯蔚南、米勒、司礼义、戴遂良、冬玛轲等西方学者的《说文》相关著作。此外，曲理查也参考了日本的尾崎雄二郎和赖惟勤的《说文》相关著作。

曲理查还十分注重资料的全面性，比如光徐铉校订的许慎《说文》就找到

① 曲理查原文为张舜微，有误，今订正。

② 曲理查原文为季雄溪，季、李字形相似，有误，今订正。

了六个版本，段玉裁的《说文解字注》找到七个版本，徐锴的著作如《说文解字系传》《说文解字通释》《说文解字篆韵谱》等也全部找到。

五、曲理查《说文解字·电子版》后续研究

继博士学位论文以后，曲理查2004年在第37届国际汉藏语言及语言学会议上“演示了《说文解字·电子版》的结构设计、功能和他们正在进行的工作”①。2005年在《中国古文字学统一码：从兽骨、青铜器、丝帛、纸到电子位的革命性跳跃》一文中②，曲理查介绍了他在《说文》研究工作中古文字材料电子化的7个步骤以及一些使用到的电脑系统和工具。2009年其博士学位论文《说文解字·电子版》高清晰版书（STEDT Monograph #9）出版，分为4卷，2 400页，新增的第四卷是完整的以小篆字体按原版形式排字的《说文》重构本（竖版，从右向左）。③ 曲理查还在2010—2013年进行《说文解字·注》翻译工程（Eastern Hàn Chinese Dictionary Translation Project）④，该工程给中外学者进行《说文》研究带来了更大方便。这说明他一直在继续完善其《说文》电子化研究工作。

曲理查还将其《说文》电子化研究成果应用到外国人学汉语中，比如美国“文林学汉语软件”（Wenlin Software for Learning Chinese）2010年12月17日介绍其4.0版字典部分质量大有提高，原因是新增加了曲理查制作的新《说文》电子版⑤。在这个软件中包括了曲理查基于段玉裁《说文解字注》制作的小篆字体，菜单列表（list）中可查到曲理查的《说文》小篆部首（1—540），他电子化的《说文》文本字义说解可以在文林字典字条中显示出来，既有全篆体形式，也有现代字体形式⑥。曲理查现兼任文林研究所副所长⑦。

六、曲理查《说文》电子化研究评价

中国学者也很重视《说文》电子化研究，2012年度国家社会科学基金重大

---

① 禹岩.37届国际汉藏语会议在瑞典隆德举行［J］. 民族语文，2005（1）：51.

② 即“Unicode Chinese Paleography：Making the Evolutionary Leap from Bone，Bronze，Silk，and Paper，to Electronic Bits”，是芝加哥大学东亚语言与文明系“Early China Workshop Series”的演讲文本。

③ http：//www. lulu. com/product/paperback/the - eastern - han - chinese - grammaticon - volume - 1/6411976.

④ http：//linguistics. berkeley. edu/ ~ rscook/html/writing. html.

⑤ 见 http：//guide. wenlininstitute. org/w/index. php？ title = Special% 3ASearch&search = shuowen&go = Go. 以及“What is New in Version Four”［EB/OL］.［2010 - 12 - 17］http：//guide. wenlininstitute. org/wiki/What_is_New_in_Version_Four.

⑥ “Fonts ”［EB/OL］.［2010 - 12 - 17］ http：//guide. wenlininstitute. org/wiki/Fonts#Seal_ Hanzi.

⑦ http：//linguistics. berkeley. edu/ ~ rscook/html/writing. html.

项目（第三批）招标选题中就有一项“数字化《说文》学及其研究平台构建”[①]，目前主要成果有：臧克和等的《说文解字全文检索》（2004）一书，书中附有检索系统光碟；北京师范大学署名小童以大徐本《说文》为底本制作的“《说文解字》全文检·测试版”[②]，该测试版从2004年8月开始提供测试。其他还有北京书同文公司推出含有《说文》的《四部丛刊》电子版、龙语翰堂典籍数据库上提供的《说文》系列电子图书（包括若干不同版本《说文》以及对《说文》的校勘和研究著作，可全文检索）[③]、香港中文大学中国文化研究所建立的包括《说文》的《汉达文库》（从甲骨文、金文到魏晋南北朝时期的重要典籍的网络化全文检索数据库）[④] 等。而理论探索则更早一些，比如齐元涛的《小篆构形属性的计算机测查》（1995年硕士学位论文）和《〈说文〉小篆构形属性的计算机测查》（1996）两篇文章[⑤]，基于数据库技术对小篆的构形属性作了详尽的数据统计测查；宋继华、王宁的文章《基于超文本环境的〈说文解字〉知识库的建立》（1999）[⑥]，宋继华的博士学位论文《基于超文本环境的〈说文解字〉教学、研究系统的设计》（2000），基于超文本技术的类聚系联实现《说文》形、音、义各类知识点之间的超链接。李国玉2004年的硕士学位论文《〈说文解字〉知识库中知识表示方法研究》，基于知识建模的规则衍生、知识推理，提出符合《说文》特点和需求的基于面向对象的产生式框架表示法。该表示法通过框架中的嵌套结构对《说文》知识进行分层描述，反映了《说文》知识属性之间固有的因果关系模型，他基于这种知识表示方法，进一步设计和开发了《说文》知识库系统。而曲理查2003年的博士学位论文使用的也是框架结构嵌套结构表示法，目标也是要建立《说文》知识库系统。

曲理查从20世纪90年代早期就开始思考《说文》电子化的问题，从时间上来说还是比较早的，其研究成果对我们进行数字化《说文》学及其研究平台构建具有参考价值，值得关注。然而2005年宋继华等题为“《说文解字》教学、研究系统的数字化研究综述”的文章只总结了国内《说文》电子化研究成就，没有提到国外《说文》电子化研究。台湾罗凡晸2009年《段玉裁〈说文解字注〉数位内容之设计与建置》一文专门探讨段注电子版的问题，也没有提到曲理查的研究。曲理查在其研究中提到了他2000年得到的北京师范大学扫描沙青

---

① http：//www. npopss - cn. gov. cn/GB/219471/219479/220880/18220011. html.

② http：//shuowen. chinese99. com/.

③ 张新艳.《说文》谐声源流研究［D］. 华中科技大学博士学位论文，2009.

④ http：//www. chant. org/.

⑤ 齐元涛.《说文》小篆构形系统相关数据的计算机测查［J］. 古汉语研究，1996（1）.

⑥ 宋继华，王宁. 基于超文本环境的《说文解字》知识库的建立［J］. 语言文字应用，1999（3）.

岩《说文大字典》制作的《说文》字体质量比较差，充满了各种各样的错误[①]，说明这方面国内外的交流还不够。

曲理查的《说文》电子化研究知识性和技术性要求都比较高，在研究过程中，他除自己的努力以外，还积极寻求各种专家的帮助。在其相关著述中他多次提到自己需要感谢的人，这些人或是作为某方面的专家为其提供建议，或是帮助他解决了某些具体问题。他这种积极寻求帮助的态度值得我们学习。目前国内宋继华等学者还在建设基于语料库技术的数字化《说文》学应用平台，使《说文》进入语言环境，以期对汉字的形、音、义三者之间的关系及应用有更为深入的认识与更为全面的了解。这项复杂的工程也需要来自各领域专家的合作与支持。

① 见曲理查博士学位论文第 117 页脚注 49 以及第 121 页。曲理查也曾考虑用沙青岩的版本扫描制作字体，因为沙青岩的字体比较大，但是觉得与段玉裁的相比，沙青岩的文本不可靠，价值要低，因此放弃而选用段玉裁的《说文解字注》为底本。

第六章　结　语

第一节　欧美《说文》学特点考察

本节我们从两个方面来总结欧美《说文》学的特点：一是从时间角度对其自身的不同发展阶段作纵向比较，二是从空间角度对其与他者进行横向比较。纵向来看，欧美不同阶段的《说文》学显示出一些不同的特点。横向来说，欧美的《说文》学既不同于中国本土的《说文》学，也不同于汉字文化圈的日韩《说文》学，而是具有自己的特点，它是在西方的历史背景下，以西方学者独特的思维和治学方法来进行的研究。

一、纵向比较中呈现出的特点

自1600年以来，长达四百多年的时间里，欧美《说文》学显示出阶段性的特点，我们前文已经依据中国历史发展分期把这四百多年的时间分为明末到鸦片战争爆发（1600—1840）、鸦片战争爆发后到新中国成立（1841—1949）、新中国成立后到改革开放（1950—1978）、改革开放后（1979年至今）四个阶段进行了考察，值得注意的是欧美《说文》学的发展确实在一定程度上受中国历史不同发展阶段的影响，需要说明的是欧美《说文》学是一个持续发展的过程，四个阶段并不是截然分开的，不同阶段之间有着千丝万缕的联系。

（一）明末到鸦片战争爆发（1600—1840）

这一时期是欧美《说文》学的兴起阶段。虽然时间跨度两百多年，但总体来说对《说文》的关注不是太多，以《说文》为主题研究的学者我们仅找到法国传教士马若瑟1人，关注《说文》的主体大部分是明清之际来华传教士，主要来自法国，是从索隐学的角度进行研究。当时传教士熟练掌握汉语，刻苦钻研中国经典，努力研究中国文化，传授西方学术，都是为了传教，他们也常常参考当时的汉语字典，如《海篇》《字汇》《正字通》等，而《说文》则被一些想要追寻汉字之源而深入研究中国文化的耶稣会士认真研读，这与当时文艺复兴的认知特征是相符的。“西方知识界初识中文始于16世纪末，恰值文艺复兴晚期，相似性（resemblance）主导着文化知识的建构、文本的阐释和符号的运作。换言之，此时引导知识话语的是一种隐喻型修辞模式。"[1]"万物都是天主的肖像。"因此传教士索隐派在汉字身上看到了隐秘的神圣启示也是很自然的事情。除了在华传教士的索隐关注以外，当时欧美本土一些世俗汉学家比如傅尔蒙、雷慕沙等也对《说文》有了初步了解。另外，这一阶段后期来华的基督新教传教士马礼逊对《说文》的关注与索隐派传教士已经有所不同。

（二）鸦片战争爆发后到新中国成立（1841—1949）

这一时期是欧美《说文》学的进一步发展阶段。时间跨度一百多年，比上一时期短，但对《说文》的关注有所加强，以《说文》为主题研究的学者我们找到4人，他们所在的国家除了法国，还有英国、美国与荷兰。研究主体还是以传教士为主，但其所处的历史背景已经大不相同，他们关注《说文》的目的主要是为了更好更快地学习汉语汉字，虽然最终也是为了传教，但是直接在《说文》中附会教义的做法大大减少，客观科学研究成分增加。另外来华的外交官以及其他学者也做了不少进一步的研究，欧美没有来华的本土学者对《说文》的研究水平也大有提高，提出了不少真知灼见。

（三）新中国成立后到改革开放（1950—1978）

这一时期欧美《说文》学进入专业研究和多领域运用《说文》阶段。时间跨度接近三十年，以《说文》为主题的研究有所增加，关注的学者主要有语言学家、史学家及其他相关领域的专家，研究目的也有所改变，大部分不再是为了传教的需要，传教士身份的《说文》学家逐渐消失，学者的学科背景更加多样、角度更广泛、研究更深入，呈现出研究问题细化和跨学科研究的趋势。不过由于历史和政治原因，中国大陆1950—1977年是一个相对"闭关锁国"的时期，欧美的学者不容易了解新中国成立后的大陆《说文》学研究状况，只能关注中国香港、台湾等地区的《说文》学。有些欧美学者则对中国大陆学者的研究有偏见，比如西方汉学家卜弼德就认为"现代中国学者的努力只算是世界汉学之一支，而且甚至是比较低劣的一支"[2]。我们前文谈到的美国学者米勒作为"卜派汉学"的传人对中国大陆的《说文》研究也有偏见。

（四）改革开放后（1979年至今）

这一阶段是欧美《说文》学专业研究进一步深入发展的阶段，时间跨度仅

---

① 班立华. 试论西方中文观念的历史演变——一个知识型和符号学角度的解说［A］. 阎纯德. 汉学研究·第八集［C］. 北京：中华书局，2004. 429.

② 杨牧. 柏克莱精神［M］. 台湾：洪范书店有限公司，1977. 99.

有三十多年，在以关注现代中国为主的中国学兴起的情况下，属于传统汉学的《说文》学受到冲击，但是鉴于《说文》的重要性，还是有不少学者关注它。随着改革开放和学术交流的发展，欧美学者近几年越来越关注大陆的《说文》研究。国外学者可以更容易地获取中国大陆丰富的《说文》研究资料，实地学习和研究的机会增加，不少《说文》专家亲身到过中国，越来越多的大陆学者走进他们的视野。这一时期的学者大都比较关注新中国学者的《说文》研究，在论文中经常引用。这一时期还有一个特点，就是出现了关注《说文》的女性学者，比如法国学者蒲芳莎女士和麦里筱女士就是比较杰出的代表。

现将我们所搜集到的资料以及研究所得的情况列表总结如下：

阶段	明末至鸦片战争爆发（1600—1840）	鸦片战争爆发后至新中国成立（1841—1949）	新中国成立后至改革开放（1950—1978）	改革开放后（1979 年至今）
时间跨度	两百多年	一百多年	接近三十年	三十多年
历史文化背景	鸦片战争之前，中国国力强盛，西方汉学研究初兴，来华传教士与中国学者交往比较密切	鸦片战争以后到新中国成立之前，中国国力衰微，西方专业汉学确立，以关注古代中国为主。来华传教士与外交官学者与中国学者有交往	新中国成立到改革开放之前，传教士被驱逐出中国，专业汉学进一步发展。中西相对隔绝，欧美学者与中国大陆学者交往不多	中国改革开放以后，欧美以现代中国为主要关注点的中国学兴起，传统汉学受到冲击。欧美学者与中国学者交流增多
所在国家	法国为主	英国、美国、法国、荷兰为主	美国、英国、荷兰、德国、法国为主	美国、法国、瑞士、荷兰、德国为主
学者身份	传教士为主	传教士、外交官为主	专业汉学家为主	全部为专业汉学家，女性学者增多
学者人数	较少，其中以《说文》为主题进行研究译介的学者 1 人	较多，其中以《说文》为主题进行研究译介的学者 4 人	更多，以《说文》为主题进行研究译介的学者 7 人	最多，以《说文》为主题进行研究译介的学者 13 人，其中女性学者 3 人
主要关注角度	索隐弘教，学习汉字	学习汉语汉字，传教，文化研究等	学科角度专门研究，涉及学科领域增多	学科角度，专业研究更加深入，涉及学科领域更加扩大

通过上表我们可以看出，欧美《说文》学受中国历史发展影响，与中国历史发展阶段相呼应展现出阶段性的特点，也与西方整个汉学发展的历史相呼应展现出阶段性特点。

二、横向比较中呈现出的特点

(一) 与中国《说文》学比较

由于学术历史背景不同，中西方研究《说文》的视角与理论不同，欧美《说文》学与中国《说文》学相比呈现出一些自己的特点：

(1) 历史相对较短。欧美《说文》学从时间上与中国本土《说文》学相比较要晚很多，中国的《说文》学已有接近两千年的历史，而欧美《说文》学只有三四百年的历史。

(2) 注重实用性。从关注内容上来说，欧美《说文》学比较注重实用性，比如利用《说文》学习汉语汉字、宣扬基督教，并积极利用《说文》进行其他领域研究等，还有《说文》电子化研究，充分显示了欧美《说文》学的实用性特点。

(3) 注重语音方面的研究。欧美学者还比较重视对《说文》语音方面的考察与应用，比如对《说文通训定声》、《说文》"读若"等方面的关注与研究。这与西方语言学传统更注重音义关系有关。

(4) 擅长使用分析统计等研究方法。从研究方法上来看，欧美《说文》学比较注重整体观念下的逻辑分析方法，擅长使用对比统计等方法，对数字图表比较敏感。这与西方学术背景有关，西方学者擅长剖析，讲求辩证。

(5) 比较注重合作交流。欧美《说文》学与中国本土《说文》学相比还呈现出国际化特点，有时不同国家的学者还合作研究和写文章，比如挪威的何莫邪和法国的蒲芳莎合作写了《〈说文〉与中国的人文科学》。有的学者曾在不同国家工作，比如蒲立本是加拿大籍，但是在英国工作多年；傅熊是奥地利人，在英国工作。有的学者除英语，以外还精通中文、藏文、蒙文、德文、法文、日文、希腊文、拉丁文等多种语言文字，这种多语言优势使他们方便交流，便于从全世界的《说文》学中汲取养分，并进行各种比较研究，视野更为广阔。

(6) 研究角度比较新奇。从研究角度来说，欧美学者比较注重新奇，比如索隐派传教士把《说文》与基督教联系起来，法国学者蒲芳莎提出的一些新观点、新看法等。欧美学者还喜欢把《说文》与其他学科联系起来，从不同角度研究《说文》，他们较早从语言学、辞书学、法律学、音乐学等学科角度来研究《说文》，他们还很关注《说文》与人文科学和自然科学之间的关系。

（二）欧美《说文》学与日韩《说文》学比较所显示之特点

除了中国本土的《说文》学，成果比较突出的还有日韩《说文》学。日韩代表的是国外东方，欧美代表的则是国外西方。欧美《说文》学与日韩《说文》学相比也显示出自己的特点。

（1）历史相对较短。从时间上来说日韩的《说文》学已有上千年历史，而欧美的《说文》学充其量只有三四百年的历史。

（2）敢于质疑。日韩与中国有“同文同种”的心理，很难跳出圈外，欧美没有“身在此山中”的问题，常有各种异质的新想法，敢于质疑。

（3）译介成分较多。由于先天条件远不如人，从研究深度上来看，欧美《说文》学与日韩《说文》学相比弗如远甚，译介的成分比较多，真正深入的研究成果还相对比较少。

第二节　欧美《说文》学之成就与不足

我们对欧美《说文》学的评价要采取客观、实事求是的态度，既要看到其成就，也要看到其不足。

一、欧美《说文》学之成就

如前文所述，可以看到，欧美《说文》学历时四百多年，取得了不少成就。我们此处所总结的主要是本书所谈到的以《说文》为主题的研究以及一些涉及《说文》的比较有特色的研究，列表如下：

姓名	生卒年	国籍及身份	代表著作及年份	主要内容
马若瑟 Joseph de Prémare	1666—1736	法国 传教士	中文专著：《六书实义》（1721）	附会基督教教义的《说文》索隐
裨治文 E. C. Bridgman	1801—1861	美国 传教士	英语文章：《说文解字徐氏系传四十卷》（1850）	译介《说文系传》
葛路耐 W. P. Groeneveldt	1841—1915	荷兰 学者	英语文章：《评卫三畏博士的字典》（1875），涉及《说文》	通过《说文》六书对汉语词源进行思考，区分字源与词源

（续上表）

姓名	生卒年	国籍及身份	代表著作及年份	主要内容
湛约翰 John Chalmers	1825—1899	英国 传教士	英语文章：《汉语字源》（1877）、《论汉字六书》（1887）、《论汉字转注》（1887） 英语专著：《汉字结构分析》（1882）	依据《说文》，讨论汉语字源；讨论六书；选译《说文通训定声》；利用《说文》分析汉字结构
戴遂良 Léon Wieger	1856—1933	法国 传教士	法语专著：基于《说文》的《汉字》（1899）	利用《说文》分析汉字，帮助外国人识字
骆克 J. S. Lockhart	1858—1937	英国 外交官	英语文章：《〈说文通训定声〉评介》（1883）	译介《说文通训定声》
方法敛 Frank H. Chalfant	1862—1914	美国 传教士	英语文章：《早期汉字》（1906）	对《说文》部首、释义、六书等进行批评
顾立雅 Herrlee G. Creel	1905—1994	美国 大学学者	英语文章：《论表意汉字的性质》（1936），涉及《说文》	强调汉字的表意性，对《说文》六书进行系统批评
高本汉 Bernhard Karlgren	1889—1978	瑞典 大学学者	英语著作：《中国语与中国文》（1923）、《汉文典》（1940）等。	对《说文》有正确认识，将《说文》应用于语音构拟，高度评价《说文通训定声》
米勒 Roy Andrew Miller	1924—	美国 大学学者	英语博士学位论文：《说文解字研究中的问题》（1953） 英语书评：《作为手册的学位论文：〈说文解字〉的新指南》（1999）	关注《说文》研究中的问题；对冬玛轲《说文》研究著作中的问题进行极其严厉的批评

（续上表）

姓名	生卒年	国籍及身份	代表著作及年份	主要内容
李约瑟 Joseph Needham	1900—1995	英国 大学学者	一系列英语科技史著作中对《说文》的应用以及对《说文》中与科技有关的字词考察（1954）	从科技史角度对《说文》进行考察
翁有礼 Ulrich Unger	1930—2006	德国 大学学者	德语文章：《〈说文〉与〈韩诗外传〉里的〈诗经〉引文：〈诗经〉考证》（1954）	利用《说文》和《韩诗外传》里的《诗经》引文对《诗经》文本作详细考证
司礼义 Paul L-M Serruys	1912—1999	美国 传教士 大学学者	英语文章：《〈说文〉里的转注研究》（1957）、《〈说文〉里与“盐”义有关的字》（1958）、《论〈说文解字〉的部首系统》（1984）	进行《说文》转注研究，《说文》同类字义比较研究，《说文》部首研究
何四维 A. F. P. Hulsewé	1910—1993	荷兰 大学学者	英语文章：《作为古代中国法律史料的〈说文〉》（1959）	利用《说文》研究汉律
毕铿 L. E. R. Picken	1909—2007	英国 大学学者	英语文章：《一本公元第一世纪中国词典中的音乐词汇》（1962）	研究《说文》中的音乐词汇
马悦然 Göran Malmqvist	1924—	瑞典 学者	英语文章：《许慎的说文解字叙》（1974）	《说文解字叙》之译介
沈康 K. L. Thern	？—	美国 大学学者	英语专著：《说文解字叙英译》（1966）	《说文解字叙》之介绍与英译

（续上表）

姓名	生卒年	国籍及身份	代表著作及年份	主要内容
柯蔚南 W. South Coblin	1944—	美国 大学学者	英语文章：《许慎的声母系统》（1978）、《许慎的韵母系统》（1979） 英语专著：《东汉音注手册》（1983）	《说文》“读若”研究；利用《说文》进行东汉语音系统研究
卫玉龙 Jeroen Wiedenhof	1959—	荷兰 大学学者	荷兰语硕士学位论文：《〈说文解字叙〉研究》（1985）	《说文解字叙》研究
克里默 Thomas B. I. Creamer	？—	美国 大学学者	英语文章：《〈说文〉与中国的校勘学》（1989）	讨论《说文》与校勘学之关系
彼得森 Jens Østergård Petersen	？—	丹麦 大学学者	英语文章：《太平经与〈说文解字〉》（1990）	讨论《太平经》与《说文》之关系
麦里筱 Chrystelle Maréchal	1971—	法国 研究员 女士	法语学士学位论文：《关于〈说文解字〉里的古文和籀文》（1992）	《说文》中的古文、籀文之考察
鲍则岳 William G. Boltz	1943—	美国 大学学者	英语文章：《说文解字导读》（1993）	《说文》导读

（续上表）

姓名	生卒年	国籍及身份	代表著作及年份	主要内容
蒲芳莎 Françoise Bottéro	？—	法国 研究员 女士	法语博士学位论文：《汉字的语义性及其分类：从〈说文解字〉到214部系统的汉字分类研究》（1994） 法语专著：《汉字的语义性及其分类：从〈说文解字〉到〈康熙字典〉以部首整理汉字系统》（1996），以其博士学位论文为基础 英语文章：《重审“文”与“字”：最大的汉字骗局》（2002）、《仓颉和文字发明：对一个传奇阐述的反思》（2006）、《中国文字：古代本土视角》（2007）、《〈说文解字〉与中国的人文科学》（2008，与何莫邪合作）、《重审〈说文解字〉词汇条目》（2009）等	《说文》之多方面研究：《说文》部首系统、《说文》六书、《说文》中的“文”与“字”、《说文》所述中国文字发明过程、《说文》的性质与价值等。涉面广，研究深，有独到见解
陆芳怡 Françoise Lauwaert	？—	比利时 大学学者 女士	法语文章：《文字与神话．关于许慎的〈说文解字〉》（Ecriture et Mythologie. Àpropos du “Shuowen Jiezi” de Xu Shen）（1998）	法语文章，译介许慎和他的《说文》
冬玛轲 Marc Winter	1967—	瑞士 大学学者	德语博士学位论文，专著：《〈说文解字〉使用手册》（1996，1998）	《说文》使用指引

（续上表）

姓名	生卒年	国籍及身份	代表著作及年份	主要内容
傅熊 Bernhard Füehrer	1960—	奥地利学者	英语书评：评介冬玛轲的《〈说文解字〉使用手册》(1999)	对冬玛轲《说文》研究进行评价
叶翰 Hans van Ess	1962—	德国大学学者	英语书评：评介冬玛轲的《〈说文解字〉使用手册》(1999)	对冬玛轲《〈说文解字〉使用手册》进行评价
曲理查 Richard Sterling Cook	？—	美国大学学者	英语博士学位论文、专著：《说文解字·电子版》(2003) 等。	《说文》电子化之研究
德龙 Donald Sturgeon	？—	英国大学学者	英文译介：2006 年创办中国哲学书电子化计划（Chinese Text Project）网站，该网站有《说文》电子文本全文，可全文检索	网站电子化译介，释义部分有英译，采用 Unihan definition，并不是对《说文》释义的英译
Timothy Michael O'Neill	？—	美国大学学者	英语博士学位论文：《隐藏意图的预兆：传统中国话语中的语言理论与作者》(2010，第二章集中介绍了《说文》) 英语文章《许慎的学术历程：说文解字叙新解》(2013) 一文	介绍《说文》并对《说文解字叙》进行译介；通过阅读原文与传统注释，从作者意图的角度对《说文》分析文字的方法进行新的阐释

从上表可以看出，欧美《说文》学所取得的成就还是可圈可点的。

（一）纵向发展的成就

纵向来看，欧美《说文》学取得了不少成绩：研究内容方面，从最初附会基督教教义的索隐研究以及简单的译介研究发展到今天各种角度的专业而科学的深入研究；研究主体方面，从最初的传教士、外交官为主发展到今天的以专业学者为主，还出现了比较优秀的女性学者，如法国的蒲芳莎等；研究规模方面，从个别学者出于个人兴趣的零星研究到今天大学里有目的、有组织的研究，还出现了一些以《说文》为主题的学位论文，比如美国米勒、法国蒲芳莎、瑞士冬玛轲、美国曲理查的博士学位论文，荷兰卫玉龙的硕士学位论文，法国麦里筱的学士学位论文等。

（二）横向发展的成就

横向来看，欧美《说文》学四百多年历史涉及了《说文》研究的诸多方面。我们可以再列表总结欧美《说文》学所涉内容：

《说文》索隐研究	法国马若瑟等传教士附会基督教教义的《说文》索隐研究
《说文》译介研究	美国禆治文对《说文解字系传》的译介，英国骆克对《说文通训定声》的译介，瑞典马悦然的《许慎的说文解字叙》，美国沈康的《说文解字叙英译》，美国鲍则岳的《说文解字导读》等。另外美国学者米勒博士学位论文《〈说文解字〉研究中的问题》于文献附录中也翻译过一些相关文献，法国蒲芳莎和美国曲理查也曾谈到他们正在进行《说文》翻译工作
《说文》本体研究	英国湛约翰、法国蒲芳莎的《说文》六书研究，美国柯蔚南的《说文》“读若”研究，美国司礼义、法国蒲芳莎等的《说文》部首研究，美国司礼义的《说文》转注研究，法国蒲芳莎、荷兰卫玉龙的《说文解字叙》研究，法国麦里筱的《说文》古文、籀文研究等
《说文》应用研究	英国湛约翰应用《说文》分析汉字结构，法国戴遂良应用《说文》分析汉字字源，美国柯蔚南应用《说文》“读若”材料构拟东汉语音系统等；英国李约瑟从科技史角度，英国毕铿从音乐角度，荷兰何四维从法律角度对《说文》的关注与利用等；德国翁有礼利用《说文》考证《诗经》，丹麦彼得森研究《说文》与《太平经》的关系等；还有美国克里默的《说文》与中国校勘学研究，法国蒲芳莎与挪威何莫邪的《说文》与中国人文科学研究等
《说文》研究批评	奥地利傅熊、美国米勒、德国叶翰对瑞士冬玛轲《说文》研究的三篇评论
《说文》电子化研究	美国曲理查从实用角度出发进行的《说文》电子化研究

从上表可看出，欧美《说文》学已经涉及《说文》研究的众多方面，显示

出一定的特点和系统性，已经成为世界《说文》学之林中不可忽视的一部分。另外众多欧美学者与中国及日韩学者一样显示出对《说文解字叙》、《说文》六书、《说文》“读若”、《说文》部首、《说文》电子化等内容的关注和兴趣以及相互之间的沟通交流，说明《说文》学的核心问题是全世界研究《说文》的学者都关注的，也进一步印证了《说文》学的世界性，预示了《说文》学未来的发展趋向。

二、欧美《说文》学之不足

但在总结成就的同时，我们也应该看到欧美《说文》学还存在一些不足。其主要表现如下：

（一）属于西方汉学研究的弱项

《说文》学属于西方汉学的一部分，一直都不是其中的显学，被视为国际显学的是甲骨学、敦煌学与简帛研究，尽管《说文》对这些研究具有重要作用。刘正 2005 年在《图说汉学史》中谈到“训诂学和《说文》学至今还是西方汉学研究的弱点之一，显然是不能和现代西方汉学界对甲骨学研究的水准相比的”[①]。通过上述总结我们也可以看到欧美《说文》学四百多年来虽然取得了一些成绩，但是以《说文》为主题的研究并不是太多，这与大部分汉学家只是把《说文》当作研究工具使用有关。一开始，了解中国、精通汉语的传教士进行的索隐研究虽然挖掘深入，但其附会基督教教义，不是以科学的精神进行的，导致在当时就遭到了强烈反对。其他研究总体来看，译介的内容居多，进行研究的也往往需要先用大量的篇幅来介绍《说文》及其相关内容，真正有分量的深入研究还是比较少的。另外有些欧美学者对中国的学者存有偏见，也不利于欧美《说文》学的发展。在当今欧美传统汉学逐渐转变为更加关注现代中国的中国学的大背景下，虽然还有不少学者继续关注《说文》，但更多的学者则转向研究中国学的其他方面。

（二）西方中心主义

我们在系统整理欧美《说文》学时，时常感受到比较强烈的“西方中心主义”。

首先，欧美学者研究《说文》很难摆脱西方的框架，用西方的术语来解释《说文》。从最初对《说文》的基督教义索隐，到运用语言学以及各种学科角度

---

① 刘正．图说汉学史［M］．桂林：广西师范大学出版社，2005.

来研究《说文》，都是在西方的术语理论框架下进行的。

其次，欧美学者倾向从语音中心主义的角度来评判汉字系统。不少学者都喜欢从语音的角度来研究《说文》，重视《说文》"谐声""读若""韵文"等的价值，热衷于利用《说文》的材料来构拟当时的语音，并且喜欢从语音的角度来评判《说文》研究的水平。比如奥地利学者傅熊评价冬玛轲《〈说文解字〉使用手册》一书"强调汉字之间的语音关系，为反驳汉字表意性质的神话提供了进一步例证"① 等。这一点美国学者顾立雅也指出过："我们西方人长期以来出于习惯总是认为，任何文字字形用来表意，而不是主要用来表音的系统，在某种意义上就不是真正的文字"②、"西方专家对汉字的技术性研究几乎全部指向语音"③，由于西方的语言学更关注音义关系，以致某些西方学者对中国古代以文字为主的语言研究看法消极，"断言其成果对于现代'真正'的语言学研究意义不大"④。这些都体现了西方学者的语音中心观。

最后，"西方中心主义"还表现在某些欧美学者对现当代中国学者的《说文》研究有偏见。这一方面是由于中国历史上五四运动之后的学术疑古，新中国成立后的文化大革命、"批林批孔"运动等让他们怀疑中国学者放弃了祖宗文化的传承；另一方面，由于他们把西方的历史文化现象套在中国学者身上，认为如今对希腊罗马文化研究有所得的往往不是希腊人和意大利人，那么对中国《说文》研究得好的也不一定是中国学者。

国内有些学者对"西方中心主义"非常反感和抵触，对欧美学者的研究不屑一顾。其实很多"西方中心主义"者对中国文化的热爱是真诚严肃、令人敬佩的，他们往往并不觉得自己是"西方中心主义"。正如中国对西学的研究很难摆脱"中国中心主义"一样，欧美的《说文》学要做到不"西方中心主义"也很难。由于无法克服自身的立场局限，有可能产生误读，但这未必是一件坏事，有时他们的误读对我们也是一种启发，因此我们要以辩证的心态来对待欧美《说文》学。

---

① Füehrer, Bernhard. " Review: '... *Und Cang Jie Erfand die Schrift'* : *Ein Handbuch für den Gebrauch des Shuo Wen Jie Zie* by Marc Winter" [J]. *Bulletin of the School of Oriental and African Studies*, 1999, 62 (2): p. 390.

② Creel, Herrlee Glessner. "On the Nature of Chinese Ideography" [J]. *T'oung Pao*, Second Series, 1936, 32 (2/3): p. 85.

③ Creel, Herrlee Glessner. "On the Ideographic Element in Ancient Chinese" [J]. *T'oung Pao*, Second Series, 1939, 4 (4): p. 265.

④ 姚小平. 西方人眼中的中国语言学史 [J]. 国外语言学, 1996 (3): 39 ~48.

（三）发展不平衡

欧美属于西方，但是不同国家《说文》学往往会因为文化传统、知识背景、研究兴趣不同而有所差异。通过我们上述的讨论与总结，可以看出欧美《说文》学发展并不平衡，涉及的学者以美国、法国、英国、荷兰等为主，其他国家则比较少，偶尔有其他国家的个别学者，由于种种原因，也很难在本国形成气候，往往要依附于比较发达国家的研究机构和各种学术条件。

（四）缺乏历史总结

欧美《说文》学历时四百多年，已经显示出系统性，有自己的特点、成就和不足。我们从上面的成就总结中可以看出，欧美《说文》学涉及学者众多，且已涌现出一些比较有代表性的《说文》研究，总体上已经涉及《说文》研究的不少方面。但奇怪的是，一直缺乏对整个欧美《说文》学的历史总结与反思。尽管有些欧美学者在具体研究中有时也在某些方面对前人的研究有所总结，但就我们所知，还没有西方学者有意识地来总结这四百多年的欧美《说文》学历史，也没有学者总结欧美各个国家的《说文》学历史。此种情况也许是由于西方学者“只缘身在此山中”所致，不过这也正是本书对欧美《说文》学研究的价值所在。

第三节　本课题意义及进一步研究之空间

最后我们讨论一下本课题研究意义以及进一步研究的空间。

一、本课题研究意义

（一）第一次对欧美《说文》学进行系统梳理

在当今东西方文明不断碰撞交流的今天，我们不仅要研究西方文明的起源发展，还要研究西方文明是如何关注东方文明的，这样才能真正促进东西方的交流。我们所进行的欧美《说文》学研究就属于这方面的努力，研究西方欧美学者如何关注中国第一本字典《说文》。

本书以时间为顺序，分四个阶段梳理了自 1600 年以来四百多年的欧美《说文》学历史，对每个时期进行了总体介绍，并选择有代表性的学者进行了重点研究，最后从总体上考察了欧美《说文》学的特点，总结了其成就与不足。本书开头已经介绍过，目前国内对欧美《说文》学关注还不多，而且在研究过程中，我们发现西方学者也没有对欧美《说文》学四百多年的历史进行整理，因此本书是第一次对欧美《说文》进行系统梳理的。研究发现，欧美《说文》学总体有比较清晰的历史发展脉络，有自己的特点与系统性，既有成就，也有不足，如一面镜子，对国内《说文》学具有借鉴参考意义。另外我们所收集到的欧美《说文》学研究资料，有不少还没进入国内学者的视野，如果对此进一步研究译介，将有助于丰富我们《说文》学研究文献。

吕咏梅指出，我们应该注意《说文》学的学术史研究，并且认为"只要中外'《说文》学'学者一齐努力，这个任务是可以完成的，也是应该完成的"①。我们对欧美《说文》学的系统梳理对《说文》学的学术史研究也具有重要意义。

申小龙指出："自东汉以来，《说文》学的演进始终处于中国古代语言学的中心。以《说文》为主体的汉字形、音、义综合研究的不断发展反映出以文字为核心的中国语文传统的独特的研究规范。"② 欧美《说文》学的产生与发展说明外国学者研究中国语言学无法避开我们的说文解字传统，对其进行系统梳理会让我们进一步认识到我们的语言学传统。

（二）有助于进一步推动《说文》学的发展

本课题研究有助于推动我们的《说文》学发展，可从以下三点说明：

首先，可以启发我们《说文》研究新思路。欧美学者的《说文》研究从本质上讲和我们的《说文》研究一样，都是属于社会科学研究范畴，但又有些不同。欧美与中国在地域、种族、文化上存在巨大差异，是一个"他者"。欧美《说文》学者由于不同文化背景，他们的视角、方法及理论往往与我们不同。他山之石，可以攻玉。任继愈说："西方学者接受现代科学方法的训练，又由于他们置身局外，在庐山以外看庐山，有些问题国内学者司空见惯，习而不察，外国学者往往探骊得珠。如语言学、民俗学、考古学、人类学、社会学诸多领域，时时迸发出耀眼的火花。"③《说文》研究也是如此，有些西方学者对《说文》确实有独到的见解，这就是"他山之石"的意义和价值。比如法国学者蒲芳莎的《说文》研究视角独特，强调了《说文》的语言学价值，对我们研究许慎的语言学思想有一定的启发。前面我们提到的欧美学者所进行的法律研究、音乐研究、科技研究、电子化研究等也都有值得我们借鉴之处。国外学者的好见解，我们加以汲取；其误读和曲解之处，我们也要采取冷静、客观、公正、全面的态度，沙

---

① 吕咏梅．应该注意《说文》学的学术史研究［J］．殷都学刊，1992（4）：46.
② 申小龙．论中国古代语言学之说文解字传统［J］．汉字文化，1997（3）：16.
③ 任继愈．汉学的生命力［A］．任继愈．国际汉学·第1辑［C］．北京：商务印书馆，1995. 7.

中淘金，从他们的错误和曲解中也许可以得到一些启示。总之，进行欧美《说文》学研究，可以为我们提供新的思考角度，从而促进国内《说文》学的发展。

其次，可以促进国内外《说文》学界的交流。如今学术世界化，《说文》学作为一门学问，早已经走出国门。国外对《说文》的译介和研究也是《说文》学的重要组成部分，我们的研究已经充分证明了这一点。本书研究过程中，与一些欧美学者进行了交流，他们大都表示乐意让中国的学者了解他们的研究，并积极提供相关资料，同时他们也表示很想了解中国的《说文》研究。尽管目前欧美《说文》学者与国内《说文》学界联系增强，但总体上说还是缺乏交流与沟通，这一现象值得关注。我们研究《说文》应该开阔视野，加强与世界各国学者的沟通。今后要尽量加强交流，外语界和汉语界多沟通，国内与国外多沟通，面向全国和海外积极开展各种形式的学术交流，让《说文》学真正走向世界。通过欧美《说文》学研究，我们更加认识到加强与国外学者之间沟通和了解的必要性，欧美《说文》学关注中国学者的研究，我们也应该尽量了解国外的《说文》学，借鉴其长处，但是要注意不要变成单向的文化输入，要防止被国外的《说文》学牵着鼻子走。要不断提高自身学术质量，变成精彩的“文化对话”，在与“他者”的对话中不断地进行自我认识和反思，从而进一步促进我们《说文》学的发展。

最后，可以拓展《说文》学研究空间。目前国内对国外《说文》学关注不太多，通过梳理欧美《说文》学，我们发现国外《说文》学研究还有很多东西值得挖掘，今后必定会吸引更多学者关注。对国外《说文》学进行系统研究，将为我们拓展研究空间，开辟新的领域，从而促进《说文》学的发展。

二、继续研究的空间

本书只是对欧美《说文》学进行了粗线条的勾勒。这类研究难度很大，要求研究者通晓多种外语，并要对《说文》学有深入的研究和理解。由于资料和我们水平所限，难免挂一漏万，对其作进一步研究的空间还比较大。我们认为还可从以下几个方面进行延展。

（一）材料延展

本书作为欧美《说文》学研究，涉及大量国外各种语言的原材料。虽然我们尽自己所能去寻找第一手的资料，但限于种种条件，可能有些重要的材料没有收集到，有些依赖于翻译的材料或者别人转述的材料可能不够准确。

本书探讨的欧美《说文》学以英语和中文资料为主，其他语言涉及较少，其实如法语、德语、荷兰语资料中应该还有不少值得挖掘的宝藏，希望有更多精通其他外语的学者对其进行关注。

现实中，国外对《说文》的研究材料不少，但目前还是比较零散，还需要进一步收集整理，从中发现系统和规律，建设国外《说文》学资料库。

（二）深度延展

本书虽然力图梳理欧美《说文》学的发展脉络，但由于水平所限，某些地方还可进一步深入。国外对《说文》的研究虽然比较零散，但也不是毫无规律的。从时间来看有规律，从地域来看有规律，从语言来看也有规律。可以对欧美《说文》学某个阶段再深入考察，也可以对欧美某个国家《说文》学作进一步深入研究，还可以再深入进行不同国家之间的关联研究。对国外《说文》学情况进行深入系统研究，可以发现更多特点与规律，对《说文》学发展有重要意义。

（三）范围延展

本书只是以欧美《说文》学为核心，还可以进一步把俄罗斯、日韩等包括进来，以整个国外《说文》学作为研究对象进行深入研究考察。这样能够以更加广阔的视野来梳理国外《说文》学的发展过程、各国不同的特点以及学者之间的联系。可以在全世界范围内进行比较：把国外不同时期《说文》研究加以对比，可以发现国外《说文》研究的历史发展变化情况，以及国外学者对《说文》认知的逐步细化和深入过程；比较各个国家和地区的《说文》学情况，结合其政治、思想、文化背景，能够挖掘其背后语言观的不同以及深层的哲学文化思想差异。

（四）专题延展

本书只是以时间为主线进行对欧美《说文》学的梳理，还可以根据不同需要对国外《说文》学进行各种专题的研究。

1. 译介研究

一方面是译介国外的《说文》学成果。国内虽然有少数外语极佳的学者可以不必依赖译本进行研究，可还是有不少人需要依赖二手资料。对整个学界而言，让国内《说文》学界的人及时了解到国外的最新动向及最佳研究成果还是有必要的，因此应该进一步加强译介研究。译，就是翻译国外《说文》学著作；介，就是介绍、评价国外《说文》学成果。

另一方面是关注欧美《说文》学如何译介我们的《说文》学成果。欧美《说文》学实际上也是《说文》在欧美的接受过程，其中一个重要的方面就是对《说文》及其相关著作的译介，译介难免会带来信息的脱落、变形等。那些在译介过程中信息扭曲变形、衍余、减少、误解等情况都是值得我们研究的。我们还可以从中挖掘到国外学者对《说文》感兴趣的动机，比如是对中国文化特别是汉字感兴趣，还是与本国文化有结合点或者与本人研究兴趣有结合点等。

还有，《说文》本身的翻译也是很有价值的工作。有不少学者都在关心《说文》的翻译工作，实际上很多欧美《说文》研究学者在研究和译介的过程中已经做了大量翻译工作，这些都是很好的经验。然而《说文》翻译不应该全部由外国人承担，中国学者也需要关注《说文》的翻译，在这个领域作出我们应有的贡献。

2. 价值研究

我们还可以进一步挖掘欧美《说文》学的价值。比如欧美《说文》学对我们国内《说文》学的启发价值、推动西方人学习汉字的价值、推动中国典籍西传的价值、推动中国文化传播的价值、推动其他领域汉学研究的价值等，都可以展开专题进行深入研究。

3. 影响研究

我们可以关注国内《说文》学对国外《说文》学的影响，我们也可以关注海外华裔学者对国外《说文》学的影响。我们前面讨论的很多研究《说文》的欧美学者都是直接或间接受海外华裔学者的影响，比如不少学者都提到自己曾受教于赵元任、李方桂等人，美国学者沈康翻译《说文解字叙》时曾得到华人学者周策纵教授的指导等。另外，华人学者自身在国外的《说文》研究也值得关注，他们对欧美《说文》学也有一定影响。我们还可以关注国外《说文》学对国内《说文》学的影响，不仅我们的《说文》学影响西方学者，西方学者的《说文》研究也会影响到我们，并且最终将与我们的研究合流。

总之，国外《说文》学研究是一个新的领域，还有很大的研究空间。本书对欧美《说文》学进行的梳理，只是抛砖引玉，相信以后会有更多人对此进行关注和研究。可以预见，随着时间的推移，国外《说文》学还会出更多成果，正如宋均芬所说："《说文解字》一书，会使众人获益良多。许慎的名字定会如孔子、屈原、曹雪芹等历史文化名人一样，名扬四海，蜚声中外。许慎对人类文化发展的贡献，也将得到充分的肯定。许慎在世界历史文化名人的行列中理应占有一席之地。这将是全世界华人的自豪与骄傲。"① 国内现在已经开始意识到国外《说文》学的价值，因此我们相信随着国外《说文》学的不断发展，国外《说文》学研究也会逐步加强。

---

① 宋均芬．许慎为世界级的历史文化名人［J］．汉字文化，2006（5）：34.

参考文献

一、中文资料

中文专著

[1] 蔡梦麒.《说文解字》字音注释研究（上、下）[M]. 济南：齐鲁书社，2007.

[2] 曹先擢等. 说文解字研究（第1辑，许慎与说文学国际学术研讨会论文集）[C]. 开封：河南大学出版社，1991.

[3] 陈君静. 大洋彼岸的回声：美国中国史研究历史考察 [M]. 北京：中国社会科学出版社，2003.

[4] 程千帆，唐文. 量守庐学记：黄侃的生平和学术 [M]. 北京：生活·读书·新知三联书店，2006.

[5] 戴吾三. 汉字中的古代科技 [M]. 天津：百花文艺出版社，2004.

[6] 党怀兴. 宋元明六书学研究 [M]. 北京：中国社会科学出版社，2003.

[7] 董莲池. 说文解字研究文献集成·现当代卷 [C]. 北京：作家出版社，2006.

[8] 董莲池. 说文解字研究文献集成·古代卷 [C]. 北京：作家出版社，2007.

[9] 董莲池. 说文部首形义新证 [M]. 北京：作家出版社，2007.

[10] 董希谦.《说文解字》一夕谈 [M]. 郑州：河南人民出版社，1994.

[11] 董希谦，张启焕. 许慎与《说文解字》研究 [C]. 开封：河南大学出版社，1988.

[12]（清）段玉裁. 说文解字注 [M]. 上海：上海古籍出版社，1998.

[13] 方豪. 中国天主教史人物传 [M]. 北京：宗教文化出版社，2007.

[14] 方豪. 方豪六十自定稿 [M]. 台北：学生书局，1969.

[15]（梁）顾野王. 原本玉篇残卷 [M]. 北京：中华书局，1985.

[16] 顾钧. 卫三畏与美国早期汉学 [M]. 北京：外语教学与研究出版

社，2009.
［17］郭郛，［英］李约瑟，成庆泰．中国古代动物学史［M］．北京：科学出版社，1999.
［18］（清）桂馥．说文解字义证［M］．北京：中华书局，1987.
［19］何培忠．当代国外中国学研究［M］．北京：商务印书馆，2006.
［20］何添．王筠说文六书相兼说研究［M］．长春：吉林文史出版社，2000.
［21］何寅，许光华．国外汉学史［M］．上海：上海外语教育出版社，2002.
［22］胡优静．英国19世纪的汉学史研究［M］．北京：学苑出版社，2009.
［23］黄长著，孙越生，王祖望．欧洲中国学［M］．北京：社会科学文献出版社，2005.
［24］黄德宽，常森．汉字阐释与文化传统［M］．合肥：中国科学技术大学出版社，1995.
［25］计翔翔．十七世纪中期汉学著作研究：以曾德昭《大中国志》和安文思《中国新志》为中心［M］．上海：上海古籍出版社，2002.
［26］蒋善国．《说文解字》讲稿［M］．北京：语文出版社，1988.
［27］李圃．古文字诂林·第七册［M］．上海：上海教育出版社，2002.
［28］李庆．日本汉学史 第1部 起源和确立［M］．上海：上海外语教育出版社，2002.
［29］李行杰．说文解字五家通检［M］．济南：齐鲁书社，1997.
［30］刘正．海外汉学研究：汉学在20世纪东西方各国研究和发展的历史［M］．武汉：武汉大学出版社，2002.
［31］刘正．图说汉学史［M］．桂林：广西师范大学出版社，2005.
［32］（清）卢崧，朱若烜等纂修．江西省南丰县志（二）［M］．台北：成文出版社，1989.
［33］陆宗达．说文解字通论［M］．北京：北京出版社，1981.
［34］马叙伦．《说文解字》研究法［M］．北京：中国书店，1988.
［35］马宗霍．说文解字引群书考［M］．北京：科学出版社，1959.
［36］莫东寅．汉学发达史［M］．北京：文化出版社，1949.
［37］孟华．汉字：汉语和华夏文明的内在形式［M］．北京：中国社会科学出版社，2004.
［38］任继昉．汉语语源学［M］．重庆：重庆出版社，1992.
［39］申小龙．汉语与中国文化（修订本）［M］．上海：复旦大学出版

社，2008.

［40］宋永培.《说文》汉字体系与中国上古史［M］. 南宁：广西教育出版社，1996.

［41］宋永培.《说文》与上古汉语词义研究［M］. 成都：巴蜀书社，2001.

［42］（清）孙星衍等辑，周天游点校. 汉官六种［M］. 北京：中华书局，1990.

［43］孙雍长. 转注论［M］. 长沙：岳麓书社，1991.

［44］孙雍长. 训诂原理［M］. 北京：语文出版社，1997.

［45］田潜. 一切经音义引说文笺［M］. 鼎楚室，1924.

［46］王凤阳. 汉字学［M］. 长春：吉林文史出版社，1989.

［47］王宁.《说文解字》与汉字学［M］. 郑州：河南人民出版社，1994.

［48］王宁，谢栋元等.《说文解字》与中国古代文化［M］. 沈阳：辽宁人民出版社，2000.

［49］王平.《说文》与中国古代科技［M］. 南宁：广西教育出版社，2001.

［50］王彦坤. 文史文献检索教程［M］. 广州：暨南大学出版社，2003.

［51］王彦坤，朱承平，熊焰. 古代汉语教程［M］. 广州：暨南大学出版社，2003.

［52］（清）王筠. 说文解字句读［M］. 北京：中华书局，1988.

［53］（清）王筠. 说文释例［M］. 北京：中华书局，1998.

［54］吴孟雪. 明清时期——欧洲人眼中的中国［M］. 北京：中华书局，2000.

［55］吴孟雪，曾丽雅. 明代欧洲汉学史［M］. 北京：东方出版社，2000.

［56］吴原元. 隔绝对峙时期的美国中国学（1949—1972）［M］. 上海：上海辞书出版社，2008.

［57］谢栋元.《说文解字》与中国古代文化［M］. 郑州：河南人民出版社，1994.

［58］熊文华. 英国汉学史［M］. 北京：学苑出版社，2007.

［59］（南唐）徐锴. 说文解字系传［M］. 北京：中华书局，1987.

［60］徐复，宋文明. 说文五百四十部首正解［M］. 南京：江苏古籍出版社，2003.

［61］徐宗泽. 明清间耶稣会士译著提要［M］. 北京：中华书局，1989.

［62］（东汉）许慎撰，（宋）徐铉校定. 说文解字［M］. 南京：江苏古籍出版社，2001.

［63］许光华. 法国汉学史［M］. 北京：学苑出版社，2009.

[64] 许明龙. 中西文化交流先驱——从利玛窦到朗世宁 [C]. 北京：东方出版社，1993.

[65] 许明龙. 黄嘉略与早期汉学 [M]. 北京：中华书局，2004.

[66] 许明龙. 欧洲十八世纪中国热 [M]. 北京：外语教学与研究出版社，2007.

[67] 阎纯德. 汉学研究·第三集 [C]. 北京：中国和平出版社，1999.

[68] 阎纯德. 汉学研究·第十一集 [C]. 北京：学苑出版社，2008.

[69] 严晓星. 高罗佩事辑 [C]. 北京：海豚出版社，2011.

[70] 杨牧. 柏克莱精神 [M]. 台湾：洪范书店有限公司，1977.

[71] 杨树达. 积微居小学金石论丛（增订本）[M]. 北京：科学出版社，1955.

[72] 杨树达. 积微居小学述林 [M]. 北京：中华书局，1983.

[73] 姚孝遂. 许慎与说文解字 [M]. 北京：中华书局，1983.

[74] 殷寄明.《说文解字》精读 [M]. 上海：复旦大学出版社，2007.

[75] 臧克和. 说文解字的文化说解 [M]. 武汉：湖北人民出版社，1995.

[76] 张标. 20世纪《说文》学流别考论 [M]. 北京：中华书局，2003.

[77]（清）张度. 说文解字索隐 [M]. 北京：中华书局，1985.

[78] 张国刚，吴莉苇等. 明清传教士与欧洲汉学 [M]. 北京：中国社会科学出版社，2001.

[79] 张明华. 中国字典词典史话（修订版）[M]. 北京：商务印书馆，1998.

[80] 张其昀. "说文学"源流考略 [M]. 贵阳：贵州人民出版社，1998.

[81] 张舜徽. 说文解字约注（上、中、下）[M]. 郑州：中州书画社，1983.

[82] 张舜徽. 说文解字导读 [M]. 北京：中国国际广播出版社，2008.

[83] 张西平. 传教士汉学研究 [M]. 郑州：大象出版社，2005.

[84] 张西平. 欧美汉学研究的历史与现状 [C]. 郑州：大象出版社，2006.

[85] 张西平.《中国丛报》篇名目录及分类索引 [M]. 桂林：广西师范大学出版社，2008.

[86] 张西平. 欧洲早期汉学史——中西文化交流与西方汉学的兴起 [M]. 北京：中华书局，2009.

[87] 中国人民政治协商会议漯河市委员会文史资料委员会. 漯河文史资料第3辑·许慎研究会成立大会专辑 [C]. 1989.

［88］中国科学院语言研究所．中国语言学论文索引（甲编）［M］．北京：商务印书馆，1978.

［89］周祖谟．问学集（上、下）［M］．北京：中华书局，1966.

［90］（清）朱骏声．说文通训定声（影印本）［M］．武汉：武汉古籍书店，1983.

中文论文

［1］白谦慎，邵伟克，劳悟达．中国书法在西方［A］．欧阳中石主编；王世徵，王靖宪，黄惇等著．中国书法艺术［C］．毕斐，黄厚明等译．北京：外文出版社，2007.

［2］白琬琳．《说文解字》中的法律词语研究［D］．辽宁师范大学硕士学位论文，2008.

［3］白兆麟．徐复教授九十寿辰学术讨论会暨中国训诂学研究会年会述要［J］．高校社科信息，2000（4）.

［4］班弨．汉台语关系研究述评［J］．民族语文，2003（2）.

［5］班吉庆．建国50年来的《说文解字》研究［J］．扬州大学学报（人文社会科学版），2000（5）.

［6］班吉庆，殷俊．简论钱大昕《说文》研究的特点［J］．扬州大学学报（人文社会科学版），2009（2）.

［7］班立华．试论西方中文观念的历史演变——一个知识型和符号学角度的解说［A］．阎纯德．汉学研究·第八集［C］．北京：中华书局，2004.

［8］卜平．《说文解字》在日本［J］．文科通讯，1985（1）.

［9］卞仁海．十年来《说文解字》研究述评［J］．信阳师范学院学报，2003（2）.

［10］陈友冰．英国汉学的阶段性特征及成因探析——以中国古典文学研究为中心［J］．汉学研究通讯，2008，27（3）.

［11］董海樱．西人汉语研究述论——16—19世纪初期［D］．浙江大学博士学位论文，2005.

［12］董莲池．十五年来《说文解字》研究述评［J］．松辽学刊（人文社会科学版），1994（3）.

［13］董希谦．《说文解字》的学术价值［J］．河南大学学报（哲学社会科学版），1990（5）.

［14］杜恒联，李开．试论《说文解字》的声训方式［J］．江南大学学报（人文社会科学版），2006（6）.

［15］段怀清．理雅各与儒家经典［J］．孔子研究，2006（6）．

［16］段怀清．《中国评论》时期的湛约翰及其中国文学翻译和研究［J］．世界汉学，2006（1）．

［17］顿嵩元．谈字圣许慎［A］．中国人民政治协商会议郾城县委员会学习文史委员会编，郾城文史资料第15辑［C］．2005.

［18］顿嵩元．许慎生平事迹考［J］．郑州大学学报（哲学社会科学版），1985（3）．

［19］房建昌．高本汉与辞书［J］．辞书研究，1983（3）．

［20］房建昌．朱骏声与《说文通训定声》［J］．辞书研究，1984（2）．

［21］冯玉涛，彭霞．《说文解字》转注研究［J］．宁夏大学学报（人文社会科学版），2005（1）．

［22］高兴．劳伦斯·毕铿及其唐代音乐研究［J］．中国音乐学，2005（2）．

［23］宫宏宇．毕铿和他的中国音乐研究——纪念毕铿先生逝世［J］．中央音乐学院学报，2007（4）．

［24］龚杰．读《剑桥中国史》［J］．华夏文化，1995（1）．

［25］郭郛．怀念大师李约瑟［J］．农业考古，2001（1）．

［26］韩伟．"六书"研究的历史演变［J］．山西师大学报（社会科学版），2004（1）．

［27］韩伟．论六书研究的历史分期及其学术蕴涵［J］．深圳大学学报（人文社会科学版），2007（5）．

［28］贺评．发掘汉字魅力——记瑞典汉学家林西莉［J］．国际人才交流，1999（7）．

［29］侯宏伟．许慎与"说文学"国际学术研讨会召开［J］．古汉语研究，1992（2）．

［30］胡书经．法国汉语教学与研究的历史［J］．语言教学与研究，1983（2）．

［31］黄慧萍．钱大昕《说文》学之研究［D］．台湾"国立"屏东师范学院硕士学位论文，2005.

［32］黄时鉴．康熙字典与中西文化交流［J］．九州学林，2006（2）．

［33］黄亚平．许慎对中国文字学学科研究体系的创造性贡献［J］．南开语言学刊，2008（2）．

［34］黄宇鸿．近二十年来"说文学"研究的回顾与思考［J］．钦州师范高等专科学校学报，2001（2）．

［35］康荣．毕铿传奇［J］．音乐爱好者，2000（1）．

［36］孔陈焱．卫三畏与美国早期汉学的发端［D］．浙江大学博士学位论文，2006.

［37］黎千驹．中国文字学研究的新进展——首届中国文字学国际学术研讨会论文述评［J］．安徽广播电视大学学报，2001（4）．

［38］黎千驹．历代转注研究述评［J］．湖南城市学院学报，2008（4）．

［39］李春泰．李约瑟著作年表（1925—1960）［J］．哈尔滨师专学报，1995（3）．

［40］李春泰．李约瑟著作年表（1961—1983）［J］．哈尔滨师专学报，1995（4）．

［41］李蜂，阎静萍，黄比新，蔡理才．《中国丛报》中文提要（之七）［J］．岭南文史，1988（1）．

［42］李国玉．《说文解字》知识库中知识表示方法研究［D］．北京师范大学硕士学位论文，2004.

［43］李浩．美国来华传教士第一人——裨治文［J］．江西师范大学学报（哲学社会科学版），2004（2）．

［44］李清桓．《说文解字》“言”部字的中国文化法律解读［J］．河北法学，2009（3）．

［45］李婷．利玛窦：“西学东渐”第一人［N］．文汇报，2010-04-01.

［46］李喜荣．《说文通训定声》中的“说文”研究［D］．内蒙古师范大学硕士学位论文，2007.

［47］李小虎．《说文解字》中的音乐文字研究释例［D］．陕西师范大学硕士学位论文，2009.

［48］李元鹏．基于于知识体的《说文解字》会意字构形研究［D］．河北师范大学硕士学位论文，2011.

［49］李真．欧洲汉学的奠基之作——马若瑟《汉语札记》［A］．阎纯德．汉学研究·第八集［C］．北京：中华书局，2004.

［50］李真．论马若瑟汉语语法论著中的中国文化因素［A］．阎纯德．汉学研究·第十一集［C］．北京：学苑出版社，2008.

［51］林伦伦，王振泽．“有家难归”的大学者——饶宗颐［J］．岭南文史，2001（2）．

［52］刘塞曦．中国古代语言思想的汉字解读［J］．汉字文化，2000（1）．

［53］刘宏伟．《说文解字》、《宋本玉篇》异体字比较研究［D］．曲阜师范大学硕士学位论文，2007.

［54］刘红岩．孙常叙先生的古文字学研究［D］．东北师范大学硕士学位论

文，2010.

［55］路广正. 顾野王《玉篇》对许慎《说文解字》的继承与发展［J］. 文史哲，1990（4）.

［56］陆宗达.《说文解字》的价值和功用［J］. 北京师范大学学报（社会科学版），1978（3）.

［57］陆志韦. 说文解字“读若”音订［J］. 燕京学报，1946（30）.

［58］罗永现. 汉语—侗台语的几个精庄组对应词［J］. 民族语文，2004（6）.

［59］罗凡晸. 段玉裁《说文解字注》数位内容之设计与建置［J］. 兴大人文学报，2009（3）.

［60］吕咏梅. 应该注意《说文》学的学术史研究［J］. 殷都学刊，1992（4）.

［61］马毛朋. 当代西方的中国语言学史研究［J］. 南京林业大学学报（人文社会科学版），2005（3）.

［62］马乙. 第三届国际古汉语语法研讨会在巴黎召开［J］. 中国语文，1998（5）.

［63］毛瑞芳. 王徵著述考［J］. 历史档案，2008（3）.

［64］孟华. 汉字两书论［J］. 东方论坛，2006（5）.

［65］潘丽亚. 第二届许慎文化国际研讨会主题报告会举行［EB/OL］.（2010－10－28）［2010－12－10］http：//www. rootinhenan. com/area_show. asp? findid＝%7C0%7C1%7C7%7C&cp_findid＝%7C0%7C2%7C14%7C&infoid＝92788.

［66］潘琳. 比较宗教学的先期实践——理雅各与《中国之信仰》［J］. 云南师范大学学报（对外汉语教学与研究版），2006（1）.

［67］钱大卫. 词典编纂史国际学术讨论会追记［J］. 当代语言学，1987（3）.

［68］钱存训. 美国汉学家顾立雅教授［J］. 文献，1997（3）.

［69］秦海鹰. 形与意——谈中国语言文字对克洛代尔的诗学启示［J］. 当代外国文学，1993（3）.

［70］秦海鹰.《碑》译者序［EB/OL］.（2009－08－18）［2010－10－18］http：//www. douban. com/group/topic/7682912/.

［71］乔清举. 德国汉学家视野中的中国哲学与中国哲学史研究——慕尼黑大学叶翰（Van Ess）教授访谈录［J］. 哲学动态，2005（4）.

［72］齐元涛.《说文》小篆构形系统相关数据的计算机测查［J］. 古汉语研究，1996（1）.

［73］仇华飞．裨治文与《中国丛报》［J］．历史档案，2006（3）．
［74］任继愈．汉学的生命力［A］．任继愈．国际汉学·第1辑［C］．北京：商务印书馆，1995．
［75］任敏．《慧琳音义》引用《说文》略考［D］．河北师范大学硕士学位论文，2002．
［76］单周尧．高本汉修订本《汉文典》管窥［J］．古汉语研究，2003（3）．
［77］申小龙．论中国古代语言学之说文解字传统［J］．汉字文化，1997（3）．
［78］宋继华，李国玉，柯永红，胡佳佳，李桂芳．《说文解字》教学、研究系统的数字化研究综述［J］．中国电化教育，2005（9）．
［79］宋继华，王宁．基于超文本环境的《说文解字》知识库的建立［J］．语言文字应用，1999（3）．
［80］宋均芬．谈谈说文学［J］．汉字文化，1997（3）．
［81］宋均芬．许慎为世界级的历史文化名人［J］．汉字文化，2006（5）．
［82］宋莉华．《汉语入门》的小说改编及其白话语体研究［J］．社会科学，2010（11）．
［83］苏宝荣，宋永培．论许慎《说文解字》的语言文字学观点［J］．文科教学，1985（2）．
［84］孙常叙．假借形声和先秦文字的性质［A］．古文字研究第10辑［C］．北京：中华书局，1983．
［85］孙钦善．古代校勘学概述（上）［J］．文献，1981（2）．
［86］孙钦善．古代校勘学概述（下）［J］．文献，1981（3）．
［87］孙雍长．六书研究中的一些看法［J］．古汉语研究，1990（3）．
［88］汤大民．走近鸣谦室［J］．紫金岁月，2000（9）．
［89］唐均．北京大学“早期文字体系起源”国际学术研讨会综述［EB/OL］．（2007－12－24）［2010－12－26］http：//www. eastlit. pku. edu. cn/show. php？ id＝6276．
［90］王凤阳．“六书”中的两个矛盾——转注、假借新论［J］．东北师大学报（哲学社会科学版），1986（5）．
［91］王华夫．介绍李约瑟博士近著《中国科学技术史·六卷一分册—植物学》［J］．农业考古，1990（1）．
［92］王辉．理雅各的儒教一神论［J］．世界宗教研究，2007（2）．
［93］王梦华．古汉字的写词法与造字法［J］．东北师范大学学报（哲学社会科学版），1987（4）．

［94］王宁. 论章太炎、黄季刚的《说文》学［J］. 汉字文化，1990（4）.

［95］王平.《说文解字》蕴涵的中国古代科技信息［J］. 中国典籍与文化，2000（4）.

［96］王晴佳. 美国的中国学研究评述［A］. 张西平. 欧美汉学研究的历史与现状［C］. 郑州：大象出版社，2006.

［97］王琰. 传教士典籍翻译与欧洲汉学［A］. 张柏然，刘华文，张思洁. 中国译学：传承与创新——2008 中国翻译理论研究高层论坛文集［C］. 上海：上海外语教育出版社，2008.

［98］王艳. "考古"之旅《忘与亡——奥地利汉学史》简介［J］. 世界汉学，2006（1）.

［99］王毅. 皇家亚洲文会北中国支会研究［D］. 复旦大学博士学位论文，2004.

［100］王毅.《皇家亚洲文会北中国支会会报》汉学价值［J］. 汉学研究通讯，2006，25（3）.

［101］王玉德. 李约瑟与中国古代文献［A］. 阎纯德. 汉学研究·第三集［C］. 北京：中国和平出版社，1999.

［102］王志平. 鲍则岳《剑桥中国先秦史·语言文字章》评述［A］. 任继愈. 国际汉学·第 7 辑［C］. 郑州：大象出版社，2002.

［103］汪小琴. 中国校勘学学科体系发展研究综述［J］. 图书馆学刊，2010（8）.

［104］吴金华. 徐复先生学术纪年初稿［J］. 文教资料，1995（6）.

［105］吴艳娜.《原本玉篇残卷》言部中的相关文字现象［J］. 和田师范专科学校学报，2009（1）.

［106］吴莹. 关于国际辞书学会议的书简［J］. 辞书研究，1984（1）.

［107］吴义雄.《中国丛报》与中国历史研究［J］. 中山大学学报（社会科学版），2008（1）.

［108］吴义雄.《中国丛报》与中国语言文字研究［J］. 社会科学研究，2008（4）.

［109］熊文华. 李约瑟和他的《中国的科学与文明》［A］. 阎纯德. 汉学研究·第七集［C］. 北京：中华书局，2002.

［110］熊焰.《说文解字》立部的几个问题［A］邢福义. 汉语学报·第 4 期，武汉：湖北教育出版社，2003.

［111］徐复. 我与外国高级访问学者［J］. 文教资料，1995（6）.

［112］许国璋. Language and Society as Seen by Xushen, an ancient Chinese

Lexicographer [J]. 外语教学与研究, 1994 (1).

[113] 许嘉璐. 《说文解字》在词典史上的地位和价值 [A]. 中国人民大学和中国出版工作者协会词典编辑进修班编; 王力, 陈原等. 词书与语言 [C]. 武汉: 湖北人民出版社, 1985.

[114] 许倬云. 意、瑞、西三国汉学研究近况 [J]. 汉学研究通讯, 1997, 16 (1).

[115] 严晓翚. 利玛窦《交友论》与明末士林 [D]. 上海师范大学硕士学位论文, 2007.

[116] 严志雄. 周策纵教授著述目录 [J]. 中国文哲研究通讯, 周策纵教授纪念专辑, 2007, 17 (3).

[117] 杨惠玉. 《通报》在西方中国科学史研究中的角色 [D]. 上海交通大学博士学位论文, 2008.

[118] 杨剑桥. 《说文解字》读若研究 [J]. 辞书研究, 1983 (3).

[119] 姚小平. 西方人眼中的中国语言学史 [J]. 国外语言学, 1996 (3).

[120] 叶正道. 记《新编汉文典》: 一部探究汉语言概念范畴网络的历史和比较类书 [J]. 汉学研究通讯, 2004, 23 (3).

[121] 于明华. 清代耶稣会士索隐释经之型态与意义——以马若瑟为中心 [D]. "国立"暨南国际大学硕士学位论文, 2003.

[122] 虞万里. 柯蔚南《东汉音注手册》三礼资料订补 [A]. 任继愈. 国际汉学·第5辑 [C]. 郑州: 大象出版社, 2000.

[123] 禹岩. 37 届国际汉藏语会议在瑞典隆德举行 [J]. 民族语文, 2005 (1).

[124] 岳峰. 架设东西方的桥梁——英国汉学家理雅各研究 [D]. 福建师范大学博士学位论文, 2003.

[125] 臧克和. 中国文字学与儒学思想 [J]. 学术研究, 1996 (11).

[126] 曾昭聪. 徐锴《说文解字系传》中的词源探讨述评 [J]. 绵阳师范学院学报, 2005 (6).

[127] 张标, 陈春风. 《说文》学的回顾与前瞻 [J]. 徐州师范大学学报 (哲学社会科学版), 2003 (2).

[128] 张方. 挪威汉学发展的历史与现状 [A]. 任继愈. 国际汉学·第13辑 [C]. 郑州: 大象出版社, 2005.

[129] 张桂琴, 刘碧霞. 追寻文化的魅力——法国汉学发展史研究 [J]. 河北大学学报 (哲学社会科学版), 2008 (5).

[130] 张国刚, 吴莉苇. 礼仪之争对中国经籍西传的影响 [J]. 中国社会

科学，2003（4）.

［131］张朋朋.《汉语语言文字启蒙》一书在法国获得成功的启示［J］. 语言教学与研究，1992（1）.

［132］张台萍. 挪威的汉学研究［J］. 汉学研究通讯，1997，16（2）.

［133］张西平. 清代来华传教士马若瑟研究［J］. 清史研究，2009（2）.

［134］张新艳.《说文》谐声源流研究［D］. 华中科技大学博士学位论文，2009.

［135］张玉梅.《古文字诂林》研究［D］. 内蒙古师范大学硕士学位论文，2003.

［136］张欲晓. 论艾兰的先秦诸子哲学和古史传说研究［D］. 华东师范大学硕士学位论文，2006.

［137］张政烺. 说文序引尉律解［J］. 中央研究院历史语言研究所集刊，1948（17）.

［138］郑张尚芳. 上古音研究十年回顾与展望（一）［J］. 古汉语研究，1998（4）.

［139］周文. 从《说文解字》看中国古代乐器文化［J］. 语言研究，2002（S1）.

［140］朱葆华. 原本《玉篇》残卷言部点校考证［J］. 青岛大学师范学院学报，2004（2）.

译著

［1］［波］爱德华·卡伊丹斯基. 中国的使臣——卜弥格［M］. 张振辉译. 郑州：大象出版社，2001.（据华沙书知兴识出版社 1999 年版原著译）

［2］［丹］龙伯格. 清代来华传教士马若瑟研究：中国语文学和索隐派［M］. 李真，骆洁译. 郑州：大象出版社，2009.（龙伯格原书于 1991 年出版）

［3］［法］安田朴. 中国文化西传欧洲史［M］. 耿昇译. 北京：商务印书馆，2000.（据巴黎加利玛尔出版社 1988—1989 版翻译）

［4］［法］《法国汉学》编委会. 法国汉学·第三辑［C］. 北京：清华大学出版社，1998.

［5］［法］杜赫德. 耶稣会士中国书简集［C］. 郑德弟等译. 郑州：大象出版社，2005.

［6］［法］费赖之. 在华耶稣会士列传及书目［M］. 冯承钧译. 北京：中华书局，1995.

［7］［法］荣振华. 在华耶稣会士列传及书目补编（全二册）［M］. 耿昇

译. 北京：中华书局，1995.

［8］［德］柯兰霓. 耶稣会士白晋的生平与著作［M］. 李岩译. 郑州：大象出版社，2009.（柯兰霓原书于1985年出版）

［9］［德］马汉茂等. 德国汉学：历史、发展、人物与视角［C］. 李雪涛等译. 郑州：大象出版社，2005.

［10］［加］蒲立本. 上古汉语的辅音系统［M］. 潘悟云，徐文堪译. 北京：中华书局，1999.

［11］［加］蒲立本. 古汉语语法纲要［M］. 孙景涛译. 北京：语文出版社，2006.

［12］［美］艾兰. 龟之谜：商代神话、祭祀、艺术和宇宙观研究（增订版）［M］. 汪涛译. 北京：商务印书馆，2010.

［13］［美］雷孜智. 千禧年的感召——美国第一位来华新教传教士裨治文传［M］. 尹文涓译. 桂林：广西师范大学出版社，2008.

［14］［美］孟德卫. 奇异的国度：耶稣会适应政策及汉学的起源［M］. 陈怡译. 郑州：大象出版社，2010.

［15］［美］芮乐伟·韩森. 开放的帝国：1600年前的历史［M］. 梁侃，邹劲风译. 南京：江苏人民出版社，2007.

［16］［美］魏若望. 耶稣会士傅圣泽神甫列传［M］. 吴莉苇译. 郑州：大象出版社，2006.

［17］［美］卫三畏. 中国总论［M］. 陈俱译. 上海：上海古籍出版社，2005.

［18］［葡］曾德昭. 大中国志［M］. 何高济译. 上海：上海古籍出版社，1998.

［19］［日］石田干之助. 欧人之汉学研究［M］. 朱滋萃译. 北京：北平中法大学，1934.

［20］［瑞典］高本汉. 中国语与中国文［M］. 张世禄译. 上海：商务印书馆，1931.

［21］［瑞典］高本汉. 汉文典（修订本）［M］. 潘悟云等编译. 上海：上海辞书出版社，1997.

［22］［瑞典］林西莉. 古琴［M］. 许岚，雄彪译. 北京：生活·读书·新知三联书店，2009.（原书为2006年初版）

［23］［瑞典］林西莉. 汉字王国［M］. 李之义译. 北京：生活·读书·新知三联书店，2007.（原书为1988年初版）

［24］［瑞典］马悦然. 我的老师高本汉：一位学者的肖像［M］. 李之义

译. 长春：吉林出版集团有限责任公司，2009.（瑞典文版发表于 1995 年）

[25]［西］门多萨. 中华大帝国史［M］. 何高济译. 北京：中华书局，1998.

[26]［意］利玛窦著，P. Antonio Sergianni P. I. M. E 编. 利玛窦中国书札［M］. 芸娸译. 北京：宗教文化出版社，2006.

[27]［意］利玛窦，［法］金尼阁. 利玛窦中国札记［M］. 何高济，王遵仲，李申译；何兆武校. 北京：中华书局，1983.

[28]［英］李约瑟. 中国科学技术史·第一卷总论［M］.《中国科学技术史》翻译小组译. 北京：科学出版社，上海：上海古籍出版社，1990.

[29]［英］李约瑟. 中国科学技术史·第二卷科学思想史［M］.《中国科学技术史》翻译小组译. 北京：科学出版社，上海：上海古籍出版社，1990.

[30]［英］李约瑟. 中国科学技术史·第三卷数学［M］.《中国科学技术史》翻译小组译. 北京：科学出版社，1978.

[31]［英］李约瑟. 中国古代科学［M］. 李彦译. 上海：上海书店出版社，2001.

[32]［英］李约瑟原著，［英］罗南改编. 中华科学文明史·第 1 卷［M］. 上海交通大学科学史系译. 上海：上海人民出版社，2001.

[33]［英］鲁惟一. 中国古代典籍导读［C］. 李学勤等译. 沈阳：辽宁教育出版社，1997.

译文

[1]［波］魏思齐. 美国汉学研究的概况［J］. 汉学研究通讯，2007，26（2）.

[2]［丹］龙伯格. 马若瑟的生活及其索隐意义——《马若瑟：中国哲学和索隐主义》绪论［A］. 马晓东译. 任继愈. 国际汉学·第 7 辑［C］. 郑州：大象出版社，2002.

[3]［丹］龙伯格. 韩国英——最后的索隐派［A］. 高建惠译. 任继愈. 国际汉学·第 13 辑［C］. 郑州：大象出版社，2005.

[4]［法］艾乐桐. 欧洲忘却了汉语却“发现”了汉字［A］. 张冠尧译. 贝龙巴尔，李学勤. 法国汉学·第一辑［C］. 北京：清华大学出版社，1996.

[5]［法］艾乐桐. 法国的汉语语言学［J］. 吴勇毅译. 世界汉语教学，2000（4）.

[6]［法］戴思博. 生命的良好开端：中国胎教［A］. 法国汉学·第八辑［C］. 顾晓燕译.《法国汉学》丛书编辑委员会编，北京：中华书局，2003.

[7] [法] 戴密微. 法国汉学研究史概述 [A]. 胡书经译. 张西平. 欧美汉学研究的历史与现状 [C]. 郑州：大象出版社，2006.

[8] [法] 保罗·戴密微. 法国汉学研究史概述（中）[J]. 秦时月译. 中国文化研究，1994 (1).

[9] [法] 风仪诚. 法国的先秦两汉出土文字资料研究综述 [A].《法国汉学》丛书编辑委员会编；陈星灿，米盖拉主编. 法国汉学·第十一辑考古发掘与历史复原 [C]. 北京：中华书局，2006.

[10] [法] 林力娜等. 意大利百科全书"中国科学史"卷序 [A].《法国汉学》丛书编辑委员会. 法国汉学·第六辑 [C]. 北京：中华书局，2002.

[11] [法] 麦里筱. 汉语颜色类词的产生 [J]. 古汉语研究，2003，(4).

[12] [法] 蒲芳莎. 文字统一和辞书编纂 [A]. 方德义译.《法国汉学》丛书编辑委员会. 法国汉学·第六辑 [C]. 北京：中华书局，2002.

[13] [法] 蒲芳莎. "六书"作为文字学理论献疑 [J]. 中国文字博物馆，2009 (2).

[14] [法] 蒲芳莎. *Shuōwén Jiězì* Lexical Entries Revisited [J]. 韩国汉字研究·第一辑 [C]. 2009 (1).

[15] [荷] 包罗史. 拓荒者和引水者：莱顿大学的早期汉学家（1853—1911）[A]. 王筱云译. 张西平. 欧美汉学研究的历史与现状 [C]. 郑州：大象出版社，2006.

[16] [荷] 戴闻达讲演. 荷兰对汉学研究的贡献 [J]. 马军译注. 史林，2007（增刊）.

[17] [美] 柯马丁. 德国汉学家在 1933—1945 年的迁移——重提一段被人遗忘的历史 [J]. 世界汉学，2005 (3).

[18] [美] 孟德卫. 中国礼仪之争研究概述 [A]. 吴莉苇译. 任继愈. 国际汉学·第 5 辑 [C]. 郑州：大象出版社，2000.

[19] [美] 托马斯·克里默. 中华人民共和国近年来出版的以及即将出版的汉英、英汉词典 [J]. 吴莹译. 辞书研究，1985 (4).

[20] [美] 托马斯·克里默. 释义之外——汉英、英汉词典中设例方面的一些问题 [J]. 吴莹译. 辞书研究，1985 (5).

[21] [美] 托马斯·克里默. 一部英汉词典选收新词的原则 [J]. 徐宏念译. 辞书研究，1998 (1).

[22] [美] 魏若望. 在中国从事汉学研究：戴遂良著述回顾 [A]. 杨煦生，孙郁，耿幼壮. 世界汉学 2009 秋季号 [C]. 北京：中国人民大学出版社，2009.

［23］［挪］艾皓德．挪威的汉学概况［J］．汉学研究通讯，2008，27（1）．

［24］［瑞典］罗多弼．面向新世纪的瑞典中国研究［A］．高建平，李明译．张西平．欧美汉学研究的历史与现状［C］．郑州：大象出版社，2006．

［25］［日］阿辻哲次．纬书字说考［J］．吴新江译．文教资料，2003（4）．（原文载于 1988 年日本京都大学人文科学研究所编《汉语史诸问题》）

［26］［日］石田干之助撰，马军校注．欧文汉学书目［A］．甘慧杰译．阎纯德．汉学研究·第八集［C］．北京：中华书局，2004．

［27］［意］百科全书编辑部．意大利百科全书"中国科学史"卷目录［A］．《法国汉学》丛书编辑委员会．法国汉学·第六辑［C］．北京：中华书局，2002．

［28］［意］马西尼．意大利传教士汉学研究评述［A］．阎纯德．汉学研究·第十一集［C］．北京：学苑出版社，2008．

二、外文资料

外文专著

［1］Ball，J. Dyer. *Things Chinese；or，Notes Connected with China*［M］. Hong Kong：Kelly & Walsh，1903.

［2］Bodman，Nicholas Cleaveland. *A Linguistic Study of the Shih Ming Initials and Consonant Clusters*［M］. Cambridge，Mass.：Harvard University Press，1954.

［3］Boltz，William G. *The Origin and Early Development of the Chinese Writing System*［M］. New Haven，Connecticut：American Oriental Society，1994.

［4］Bottéro，Françoise. *Sémantisme et Classification dans l'Écriture Chinoise：Les Systèmes de Classement des Caractères par Clés du Shuowen Jiezi au Kangxi Zidian*［M］. Memoires de l'Institut des Hautes Études Chinoises，v. 37. Paris，1996.

［5］Chalmers，John. *An Account of the Structure of Chinese Characters under* 300 *Primary Forms*［M］. Shanghai：Kelly and Walsh Limited，1911.

［6］Chan，Albert S. J. *Chinese Books and Documents*（*Japonica-Sinica I－IV*）*in the Jesuit Archives in Rome：A Descriptive Catalogue*［M］. Armonk：M. E. Sharpe，2002.

［7］Coblin，W. South. *A Handbook of Eastern Han Sound Glosses*［M］. Hong Kong：the Chinese University Press，1983.

［8］Elman，Benjamin A. *From Philosophy to Philology：Intellectual and Social*

Aspects of Change in Late Imperial China [M]. Council on East Asian Studies, Harvard University, Cambridge, Mass., 1984.

[9] Gulik, Robert Hans van. *The Lore of the Chinese Lute: An Essay in Ch'in Ideology* [M]. Tokyo: Sophia University Press, 1940.

[10] Gould, Charles. *Mythical Monsters* [M]. London: W. H. Allen and Co., 1886.

[11] Hulsewé, A. F. P. *Remnants of Ch'in Law: An Annotated Translation of the Ch'in Legal and Administrative Rules of the* 3rd *Century B. C. Discovered in Yün-meng Prefecture, Hu-pei Province, in* 1975. [M]. Leiden: E. J. Brill, 1985.

[12] Karlgren, Bernhard. *Sound and Symbol in Chinese* [M]. London: Oxford University Press, 1923.

[13] Leung, Cécil. *Etienne Fourmont, (1683 – 1745) Oriental and Chinese Languages in Eighteenth-century France* [M]. Leuven: Leuven University Press, 2002.

[14] Mair, Victor H. *The Columbia Anthology of Traditional Chinese Literature* [M]. New York: Columbia University Press, 1994.

[15] Malmquist, Göran. *Problems and Methods in Chinese Linguistics* [M]. Canberra: The Australian National University, 1962.

[16] Morrison, Robert. 华英字典 (*A Dictionary of the Chinese Language*) [M]. 郑州：大象出版社，2008.（据1815年本影印版）

[17] Owen, George. *The Evolution of Chinese Writing: The Inaugural Lecture of the Michaelmas Term of the School of Chinese* [M]. Oxford: H. Hart, 1910.

[18] Rogala, Jozef. *A Collector's Guide to Books on Japan in English: A Select List of over* 2500 *Titles with Subject Index* [M]. Tokyo: Japan Library, 2001.

[19] Blakney, Raymond B. *A Course in the Analysis of Chinese Characters* [M]. Shanghai: The Commercial Press, Limited, 1926.

[20] Schuessler, Axel. *ABC Etymological Dictionary of Old Chinese* [M]. Honolulu: University of Hawaii Press, 2007.

[21] Sterckx, Roel. *The Animal and the Daemon in Early China* [M]. New York: State University of New York Press, 2002.

[22] Thern, K. L. *Postface of the Shuo-wen Chieh-tzu: The First Comprehensive Chinese Dictionary* [M]. Wisconsin China Series 1. Madison: Dept. of East Asian Languages and Literature, University of Wisconsin, 1966.

[23] Wieger, Léon. *Chinese Characters: Their Origin, Etymology, History, Classification and Signification. A Thorough Study from Chinese Documents* [M]. Re-

print of the 1927 edition. New York: Paragon Book Reprint Corporation, 1965.

[24] Wilder, G. D. & Ingram, J. H. *Analysis of Chinese Characters* [M]. New Yok: Dover Publications, Inc., 1922.

[25] Winter, Marc. "... *Und Cang Jie Erfand die Schrift*": *Ein Handbuch für den Gebrauch des Shuo Wen Jie Zi* [M]. Bern: P. Lang, 1998.

[26] Yong, Heming. & Jing, Peng. *Chinese Lexicography*: *A History from* 1046 *BC to AD* 1911 [M]. Oxford: Oxford University Press, 2008.

外文论文

[1] Baxter, William H. "Review: *A Handbook of Eastern Han Sound Glosses* by W. South Coblin" [J]. *Bulletin of the School of Oriental and African Studies*, 1985, 48 (1): pp. 170 – 171.

[2] Behr, Wolfgang. "Some Chǔ 楚 Words in Early Chinese Literature" [J/OL]. EACL – 4, Budapest, 19 – 22. I. 2006 [url] http: //www. ruhr – uni – bochum. de/gpc/behr/PRES/budapest_eacl4_slides. pdf.

[3] Behr, Wolfgang. "Etymologische Notizen zum Wortfeld 'Lachen' und 'Weinen' im Altchinesischen" [A]. Nitschke August, Stagl Justin, Bauer Dieter R., eds. *Überraschendes Lachen*, *Gefordertes Weinen*: *Gefühle und Prozesse*, *Kulturen und Epochen im Vergleich* [C]. Wien: Böhlau, 2009. pp. 402 – 446.

[4] Bernard, Henri. "Bibliographie Méthodique des Oeuvres du Père Léon Wieger" [J]. *T'oung Pao*, Second Series, Vol. 25, No. 3/4 (1927): pp. 333 – 345.

[5] Billings, Timothy. "Making Friends with the *Kangxi Zidian* 康熙字典: An Introduction" [EB/OL]. (April 2007) [2010 – 03 – 10] https: //seguecommunity. middlebury. edu/view/html/site/tbilling/node/4226261.

[6] Bishop, T. & Cook, R. S. "A Specification for CDL Character Description Language" [A]. In Glyph and Typesetting Workshop, Kyoto, 2003.

[7] Boltz, William G. "Language and Writing" [A]. Loewe, Michael. & Shaughnessy, Edward L., ed. *The Cambridge history of ancient China*: *from the origins of civilization to 221 B. C.* [C]. Cambridge: Cambridge University Press, 1999. pp. 74 – 123.

[8] Boltz, William G. "*Shuo wen chieh tzu*" [A]. Loewe, Michael, ed. *Early Chinese Texts*: *A Bibliographical Guide* (*Early China Special Monograph Series No.* 2) [C]. Berkeley: Society for the Study of Early China, and the Institute of East Asian Studies, University of California, 1993. pp. 429 – 442.

[9] Boltz, William G. "The Fourth-Century B. C. Guodiann Manuscripts from Chuu and the Composition of the Laotzy" [J]. *Journal of the American Oriental Society*, 1999, 119 (4): pp. 590 - 608.

[10] Boltz, William G. "Studies in Old Chinese Word Families" [D]. University of California, Berkeley, 1974.

[11] Boltz, William G. "Review: *Sémantisme et Classification dans l'Écriture Chinoise: Les Systèmes de Classement des Caractères par Clés du Shuowen jiezi au Kangxi zidian*" [J]. *Journal of the American Oriental Society*, 2000, 120 (3): pp. 471 - 474.

[12] Boodberg, Peter A. "Two Notes on the History of the Chinese Frontier" [J]. *Harvard Journal of Asiatic Studies*, 1936, 1 (3/4): pp. 283 - 307.

[13] Boodberg, Peter A. "Some Proleptical Remarks on the Evolution of Archaic Chinese" [J]. *Harvard Journal of Asiatic Studies*, 1937, 2 (3/4), pp. 329 - 372.

[14] Boodberg, Peter A. "Ideography' or Iconolatry? " [J]. *T'oung Pao*, Second Series, 1940, 35 (4): pp. 266 - 288.

[15] Boodberg, Peter A. "Chinese Zoographic Names as Chronograms" [J]. *Harvard Journal of Asiatic Studies*, 1940, 5 (2): pp. 128 - 136.

[16] Boodberg, Peter A. "Philological Notes on Chapter One of the *Lao Tzu*" [J]. *Harvard Journal of Asiatic Studies*, 1957, 20 (3/4): pp. 598 - 618.

[17] Boodberg, Peter A. "The Chinese Script: An Essay in Nomenclature (the first hectaton)" [J]. *BIHP*, 1957 (29): pp. 113 - 20.

[18] Bottéro, Françoise. "Sémantisme et Classification dans l'Écriture Chinoise: Étude du Classement des Caractères par Clés du '*Shuo Wen Jie Zi*' Jusqu'au Système des 214 Clés" [D]. Collection de l'Institut des Hautes Etudes Chinoises, 1994.

[19] Bottéro, Françoise. "Review: *The Origin and Early Development of the Chinese Writing System* by William G. Boltz" [J]. *Journal of the American Oriental Society*, 1996, 116 (3): pp. 574 - 577.

[20] Bottéro, Françoise. "La Vision de l'Écriture de Xu Shen à Partir de sa Présentationdes Liushu" [J]. *CLAO*, 1998, 27 (2): pp. 161 - 91.

[21] Bottéro, Françoise. "Revisiting the wén and the zì: The Great Chinese Characters Hoax" [J]. *BMFEA*, 2002 (74): pp. 14 - 33.

[22] Bottéro, Françoise. " Cang Jie and the Invention of Writing: Reflections on the Elaboration of a Legend " [A]. Anderl, Christoph. & Eifring, Halvor. , eds. *Studies in Chinese Language and Culture* [C]. Oslo: Hermes Academic Publishing,

2006, pp. 135 - 155.

［23］ Bottéro, Françoise. & Harbsmeier, Christoph. "The *Shuowen Jiezi* Dictionary and the Human Sciences in China" ［J］. *AM* (third series), 2008, 21 (1): pp. 249 - 271.

［24］ Bresner, Lisa. "The Fathers of Sinology: From the Ricci Method to Léon Wieger's Remedies" ［J］. *Diogenes*, 1995, 45 (178): pp. 107 - 124.

［25］ Bridgman, Elijah Coleman. "Animadversions on the Philological Diversions of Philo" ［J］. *The Chinese Repository*, 1848 (19): pp. 486 - 491.

［26］ Bridgman, Elijah Coleman. "Philological Diversions, Illustrating the Word Fung of Wind" ［J］. *The Chinese Repository*, 1849 (18): pp. 470 - 484.

［27］ Bridgman, Elijah Coleman. "Shwoh Wan Kiǘi-Tsz', Sü Shi Hi-chuen, Sz'-shih Kiuen; 说文解字 徐氏系传四十卷 or The Etymologicon ［of Hü Shin］ with a Supplementary Commentary by Sū, in Forty Sections" ［J］. *The Chinese Repository*, 1950 (19): pp. 169 - 185.

［28］ Burch, Susan E. "American Doctoral Degrees Granted in Foreign Languages, 1971 - 1972" ［J］. *The Modern Language Journal*, 1973, 57 (1/2): pp. 13 - 42.

［29］ Chalfank, Frank H. "Early Chinese Writing" ［J］. *Memoirs of the Carnegie Museum*, 1906, 4 (1): pp. 1 - 35, .

［30］ Chalmers, John. "Dr. Williams as an Authority on Etymology" ［J］. *The China Review, or Notes & Queries on the Far East*, 1876, 4 (4): pp. 318 - 322.

［31］ Chalmers, John. "Chinese Etymology, with a List of Primitives and Key to Shwoh-Wan" ［J］. *China Review*, 1877, 5 (5): pp. 296 - 310.

［32］ Chalmers, John. "The Six Modes of Development of the Chinese Written Language—六书" ［J］. *China Review*, 1887, 16 (1): pp. 10 - 18.

［33］ Chalmers, John. "On the Term 转注 Chuan Chu as Applied to Chinese Characters" ［J］. *China Review*, 1887, 16 (1): pp. 25 - 31.

［34］ Chao, Yuen Ren. "Review: *Grammata Serica: Script and Phonetics in Chinese and Sino-Japanese* by Bernhard Karlgren" ［J］. *Language*, 1941, 17 (1): pp. 60 - 67.

［35］ Chavannes, Édouard. " Le Cycle Turc des Douze Animaux" ［J］. *T'oung Pao*, Second Series, 1906, 7 (1): pp. 51 - 122.

［36］ Chavannes, Édouard. "Review: *Dictionnaire Classique de la Langue Chinois* by F. S. Couvreur" ［J］. *T'oung Pao*, Second Series, 1905, 6 (2): pp. 242 - 249.

[37] Chen, Zhiqun. "Ideographic versus Phonetic: A Debate over the Nature of Chinese Writing in the 1930s" [J]. *Chinese Studies Review*, 2008, 3 (1): pp. 3 – 29.

[38] Chow, Tse-Tsung. "Ancient Chinese Views on Literature, the Tao, and Their Relationship" [J]. *Chinese Literature: Essays, Articles, Reviews* (*CLEAR*), 1979 (1): pp. 3 – 29.

[39] Coblin, W. South. "The Initials of Xu Shen's Language as Reflected in the *Shuowen* duruo Glosses" [J]. *JCL*, 1978 (6): pp. 27 – 75.

[40] Coblin, W. South. "The Finals of Xu Shen's Language as Reflected in the *Shuowen* duruo Glosses" [J]. *JCL*, 1979 (7): pp. 181 – 245.

[41] Coblin, W. South. "Review of *CLIBOC: Chinese Linguistics Bibliography on Computer* by William S-Y Wang & Anatole Lyovin" [J]. *American Anthropologist*, New Series, 1974, 76 (2): p. 458.

[42] Cook, Richard Sterling Jr. "The Extreme of Typographic Complexity: Character Set Issues Relating to Computerization of the Eastern Han Chinese Lexicon *Shuo Wen Jie Zi*" [A]. Paper presented at the 18th International Unicode Conference, Hong Kong, 2001.

[43] Cook, Richard S. "Making Waves in Proto-Sino-Tibetan: Ripples of PST (WAVE)" [A]. *The 33rd International Conference on Sino-Tibetan Languages and Linguistics.* [C]. Bangkok, Thailand. Ramkhamhaeng University, 2000. pp. 324 – 347.

[44] Cook, R. S. "Typological Encoding of Chinese: Characters, Not Glyphs" [A]. In Proc. of 19th International Unicode Conference (IUC – 19), Sep. 2001.

[45] Cook, Richard Sterling Jr. "*Shuo Wen Jie Zi-Dianzi Ban*: Digital Recension of the Eastern Han Chinese Grammaticon" [D]. Ph. D., University of California, 2003.

[46] Cook, Richard Sterling, Jr. "Unicode Chinese Paleography: Making the Evolutionary Leap from Bone, Bronze, Silk, and Paper, to Electronic Bits" [A]. Invited speaker, Early China Workshop Series. Dept. of East Asian Languages and Civilizations, University of Chicago, Feb. 2005.

[47] Cordier, Henri. "Rév. John Chalmers 湛约翰 Tchan Yo-han" [J]. *T'oung Pao*, Second Series, 1990, 1 (1): pp. 67 – 69.

[48] Cordier, Henri. "Les Études Chinoises (1899 – 1902)" [J]. *T'oung Pao*, Second Series, 1903, 4 (5): pp. 371 – 384.

[49] Creamer, Thomas B. I. "*Shuowen Jiezi* and Textual Criticism in China" [J]. *International Journal of Lexicography*, 1989, 2 (3): pp. 176 – 187.

[50] Creel, Herrlee Glessner. "On the Nature of Chinese Ideography" [J]. *T'oung Pao*, Second Series, 1936, 32 (2/3): pp. 85 - 161.

[51] Creel, Herrlee Glessner. "On the Ideographic Element in Ancient Chinese" [J]. *T'oung Pao*, Second Series, 1939, 4 (4): pp. 265 - 294.

[52] Denlinger, Paul B. "Chinese Historical Linguistics: The Road Ahead" [J]. *Journal of the American Oriental Society*, 1961, 81 (1): pp. 1 - 7.

[53] Denlinger, Paul B. "Review: *A Handbook of Eastern Han Sound Glosses* by W. South Coblin" [J]. *T'oung Pao*, Second Series, 1986, 72 (4/5): pp. 315 - 316.

[54] Durrant, Stephen W. "Self as the Intersection of Traditions: The Autobiographical Writings of Ssu-ma Ch'ien" [J]. *Journal of the American Oriental Society*, 1986, 72 (4/5): pp. 33 - 40.

[55] Durrant, Stephen W. "Review: *From Philosophy to Philology: Intellectual and Social Aspects of Change in Late Imperial China* by Benjamin A. Elman" [J]. *Journal of the American Oriental Society*, 1987, 107 (2): pp. 346 - 347.

[56] Duyvendak, J. J. L. "Early Chinese Studies in Holland" [J]. *T'oung Pao*, Second Series, 1936, 32 (5): pp. 293 - 344.

[57] Eastlake, Frank Warrington. "The 笙 or Chinese Reed Organ (with Woodcuts)" [J]. *The China Review, or Notes & Queries on the Far East*, 1982, 11 (1).

[58] Elman, Benjamin A. "From Value to Fact: The Emergence of Phonology as a Precise Discipline in Late Imperial China" [J]. *Journal of the American Oriental Society*, 1982, 11 (1): pp. 493 - 500.

[59] Ess, Hans van. "The Old Text/New Text Controversy: Has the 20th Century Got It Wrong? " [J]. *T'oung Pao*, Second Series, 1994, 80 (1/3): pp. 146 - 170.

[60] Ess, Hans van. "The Apocryphal Texts of the Han Dynasty and the Old Text/New Text Controversy" [J]. *T'oung Pao*, Second Series, 1999, 85 (1/3): pp. 29 - 64.

[61] Ess, Hans van. "Marc Winter, '*... Und Cang Jie Erfand die Schrift*'; *Ein Handbuch für den Gebrauch des Shuo Wen Jie Zi* ('*... And Cang Jie Invented Writing*': *A Handbook for the Use of the Shuowen Jiezi*)" [J]. *China Review International*, 1999. 6 (1): pp. 283 - 286.

[62] Frost, Molly Spitzer. "Chinese Matriarchy: Clues from Legends and Characters" [D]. Georgetown University, 1982.

[63] Füehrer, Bernhard. "The Court Scribe's Eikon Psyches. A Note on Sima

Qian and His Letter to Ren An" [J]. *Asian and African Studies*, 1997, 6 (2): pp. 170 - 183.

[64] Füehrer, Bernhard. "Seers and Jesters. Graph Analysis between Punning and Predicting the Future" [J]. *East Asian Science, Technology and Medicine*, 2006 (25): pp. 47 - 68.

[65] Füehrer, Bernhard. "Review: '... *Und Cang Jie Erfand die Schrift*': *Ein Handbuch für den Gebrauch des Shuo Wen Jie Zie* by Marc Winter" [J]. *Bulletin of the School of Oriental and African Studies*, 1999, 62 (2): pp. 389 - 390.

[66] Galambos, Imre. "The Myth of the Qin Unification of Writing in Han Sources" [J]. *Acta Orientalia*, 2004, 57 (2): pp. 181 - 203.

[67] Gentz, Joachim. "Anticipating Historical Heat. Early Chinese Concepts of Time Quality" [A/OL]. International Workshop "Measuring Historical Heat", (2011 - 11 - 03) [2010 - 10 - 27] http: //www. sino. uni-heidelberg. de/conf/symposium2. pdf) pp. 65 - 77.

[68] Giles, H. A. "The Remains of *Lao Tsu*, Retranslated" [J]. *The China Review, or Notes & Queries on the Far East*, Vol. 14 No. 5 (1886): pp. 231 - 281.

[69] Goodman, Howard L. "Chinese Polymaths, 100 - 300 AD: The Tung-kuan, Taoist Dissent, and Technical Skills" [J]. *Asia Major*, Third Series, 2005 (18): pp. 101 - 174.

[70] Groeneveldt, W. P. "Dr. Williams' Dictionary" [J]. *The China Review, or Notes & Queries on the Far East*, 1875, 3 (4): pp. 226 - 241.

[71] Harper, Donald. "A Chinese Demonography of the Third Century B. C." [J]. *Harvard Journal of Asiatic Studies*, 1985, 45 (2): pp. 459 - 498.

[72] Harper, Donald. "Wang Yen-shou's Nightmare Poem" [J]. *Harvard Journal of Asiatic Studies*, 1987, 47 (1): pp. 239 - 283.

[73] Harper, Donald. "The Sexual Arts of Ancient China as Described in a Manuscript of The Second Century B. C." [J]. *Harvard Journal of Asiatic Studies*, 1987, 47 (2): pp. 539 - 593.

[74] Hulsewé, A. F. P. "Remnants of Han Law. Vol. I: Introductory Studies and an Annotated Translation of Chapters 22 and 23 of the History of the Former Han Dynasty" [A]. *Sinica Leidensia* 9. Leiden: E. J. Brill, 1955.

[75] Hulsewé, A. F. P. "The *Shuo-wen* Dictionary as a Source for Ancient Chinese Law" [A] Egerod, S. & Glahn, E., eds. *Studia Serica Bernhard Karlgren Dedicata: Sinological Studies Dedicated to Bernhard Karlgren on His Seventieth Birthday*,

October 5, *1959* [C]. Copenhagen: Ejnar Munksgaard, 1959. pp. 239 – 258.

[76] Hulsewé, A. F. P. "The Ch'in Documents Discovered in Hupei in 1975" [J]. *TP*, 1978 (64): pp. 175 – 217, 338.

[77] Hulsewé, A. F. P. "Fragments of Han Law" [J]. *TP*, 1990, 76 (4 – 5): 208 – 233.

[78] Lefeuvre, J. A. "Les Inscriptions des Shang sur Carapaces de Tortue et Sur os: Aperçu Historique et Bibliographique de la Découverte et des Premières Etudes" [J]. *T'oung Pao*, Second Series, 1975, 61 (1/3): pp. 1 – 82.

[79] Lévy, André. "Àpropos de la Typologie en Six Catégories des Caractères Chinois: Que Reste-t-il de la Théorie des Liushu?" [J]. *EtC*, 1995, 14 (1): pp. 9 – 23.

[80] Lethbridge, Henry James. "Sir James Haldane Stewart Lockhart: Colonial Civil Servant and Scholar" [J]. *Journal of the Hong Kong Branch of the Royal Asiatic Society*, 1972. p. 12.

[81] Lockhart, J. H. Stewart. "The Structure of Chinese Characters By John Chalmers" [J]. *The China Review, or Notes & Queries on the Far East*, 1883, 12 (1): pp. 1 – 4.

[82] Lockhart, J. H. Stewart. "The 'Phonetic Shwoh Wan'" [J]. *The China Review, or Notes & Queries on the Far East*, 1883, 12 (2): pp. 63 – 76.

[83] Mair, Victor H. "Review: *The Animal and the Daemon in Early China* by Roel Sterckx" [J]. *Journal of the American Oriental Society*, 2002, 122 (4): pp. 841 – 846.

[84] Malmqvist, N. G. D. "On a Recent Study of Han Phonology" [J]. *T'oung Pao*, Second Series, 1961, 49 (3): pp. 194 – 205.

[85] Malmquist, Göran. "Chinese Linguistics" [A]. Giulio Lepschy, ed. *History of Linguistics Volume.* 1: *The Eastern Traditions of Linguistics* [C]. Harlow: Longman, 1994. pp. 1 – 24.

[86] Malmqvist, Göran. "Xu Shen's Postface to the *Shuo Wen Jie Zi*" [A]. Pankenier, David, ed. *On Script and Writing in Ancient China* [C]. Stockholm: Föreningen för Orientaliska Studier. 1974. pp. 48 – 53.

[87] Mather, Richard B. "Review: The Columbia Anthology of Traditional Chinese Literature, edited by Victor H. Mair" [J]. *Chinese Literature: Essays, Articles, Reviews (CLEAR)*, 1997, 19. pp. 159 – 165.

[88] Meserole, Harrison T. "1968 MLA International Bibliography of Books and

Articles on the Modern Languages and Literatures" [J]. *PMLA*, 1969, 84 (4). pp. 689 - 1176.

[89] Miller, Roy Andrew. "Problems in the Study of *Shuo-wen Chieh-tzu*" [D]. Ph. D., Columbia University, 1953.

[90] Miller, Roy Andrew. "Review: *A Linguistic Study of the Shih Ming, Initials and Consonant Clusters* by Nicholas Cleaveland Bodman" [J]. *T'oung Pao*, Second Series, 1956, 44 (1/3): pp. 266 - 287.

[91] Miller, Roy Andrew. "The Dissertation as Handbook: A New Guide to the *Shuo-wen Chieh-tzu*" [J]. *Journal of the American Oriental Society*, 1999, 119 (3): pp. 457 - 465.

[92] Morgan, Carole. "Dogs and Horses in Ancient China (A Lecture Given on 27th May, 1974)" [J]. *Journal of the Hong Kong Branch of the Royal Asiatic Society*, 1974 (14): pp. 58 - 67.

[93] Morse, Edward S. "Review: Early Chinese Writing by Frank H. Chalfant [J]. *Science*, New Series, 1906, 24 (624): pp. 758 - 760.

[94] Nagel, Paul. "Beitr? ge zur Rekonstruktion der 切韻 Ts'ieh-Yün-Sprache auf Grund von 陳澧 Ch'en Li's 切韻考 Ts'ieh-Yün-K'au" [J]. *T'oung Pao*, Second Series, 1941, 36 (2): pp. 95 - 158.

[95] O'Neill, Timothy Michael. Harbinger of Sequestered Intent: Language Theory and the Author in Traditional Chinese Discourse [D]. Ph. D., University of Washington, 2010.

[96] O'Neill, Timothy. "Xu Shen's Scholarly Agenda: a New Interpretation of the Postface of the Shuowen Jiezi" [J]. *Journal of the American Oriental Society*. 2013, 133 (3): 413 - 440.

[97] Pearce, Thomas W. "The Late Dr. Chalmers" [J]. *The China Review, or Notes & Queries on the Far East*, 1899, 24 (3): pp. 115 - 119.

[98] Pelliot, Paul. "Répertoire des Collections Pelliot 'A' et 'B' du Fonds Chinois de la Bibliothèque Nationale" [J]. *T'oung Pao*, Second Series, 1913, 14 (5): pp. 697 - 781.

[99] Pelliot, Paul. "Notes sur l'Histoire de la Céramique Chinoise" [J]. *T'oung Pao*, Second Series, Vol. 22, No. 1 (Mar., 1923): pp. 1 - 54.

[100] Pelliot, Paul. "Kouo Hio Ki K'an" [J]. *T'oung Pao*, Second Series, 1923, 22 (1): pp. 5 - 14.

[101] Pelliot, Paul. "L'Édition Collective des Oeuvres de Wang Kouo-wei"

[J]. *T'oung Pao*, Second Series, 1928, 26 (2/3): pp. 113 - 182.

[102] Pelliot, Paul. "Monsieur E. von Zach" [J]. *T'oung Pao*, Second Series, 1929, 26 (4/5): pp. 367 - 378, 418.

[103] Pelliot, Paul. "Les Bronzes de la Collection Eumorfopoulos Publiés par M. W. P. Yetts (I et II)" [J]. *T'oung Pao*, Second Series, 1930, 27 (4/5): pp. 359 - 406.

[104] Pelliot, Paul. "Michel Boym" [J]. *T'oung Pao*, Second Series, 1934, 31 (1/2): pp. 95 - 151.

[105] Pelliot, Paul. "Brèves Remarques sur le Phonétisme dans l'Écriture Chinoise" [J]. *T'oung Pao*, Second Series, 1936, 32 (2/3): pp. 162 - 166.

[106] Petersen, Jens Østergård. "The *Taiping Jing* and the *Shuowen Jiezi*" [A]. B. Arendrup et. al. , ed. *The Master Said: To Study and... To Søren Egerod on the Occasion of His Sixty-seventh Birthday* [C]. Copenhagen: East Asian Institute, University of Copenhagen, 1990. pp. 139 - 149.

[107] Picken, L. "Musical Terms in a Chinese Dictionary of the First Century" [J]. *Journal of the International Folk Music Council*, 1962 (14): pp. 40 - 43.

[108] Pulleyblank, Edwin. "The Consonantal System of Old Chinese" [J]. Part 1, *Asia Major*, 1962 (9): pp. 58 - 144.

[109] Saussure, Léopold de. "Les Origines de l'Astronomie Chinoise (Suite)" [J]. *T'oung Pao*, Second Series, 1909, 10 (3): pp. 255 - 305.

[110] Saussure, Léopold de. "Les Origines de l'Astronomie Chinoise: D. la Série des Douze 'Tche' 十二支 (Suite)" [J]. *T'oung Pao*, Second Series, 1910, 11 (4): pp. 457 - 488.

[111] Saussure, Léopold de. "Les Origines de l'Astronomie Chinoise: E. le Cycle des Douze Animaux (Suite)" [J]. *T'oung Pao*, Second Series, 1910, 11 (5): pp. 583 - 648.

[112] Saussure, Léopold de. "Les Origines de l'Astronomie Chinoise: F. la Règle des Cho-t'i (Suite)" [J]. *T'oung Pao*, Second Series, 1911, 12 (3): pp. 347 - 374.

[113] Saussure, Léopold de. "Les Origines de l'Astronomie Chinoise: G. le Cycle de Jupiter (Suite)" [J]. *T'oung Pao*, Second Series, 1914, 15 (5): pp. 645 - 696.

[114] Serruys, Paul L-M. "The Study of the Chuan Chu in *Shuo wen*" [J]. *BIHP*, 1957, 29 (1): pp. 131 - 195.

［115］ Serruys, Paul L-M. “The Word for ‘Salt’ in *Shuo Wen*”［J］. *Oriens*, 1958, 11 (1/2): pp. 203 – 223.

［116］ Serruys, Paul L-M. “On the System of the Pu Shou（部首）in the *Shuo-wen Chieh-tzu*（说文解字）”［J］. *BIHP*, 1984, 55 (4): pp. 651 – 754.

［117］ Schafer, Edward H. & Cohen, Alvin P. “Peter A. Boodberg, 1903 – 1972”［J］. *Journal of the American Oriental Society*, 1974, 94 (1): pp. 1 – 13.

［118］ Schlegel, Gustave. “Siamese Studies”［J］. *T'oung Pao*, Second Series, 1901 (2): pp. I – VIII, 1 – 128.

［119］ Schlegel, Gustave. “Problèmes Géographiques. Les Peuples Étrangers Chez les Historiens Chinois”［J］. *T'oung Pao*, 1892, 3 (2): pp. 101 – 168.

［120］ Schlegel, Gustave. “Problèmes Géographiques. Les Peuples Étrangers chez les Historiens Chinois”［J］. *T'oung Pao*, 1894, 5 (3): pp. 179 – 233.

［121］ Stifflerr, Susan Reed. “The Language Students of the East India Company's Canton Factory”［J］. *Journal of the North China Royal Asiatic Society*, 1938 (69): pp. 46 – 82.

［122］ Unger, Ulrich. “Die Shi-King-Zitate in *Shuo-wen* und *Han-shï* wai chuan: Eine Materialbeitrag zur Textkritik des Shi-king”［A］ *Asiatica. Festschrift Friedrich Weller*［C］. Leipzig: Otto Harrassowitz, 1954. pp. 768 – 807.

［123］ Unger, Ulrich. “Chou-König oder Usurpator? 王乍姬盉”［J］. *T'oung Pao*, Second Series, 1966, 52 (4/5): pp. 233 – 246.

［124］ Watters, Thomas. “Essays on the Chinese Language (Continued from Page 278)”［J］. *The China Review, or Notes & Queries on the Far East*, 1875, 3 (4).

［125］ Wiedenhof, Jeroen. “Het Naaword van de *Shuō wén jiě zì*”［D］. M. A., Rijksuniversiteit te Leiden [unpublished], 1985.

［126］ Winter, Marc. “‘... und Cang Jie Erfand die Schrift’: Ein Handbuch für den Gebrauch des *Shuo Wen Jie Zi*”［D］. Universität Zürich, 1996.

附　录　本书所涉主要欧美学者名录

西班牙

沙勿略（Francois Xavier，1506—1552）

意大利

利玛窦（Matteo Ricci，1552—1610）

法国

1. 金尼阁（Nicolas Trigault，1577—1629）
2. 白晋（Joachim Bouvet，1656—1730）
3. 郭中传（Jean-Alexis de Gollet，1664—1747）
4. 马若瑟（Joseph de Prémare，1666—1736）
5. 傅尔蒙（Etienne Fourmont，1683—1745）
6. 韩国英（Pierre Machal Cibot，1727—1780）
7. 雷慕沙（Jean-Pierre Abel-Rémusat，1788—1832）
8. 顾赛芬（Séraphin Couvreur，1835—1919）
9. 戴遂良（Léon Wieger，1856—1933）
10. 沙畹（Édouard Chavannes，1865—1918）
11. 葛兰言（Marcel Granet，1884—1940）
12. 戴密微（Paul Demiéville，1894—1979）
13. 雷威安（André Lévy，1924—　）
14. 翁有礼（Ulrich Unger，1930—2006）
15. 蒲芳莎（Françoise Bottéro，？—　）
16. 茅甘（Carole Morgan，？—　）
17. 麦里筱（Chrystelle Maréchal，1971—　）
18. 戴思博（Catherine Pespeux，？—　）

葡萄牙

曾德昭（Alvaro de Semedo，1585—1658）

德国

1. 基歇尔（Athanasius Kircher，1602—1680）
2. 德博（Gunther Debon，1921— ）
3. 翁有礼（Ulrich Unger，1930—2006）
4. 叶翰（Hans van Ess，1962— ）
5. 毕鹗（Wolfgang Behr，1965— ）
6. 耿优进（Joachim Gentz，？— ）
7. 田宇利（Ulrich Theobald，1971— ）

荷兰

1. 施莱格（Gustave Schelgel，1840—1903）
2. 葛路耐（W. P. Groeneveldt，1841—1915）
3. 高罗佩（Robert Hans van Gulik，1910—1967）
4. 何四维（A. F. P. Hulsewé，1910—1993）
5. 卫玉龙（Jeroen Wiedenhof，1959— ）

英国

1. 马礼逊（Robert Morrison，1782—1834）
2. 米怜（William Milne，1785—1822）
3. 理雅各（James Legge，1815—1897）
4. 艾约瑟（Joseph Edkins，1823—1905）
5. 湛约翰（John Chalmers，1825—1899）
6. 查尔斯·古尔德（Charles Gould，1834 — 1893）
7. 瓦特斯（Thomas Watters，1840—1901）
8. 翟理斯（Herbert Allen Giles，1845—1935）
9. 波乃耶（James Dyer Ball，1847—1919）
10. 金璋（Lionel Charles Hopkins，1854—1952）
11. 骆克（ James Haldane Stewart Lockhart，1858—1937）
12. 苏慧廉（William E. Soothill，1861—1935）
13. 叶慈（Walter Perceval Yetts ，1878—1957）
14. 李约瑟（Joseph Needham，1900—1995）
15. 罗宾斯（Robert Henry Robins，1921—2000）
16. 鲁惟一（Michael Loewe，1922— ）

17. 毕铿（L. E. R. Picken，1909—2007）
18. 胡司德（Roel Sterckx，1961—　）

奥地利

傅熊（Bernhard Füehrer，1960—　）

匈牙利

高奕睿（Imre Galambos，？—　）

瑞士

冬玛轲（Marc Winter，1967—　）

瑞典

1. 高本汉（Bernhard Karlgren，1889—1978）
2. 马悦然（Göran Malmqvist，1924—　）
3. 林西莉（Cecilia Lindqvist，1932—　）

挪威

何莫邪（Christophe Harbsmeier，1946—　）

丹麦

1. 龙伯格（Knud Lundbæk，1912—1995）
2. 彼得森（Jens Østergård Petersen，？—　）

美国

1. 裨治文（Elijah Coleman Bridgman，1801—1861）
2. 卫三畏（Samuel Wells Williams，1812—1884）
3. 伊斯特莱克（Frank Warrington Eastlake，1858—1905）
4. 方法敛（Frank H. Chalfant，1862—1914）
5. 万卓志（George Durand Wilder，1869—1946）
6. 盈亨利（James Henry Ingram，1858—1934）
7. 布龙菲尔德（Leonard Bloomfield，1887—1949）
8. Raymond B. Blakney（1895—1970）
9. 卜弼德（Peter Alexis Boodberg，1903—1972）

10. 顾立雅（Herrlee G. Creel，1905—1994）
11. 包拟古（Nicholas Cleareland Bodman，1913—1997）
12. 司礼义（Paul L-M Serruys，1912—1999）
13. 敦林格（Paul B. Denlinger，1921—1989）
14. 米勒（Roy Andrew Miller，1924—　）
15. 沈康（Kenneth Lawrence Thern，？—　）
16. 薛斯勒（Axel Schuessler，1940—　）
17. 梅维恒（Victor Henry Mair，1943—　）
18. 莫莉·弗洛斯特（Molly S. Frost，1944—　）
19. 杜润德（Stephen W. Durrant，1944—　）
20. 鲍则岳（William G. Boltz，1943—　）
21. 柯蔚南（W. South Coblin，1944—　）
22. 克里默（Thomas B. I. Creamer，？—　）
23. 本杰明·艾尔曼（Benjamin A. Elman，1946—　）
24. 白一平（William H. Baxter，1949—　）
25. 夏德安（Donald Harper，1950—　）
26. 曲理查（Richard Sterling Cook，？—　）
27. 毕墨惜（Timothy Billings，？—　）
28. Timothy Michael O'Neill（？—　）

加拿大

蒲立本（E. G. Pulleyblank，1922—　）

后 记

凡祈求的，就得着；寻找的，就寻见；叩门的，就给他开门。（《圣经·马太福音七章八节》）

时间匆匆而过，历经几多艰辛，几番波折，本书即将面世，期盼很久的梦想就要实现，高兴是自然的，但并没有想象中那么欢喜，相反，感觉到一份沉甸甸的压力，毕竟学术永无止境。本书是在笔者博士学位论文的基础上进一步修改完成的，回想整个过程，有许多人需要感谢。

首先需要感谢的是博士求学期间的导师王彦坤教授，从选题、定题、提纲、初稿、修改稿，到最后的定稿，每一步都凝聚了老师的心血。此间几易其稿，每一页稿上面都是导师密密麻麻的批语，在这些批语中体现的是严密的逻辑、严谨的态度、严格的要求，这些都将使我受益终生。

在暨南大学读书期间还得到很多其他老师的教诲与帮助，他们的建议与支持让我从中获益良多。图书馆的老师在查找资料过程中给予了热情的帮助，还有很多同学、朋友提供了无私的援助。在此一并表示感谢。

另外，在写作过程中，还得到不少欧美学者的帮助，他们热情地回复我的电子邮件并寄来第一手的材料，介绍自己所了解的情况，让我得到了很多宝贵信息，增加了论文的可信性并为进一步研究提供了指导方向。他们学术研究的特点与方法让我学到很多东西，在此谨奉上诚挚的敬意与谢意。还需要一提的是在美国纽约州立大学访学期间，在美国图书馆查到了一些国内查不到的资料，丰富了本书的内容。

还要感谢硕士求学期间的各位老师，在他们的指引下，我才得以进入这一研究领域。

此研究得到国家教育部人文社科研究一般项目青年基金资助，在此深表感谢。

要感谢我的家人，读书求学做研究少了很多陪伴亲人的时间，他们没有抱怨，反而在我苦闷彷徨时给予我所需要的安慰与支持。不管走到哪里，家人都是我力量的源泉、前行的动力与坚强的后盾。为此，我深深地感谢上帝赐予我一个幸福的家。

要感谢的人很多，名字无法一一列出；要说的话也很多，千言万语难尽。这些感激之情将被永远珍藏在心底，化为人生最美好的一部分。以后的路还很长，还需要继续努力。我相信，所有的经历都是人生的财富，值得珍惜。

最后，感谢暨南大学出版社的刘晶以及各位编辑们辛勤的工作，他们给书稿提出了一些很好的建议。本书难免有错误疏漏之处，作者自当负责。

张大英

2015 年 3 月于青岛